ALEXA KRIELE  MIT DEN ENGELN DAS LEBEN MEISTERN

Alexa Kriele

# Mit den Engeln das Leben meistern

Wie sie uns durch
Krisen helfen

KAILASH

# KAILASH

Bibliografische Information Der Deutschen Bibliothek

Die Deutsche Bibliothek verzeichnet diese Publikation in der Deutschen Nationalbibliografie; detaillierte bibliografische Daten sind im Internet über http://dnb.ddb.de abrufbar.

© Heinrich Hugendubel Verlag, Kreuzlingen/München 2003
Alle Rechte vorbehalten

Umschlaggestaltung: Die Werkstatt München / Weiss · Zembsch
Produktion: Ortrud Müller
Satz: Nikolaus Hodina, München
Druck und Bindung: Huber, Garching-Hochbrück
Printed in Germany 2004
ISBN 3-7205-2432-9

# Inhalt

Vorwort .................................................. 7
Einleitung: Schicksal und Krise ........................ 13

**1. Kapitel: Lebenskrisen** ............................. 23

I. Was ist eine Lebenskrise? ....................... 25
II. Die Notwendigkeit der Krise .................... 32
III. Die Krise und das Weihnachtsgeschehen ........ 38
IV. Gott in der Krise ............................... 46
V. Dunkle Einflüsse ................................ 51
VI. »Werde, der du bist« ........................... 55
VII. Von Jesus lernen ............................... 62

**2. Kapitel: Das Grundmuster des Krisenbeginns** ....... 69

Einleitung .............................................. 71
I. Das letzte Abendmahl ........................... 73
II. Der Verrat des Judas ........................... 75
III. Die Jünger schlafen ............................ 86
IV. Der Moment der Klarheit ...................... 91
V. Eine Entscheidung finden ...................... 97
VI. »Dein Wille geschehe« ........................ 103
VII. Die Gegenwehr ................................ 108

**3. Kapitel: Der Passionsweg** .......................... 113

I. Vom Sinn des Passionswegs ........................ 115
II. Wie man mit dem Kreuzweg umgeht ................. 123
III. Der Lehrweg Luminathrons ....................... 129
IV. Erläuterungen des Hohelehrers .................... 147
V. Der Kreuzweg Maria Magdalenas ................... 166
VI. Der Kreuzweg der Mutter Maria ................... 189

**4. Kapitel: Fallbeispiele** ............................. 207

Einleitung ............................................ 209
I. Ein nahe stehender Mensch stirbt ................... 213
II. Eine Liebe zerbricht .............................. 218
III. Erkrankung .................................... 224
IV. Verlust des Arbeitsplatzes ........................ 226
V. Die Schuld anderer .............................. 230
VI. Eigene Schuld .................................. 234
VII. Vereinsamung ................................. 241
VIII. Glaubenskrisen ................................ 249
IX. Kollektive Krisen ............................... 257

SCHLUSSWORT: Über das Glück ....................... 265

# Vorwort

## I.

ALEXA KRIELE, Jahrgang 1961, hat im Alter von 33 Jahren die überraschende Erfahrung gemacht, dass die Sprache der Engel klar und deutlich vernehmbar ist. Voraussetzung ist, dass man ihr in zugleich konzentrierter und entspannter Wachheit mit den »inneren Ohren« lauscht, aber auch, dass man mit der Kunst der Unterscheidung der Geister vertraut ist und sich gegen trügerische Einflüsse abzusichern versteht. Alexas »Engelstunden« beginnen deshalb mit innerer Sammlung und einer Reihe von Gebeten.

Alsdann »übersetzt« sie, was die Engel sagen, d. h., sie spricht es wie eine Simultan-Dolmetscherin laut nach. Man kann Fragen und ohne weiteres auch kritische Rückfragen stellen, wie es ja auch die Bibel vielfach bezeugt (siehe z. B. Luk. 1, 18 und 34). Bei aller den Engeln gebührenden Ehrfurcht ist die Atmosphäre entspannt, die Engel tragen durch sehr liebevolles Verständnis für die Menschen und nicht selten auch mit Humor dazu bei. – Wachheit, Dialog und der begründende Darlegungsstil unterscheiden Alexas Engelstunden vom so genannten »chanelling« esoterischer »Medien«.

Nachdem die Engel Alexas Zuverlässigkeit eine Zeit lang erprobt hatten, erklärten sie sich bereit, altbekannte, aber uns Heutigen nur noch wenig vertraute Zusammenhänge in einer uns begreiflichen Weise zu erklären. Daraus entstand das vierbändige Grundlagenwerk *Wie im Himmel, so auf Erden* (ch. falk Verlag 1998–2001) und das Buch *Die Engel geben Antwort auf Fragen nach dem Sinn des Lebens* (Hugendubel Verlag 2002). Ich, Alexas Ehemann, war regelmäßig beteiligt, um Fragen zu stellen, doch haben das oft auch Freunde getan, unter ihnen Ärzte und Wissenschaftler, die um die Klärung von Grundsatzfragen aus ihren Fachgebieten baten.

Die Engel zeigten eine umfassende Vertrautheit nicht nur mit den Gegebenheiten des Himmels, sondern auch mit der menschlichen Lebenswelt. Das ist eigentlich nicht so überraschend, wie es manchen erscheint, wenn man bedenkt, dass uns die Engel den Weg durch Fügungen bahnen, dass sie uns zu schützen suchen und dass wir unsere Kulturleistungen ihrer Inspiration verdanken.

Der Hauptautor dieses Buches ist wiederum Elion, ein besonders dem Vater zugeordneter Friedensengel, der sehr häufig auch für die Beratung in praktischen Lebensfragen zur Verfügung steht. Wir nahmen seine Darlegungen auf Tonband auf, ließen sie abschreiben, und ich redigierte den Text. Diesen legten wir Elion alsdann zur Kontrolle vor, darüber hinaus aber auch dem »Hohelehrer« aus dem Dom der himmlischen Sophia, der unsere gesamte Engel-Arbeit angeregt hat und leitet. Auch dieser hat den Text an einigen Stellen verdeutlicht und ergänzt. Einige Kapitel stammen ganz von ihm, das ist dort jeweils angegeben. Ein Kapitel stammt von Luminathron, dem Engel, dem wir im Sterben begegnen, ein Kapitel von einem Engel der Mutter Maria und eines von der heiligen Maria Magdalena.

Wir haben Elion, Luminathron und dem Hohelehrer schon große Teile unserer früheren Bücher zu verdanken. Wer sich über sie und ihre Lehren näher informieren will, sei auf das Gesamtregister von *Wie im Himmel, so auf Erden*, Bd. IV, S. 397–425 und die dort angegebenen Fundstellen verwiesen. Wer mit Engelgesprächen solcher Art grundsätzliche Probleme hat, findet deren ausführliche Erörterung im Nachwort zu Bd. I, im Vorwort zu Bd. III, im Nachwort zu Bd. IV und kurz zusammenfassend auch im Vorwort zu *Die Engel geben Antwort auf Fragen nach dem Sinn des Lebens*. All das braucht hier nicht wiederholt zu werden.

Im Übrigen ist die Kenntnis jener Bände hier nicht vorausgesetzt. Sie kann ebenso gut nachfolgen, wenn sich der Leser in Hintergründe und Zusammenhänge vertiefen möchte.

## II.

Während der Band *Die Engel geben Antwort auf Fragen nach dem Sinn des Lebens* überwiegend darlegenden, erklärenden Charakter hatte, steht in diesem Buch die praktische Krisenmeisterung im Vordergrund. Wenn schicksalhafte Ereignisse hereinbrechen, werden die Sinnfragen zu bedrängenden Lebensfragen. Man hat dann wenig »theoretisches« Interesse, man braucht Rat und Hilfe.

Von den Engeln wird man nichts anderes erwarten, als dass sie ein religiöses Bewusstsein erwecken oder vertiefen wollen. Es kommt aber für das Verständnis ihrer Darlegungen nicht darauf an, ob einer evangelisch, katholisch, orthodox oder freikirchlich geprägt ist oder überhaupt keiner Kirche angehört. Manch einer, der aus der Kirche ausgetreten ist, hat sich aus Sicht der Engel eben damit auf den Weg des Glaubens aus eigener Erfahrung und persönlicher Entscheidung begeben, der ihn vielleicht zur Versöhnung mit der Kirche führen wird.

Es mag den einen oder anderen Leser verwundern, dass uns die Engel so betont an Jesus Christus und seinen Passionsweg verweisen. Alle beim »Fall der Engel« im Himmel verbliebenen Engel sind ohne Ausnahme an der Trinität orientiert: an Vater, Mutter, Sohn und dem vermittelnden Heiligen Geist (über den mütterlichen Aspekt der Trinität s. *Wie im Himmel, so auf Erden*, Bd. I., S. 163–170, Bd. III, S. 54–58, s. ferner *Die Engel geben Antwort auf Fragen nach dem Sinn des Lebens*, S. 29f., 37). Das gilt also auch für diejenigen Engel, die Menschen in nichtchristlichen Religionen und Kulturkreisen begleiten. Und alle menschlichen Seelen – ebenfalls ohne Ausnahme, also christlich oder von anderen Religionen Geprägte oder auch ganz Ungläubige – begegnen nach dem Sterben Jesus Christus, dem Sohn Gottes, der mit ihnen ein liebevolles Gespräch über ihr vergangenes Leben führt.

Diese beiden Tatsachen dürfen uns kein Anlass sein, auf andere Religionen, denen die Gottessohnesschaft Christi unbekannt ist, geringschätzig hinabzublicken. Es hat seinen Sinn, dass es sie gibt und dass Menschen in ihnen ihre geistige Heimat finden. Diesen Religionen und den ihnen angehörenden Menschen gebühren Achtung und

Respekt (vgl. dazu *Wie im Himmel, so auf Erden,* Bd. III, S. 223–244). Aber es hat auch seinen Sinn, dass *wir* in einen christlich geprägten Kulturkreis hineingeboren sind.

Das erlaubt den Engeln, uns hier in aller Deutlichkeit auf Lehre und Vorbild Jesu Christi hinzuweisen. Die Engel verfügen über umfassende Kenntnis der himmlischen – und übrigens auch der irdischen – Realität. Sie teilen uns davon mit, was für uns jeweils fassbar und verständlich ist. Sie zeigen auch Respekt und Verständnis für die Menschen, die von der Kirche oder überhaupt von Religion nichts wissen wollen und die auf die jeweils herrschenden »Bedingungen rationaler Realitätserkenntnis« pochen. Diese Bedingungen zwingen allerdings den menschlichen Geist in das Gerüst eines zu engen Realitätsverständnisses. Die Engel versuchen, unseren Horizont zu erweitern und uns der Wirklichkeit zu öffnen. Sie wenden sich an Leser, die die himmlischen Gegebenheiten zumindest für »möglich« halten.

Die Engel haben uns z. B. darüber belehrt, dass die Auferstehung Christi eine Tatsache ist (*Wie im Himmel, so auf Erden,* Bd. III, S. 102–119). Sie setzen diese Realität in diesem Buch voraus. Es kommt für sie nicht darauf an, ob die Auferstehung naturwissenschaftlich beweisbar ist oder ob die historische Forschung sie beweisen kann. Sie stellen auch nicht darauf ab, dass Bibel und christliche Überlieferung die Auferstehung lehren. Sie kennen sehr wohl die Probleme, die sich oft aus Zeitbedingtheit und Interpretationsbedürftigkeit biblischer Texte ergeben. Sie orientieren sich – und uns – einfach an den Gegebenheiten.

Es kommt für das Verständnis dieses Buches also darauf an, wie weit man ihnen Vertrauen entgegenbringt. Es ist natürlich ein Problem, dass man das, was sie uns sagen, nur zur Kenntnis nehmen, aber nicht mit ihnen diskutieren kann. Nur im unmittelbaren Gespräch kann man Rückfragen stellen. Ich habe das öfters getan und nahe liegende Fragen zur Sprache gebracht, sie gingen dann gern darauf ein. Wer aber sein Vorverständnis zum Maßstab des Wahren erhebt, erklärt jede davon abweichende Darlegung für überflüssig und kann nicht dazulernen. Die Engel können nur dem raten, der sich innerlich öffnet.

Dieses Buch wendet sich nicht nur an Leser, die selbst und unmittelbar von schicksalhaften Ereignissen betroffen sind, sondern auch an Therapeuten und andere Helfer. Doch können therapeutische Fragen hier nur angerissen werden; sie bedürfen einer gründlichen und zusammenhängenden Erörterung. Eine solche ist in Vorbereitung und soll im Frühjahr 2005 erscheinen. Für den Herbst 2004 ist ein Band über die Erlebnisse der Seele im Sterben und nach dem Sterben geplant.

Wen es interessiert, wie der Himmel aktuelle Ereignisse beurteilt, sei auf unseren jährlich erscheinenden *Brief an die Freunde* verwiesen, der im Abonnement bestellbar ist (Postfach 27, 88172 Scheidegg; 9,80 €). – Zur weiteren Vertiefung verweise ich auf: Der Anonymus d'Outre Tombe, *Die Großen Arcana des Tarot, Meditationen,* Freiburg: Herder Verlag (Paperback-Ausgabe in 4 Bänden oder gebundene Ausgabe mit Namen- und Sachregister in 2 Bänden).

*Martin Kriele*

# Einleitung
## Schicksal und Krise

Elion: Was euch als Schicksal widerfährt, hat eine Außen- und eine Innenseite: das äußere Geschehen und das innere Erleben. Das äußere Geschehen kann sehr dramatisch sein, ein Unglück, ja eine Katastrophe: Ein nahe stehender Mensch stirbt oder wird zum Pflegefall, man erkrankt schwer, eine Liebe zerbricht, die Ehe scheitert, man fällt durchs Examen, der Arbeitsplatz geht verloren, das Unternehmen ist insolvent, man hat sich strafbar gemacht, man wird zum Opfer einer Verleumdung, eines Verrats oder eines Verbrechens. Freunde wenden sich ab, Vertrauen wird missbraucht, man vereinsamt, wird aus der Heimat vertrieben. Das äußere Geschehen löst innere Krisen aus.

In innere Krisen gerät man mitunter auch durch glückliche Ereignisse: Man findet seinen Lebenspartner, feiert Hochzeit, erlebt die Geburt eines Kindes, hat großen beruflichen Erfolg, erlangt Reichtum, vielleicht Berühmtheit: Das Glück schüttet sein Füllhorn über euch aus. Aber auch die Ereignislosigkeit kann Krisen auslösen: Es tut sich nichts im Leben, es ist immer dasselbe, nichts ist bedeutend, die große Langeweile breitet sich aus, und plötzlich führt diese Erkenntnis in die Krise.

»Krise« bedeutet: es wird ein Wandlungsprozess in Gang gesetzt. Was wichtig war, ist unwichtig geworden, die Welt, der Alltag, die Menschen erscheinen in neuem Licht. Man steht ratlos vor großen Lebensfragen: »Mein bisheriges Leben kann ich so nicht weiterführen (oder will es nicht). Wo geht es hin? Wer bin ich jetzt? Wer bin ich überhaupt?«

Aus der Sicht des Himmels ist die Krise ein heiliger, heilsamer Prozess. Er konfrontiert euch mit grundsätzlichen religiösen Fragen, z.B.: »Mein Gott, warum hast du mich verlassen? Warum fügst du dieses Schicksal oder lässt es zumindest zu? Lässt sich das Schicksal überhaupt in ein Sinngefüge einordnen? Gibt es Gott überhaupt?«

Das äußere Geschehen löst allerdings nur dann innere Krisen aus, wenn der Mensch dementsprechend »disponiert« war. Wenn diese Disposition besteht, können schon verhältnismäßig geringfügige Anlässe zu einer Krise führen: ein erhoffter Brief bleibt aus, eine Verabredung wird abgesagt oder Vergleichbares. Wo diese Disposition nicht besteht, werden selbst dramatische Ereignisse ohne tiefe Erschütterungen durchgestanden: die gleiche Kündigung z.B. führt den einen in die Krise, der andere bewältigt die Probleme in stoischer Nüchternheit.

Das alles deutet darauf hin, dass diese innere Disposition dazu beigetragen haben könnte, das krisenauslösende Ereignis herbeizuführen. Man hat z.B. einen Verkehrsunfall verschuldet, die Kündigung durch eigenes Verhalten provoziert, die Partnerschaft aufs Spiel gesetzt, ohne die unterschwellige Absicht zu bemerken. ==Das von außen hereinbrechende Unglück ist durch eine innere Steuerung zumindest mit verursacht.== Sie zielte nicht auf das Unglück an sich, sondern auf die innere Krise, die es auslösen wird. D.h., man hat die Krise als etwas Sinnvolles empfunden, allerdings ohne sich dessen bewusst zu sein und ohne zu wissen, wofür sie gut sein könnte. Innere Kräfte führen schicksalhafte Ereignisse herbei, um dem Menschen zu einer Neuorientierung zu verhelfen und ihn in einen neuen, stimmigeren Lebensabschnitt zu führen.

Zur Lebensfülle, zur Lebendigkeit des Lebens gehört das dreifache innere Gespräch mit der Welt, mit sich und dem Himmel. Das Schicksal wirft Fragen auf, man sucht Antworten und fragt zurück. Dieser innere Dialog wird nicht ständig in gleicher Intensität geführt, sondern von Zeit zu Zeit neu aufgegriffen und fortgeführt – auf verschiedenen Altersstufen und meist aus Anlass schwerwiegender äußerer Ereignisse. ==Die Lebenskrise ist ein innerer Prozess der Auseinandersetzung mit den großen Lebensfragen.==

Es gibt vier Grundtypen, die unterschiedlich mit diesen Lebensfragen umgehen.

1. Der entschiedene *Atheist* kann gar nicht in eine Krise geraten, weil ihm eine religiöse Orientierung von vornherein nicht möglich erscheint: »Es ist, wie es ist, es kommt, wie es kommt, man kann es nur hinnehmen. Gegen wen oder was könnte man sich auflehnen, mit wem oder was in einen Dialog treten, wem oder was auch dankbar sein? Da gibt es nichts.« Es kommt vor, dass sich jemand für diese Grundhaltung entschieden hat und sein Leben lang in ihr verharrt. Das ist aber verhältnismäßig selten.

2. Ähnlich ist die Situation des *traditionell Gläubigen*, der von Kindheit an so fest im Glauben verankert ist, dass es für ihn nie eine Glaubenskrise und deshalb auch keine freie persönliche Entscheidung für Gott gegeben hat. Auch er nimmt das Schicksal klaglos und fraglos hin, nur eben in Gottesergebenheit: »Gott hat es so gewollt. Was er will, ist gut, weil er es will. Es verstehen zu wollen hieße, Gott innerlich zur Rechenschaft zu ziehen, mit ihm zu hadern, von ihm Erklärungen zu fordern. Das wäre nicht nur vergeblich, sondern auch ungehörig und vermessen. Gott gebührt Lob, Dank und Ergebenheit ohne Vorbehalt, Bedingungen und Fragen, was immer geschieht.«

3. Ein dritter Typus ist der *Skeptiker,* der sich weder für noch gegen Gott entscheidet, weder für eine Zuwendung zum Himmel noch für einen konsequenten Atheismus. »Man kann darüber nichts Sicheres wissen, vielleicht wird man es nach dem Sterben erfahren.« Er kann zwar in eine Krise geraten, diese führt ihn aber nur zum Dialog mit sich und der Welt: in die Selbstanklage oder in die Anklage gegen die äußeren, gesellschaftlichen, politischen Umstände. Entweder er zerbricht an sich selbst wie ein tragischer Held, oder er resigniert und wird bitter, bestenfalls gelingt ihm die Reaktivierung der eigenen Vitalkräfte. Ohne Dialog mit dem Himmel lässt sich eine Krise nicht meistern.

4. Schließlich gibt es den Typus des *Gläubigen aus freier Entscheidung*. Entweder ist er im Glauben aufgewachsen, hat aber eine

Glaubenskrise durchgestanden und sich frei für den Glauben entschieden. Oder er ist ohne Religion aufgewachsen, hatte aber die geistige Weite, die Gegebenheiten des Himmels zumindest für möglich zu halten, nach ihnen zu fragen und sich ihnen in freier Entscheidung zu öffnen. Dieser vierte Typus ist der, der am meisten im Sinne des Himmels handelt. Denn: Wer sucht, der findet. Die Krise führt dann in einen Dialog nicht nur mit sich und der Welt, sondern auch mit dem Himmel.

Eine Krise »meistern« heißt: in Einklang mit sich, der Welt und dem Himmel zu gelangen. Der Dialog mit den drei Partnern Ich, Welt und Himmel wird schließlich zu einem freudigen, stimmigen, schönen, dreistimmigen Gesang. Ihr stimmt mit euch selbst und der Welt überein, und der Himmel nickt euch freundlich zu. Erinnert euch einmal der glücklichsten Momente eures Lebens. Hattet ihr da nicht das Gefühl: »Die Welt, der Himmel und ich sind eins, der Dreiklang bildet einen Einklang«?

Der heilige, heilende Sinn der Krise ist, einen inneren Prozess auszulösen, an dessen Ende dieser Einklang steht. Die Frage: »Warum hast du mich verlassen?« lässt den Menschen hadern, in Wut und Verzweiflung geraten. Er wird die inneren Prozesse durchleben, von denen in diesem Buch die Rede ist. Wenn ihr eure Krise meistert, meistert ihr das Leben, und wenn es zum Sterben kommt, könnt ihr freudig sagen: »Es ist vollbracht.«

*Die Menschen in der Krise suchen zwar nach Wegen, ihre innere Situation gut zu bestehen, aber sie wollen auch die äußere Situation zum Besseren wenden. Wie weit vermag der Mensch sein Schicksal zu beeinflussen, wie weit ist es ihm vorgegeben?*

Das Schicksal kann man sich vorstellen wie ein Gewebe aus sechs verschiedenen Fäden.

1. Da ist der Faden der Wunden und Erfahrungen, die die Seele aus früheren Leben mitbringt: die Probleme, mit denen sie zu ringen hat, die Schuld, die sie wieder gutmachen möchte, die ungestillten Bedürfnisse und Sehnsüchte, die Verletzungen, die nach Heilung suchen, und dergleichen.

2. Da ist die Absprache, die die Seele vor dem Inkarnieren im Einvernehmen mit ihrem Sonnenengel getroffen hat. Sie umreißt einen Lebensplan, so wie er auf Grund der bisherigen Erfahrungen am sinnvollsten wäre.[1]
3. Da sind die kollektiven Vorgegebenheiten, also z. B. Nation, Sprache, Kultur, Hautfarbe, Klima, Zeitgeschehen, Geschlecht.
4. Da sind die Wirkungen, die von anderen Menschen ausgehen: von Eltern, Geschwistern, Nachbarn, Freunden, Kollegen, von sozialen Gemeinschaften.
5. Da ist die persönliche Haltung, mit der man in seinem Umfeld steht. Sie entscheidet darüber, welche Kräfte – lichte oder dunkle – von außen Einfluss ausüben können und welche man aus dem Inneren nach außen strahlt.
6. Da sind die bewusst verantworteten Entscheidungen.

Einen unmittelbar das Schicksal ändernden Einfluss kann man nur auf die persönliche Haltung und die bewussten Entscheidungen nehmen (Punkt 5 und 6). Tut man das, ändert man aber mittelbar auch das Gesamtgefüge. Denn: Die Probleme aus früheren Leben können weitergetragen oder gelöst werden, je nach der inneren Haltung, in der der Mensch mit ihnen umgeht.

Die Lebensabsprache (Punkt 2) kann erfüllt, aber auch korrigiert oder – ausnahmsweise – für ein späteres Leben zurückgestellt werden.

Die kollektiven Vorgegebenheiten (Punkt 3) können zwar nicht insgesamt, aber zum Teil beeinflusst werden, z. B. kann Friedensarbeit erhebliche Wirkungen auf die Gemeinschaft entfalten, aber auch politische, künstlerische, wissenschaftliche oder religiöse Impulse können von der Gemeinschaft aufgenommen werden.

Die Wirkungen der Gemeinschaften (Punkt 4) können den Menschen bestimmen, er vermag sich ihnen aber bis zu einem gewissen Grad zu entziehen, ja sie durch eigene Einwirkung zu verändern.

Wenn das Schicksal einen in eine innere Krise führt, geht es vor allem darum, an der inneren Haltung (Punkt 5) anzusetzen und damit

---

[1] Alexa Kriele: *Die Engel geben Antwort auf Fragen nach dem Sinn des Lebens*, S. 74 ff.

das künftige Schicksal in einem günstigen Sinn zu beeinflussen. Es macht einen großen Unterschied, ob ein Mensch in Resignation, Bitterkeit, Depression, Verzweiflung, Hass oder Rachegedanken verfällt oder ob er sich dem Lichten, dem Guten, dem Schönen öffnet. Davon hängen dann auch seine persönlichen Entscheidungen (Punkt 6) ab.

*Wer von einem Schicksalsschlag getroffen ist und eventuell in eine innere Krise gerät, stellt sich als Erstes die Frage, wie er mit den äußeren Gegebenheiten umzugehen hat. Habt ihr dazu Ratschläge?*

Natürlich sind bei einem unglücklichen Schicksalsschlag zunächst einmal die äußeren Aspekte anzupacken. Man braucht ärztliche Hilfe oder juristischen Beistand, die Beerdigung ist zu organisieren, der Nachlass zu verteilen, das Auto zu reparieren, das Haus wieder aufzubauen, finanzielle Ansprüche sind bei Behörden, Banken oder Versicherungen geltend zu machen usw. Da können Engel zwar dem Einzelnen mitunter Ratschläge geben, es kommt auf die speziellen Umstände an. In einem für die Allgemeinheit bestimmten Buch aber lassen sich nur die generellen Zusammenhänge klären, dies allerdings in einer Weise, die dem Einzelnen individuelle Orientierung ermöglichen wird. Eine Reihe von Übungen wird helfen, einen guten Weg zu finden. An dieser Stelle lassen sich nur einige generelle Hinweise geben:

1. Es wird oft Anlass zu Streit geben: Wer ist schuld? Wer hat sich strafbar gemacht? War die Kündigung gerechtfertigt? Wie ist die Erbschaft zu verteilen? Wer schuldet wie viel Schadensersatz oder Wiedergutmachung? Dann ist es immer ratsam, sich professionell vertreten zu lassen oder sich auf einen Vermittler oder Schiedsrichter zu einigen, auch in Fällen, in denen das rechtlich nicht gefordert wird. Streitet nicht selbst! Und tragt Sorge, dass sich euer Vertreter sachlich, vornehm und anständig verhält.
2. Die innere Haltung, mit der ihr an die äußeren Probleme herangeht, ist nicht nur um ihrer selbst willen bedeutsam. Glaubt nicht, sie könne die äußere Problemlösung nicht beeinflussen! Z. B. ist die ärztliche Behandlung hilfreicher, wenn ihr wirklich wollt, dass man

euch hilft. Die Chancen eines Rechtsstreits sind größer, wenn er sachlich und fair geführt wird. Die Bestrafung eines Täters hilft euch nicht, wenn ihr sie mit schadenfroher Befriedigung zur Kenntnis nehmt statt mit Bedauern, mit Verständnis für die Schwäche des Menschen und mit der inneren Bereitschaft zur Vergebung.

3. Tut in der äußeren Welt, was nötig ist, aber lasst euch nicht in Hektik und Geschäftigkeit treiben. Die Versuchung ist groß, das innere Geschehen zu verdrängen, es durch Betriebsamkeit zu überdecken, es gar nicht richtig ins Bewusstsein treten zu lassen. Damit verschlimmert ihr das innere Problem und schiebt seine Bewältigung vor euch her. Seid ihr in einer inneren Krise, so lasst den Schmerz euch bis ins Körperliche hinein durchdringen, gesteht euch zu: »Ich falle in ein Loch, ich weiß nicht ein noch aus.« Stellt euch dem inneren Problem, so schrecklich es erscheint, und widmet ihm die Zeit, die seine Durcharbeitung benötigt. Das Schicksal meistern heißt vor allem, die inneren Krisen meistern.

*Was den inneren Aspekt der Krise betrifft: Ist es sinnvoll, Hilfe zu suchen? Sollte man überhaupt Helfer suchen oder es ganz allein versuchen?*

Es alleine zu versuchen ist ehrenwert, aber nicht notwendig. Fallt weder in Panik noch in Resignation, sondern sucht den mittleren Weg der inneren Ruhe bei gleichzeitig angemessener Aktivität und lasst euch helfen.

Setzt euch in Ruhe hin und sagt euch: So, jetzt beginnt eine feierliche Zeit, die Krise, jetzt kann ich es nicht mehr verleugnen, jedenfalls nicht mehr vor mir selbst. Jetzt bin ich richtig tief unten, es stimmt gar nichts mehr. Wer könnte in dieser Situation helfen? Wie und wo? Wie soll Hilfe in einer Krise eigentlich aussehen? Die dunklen Hierarchien werden auch einreden, dass es niemanden gibt, der helfen kann. Woran erkenne ich den, der mir hilft?

Sucht nicht diejenigen auf, die euch versprechen, dass sie euch aus der Krise führen werden. Die Krise ist *deine* Krise. Der Einzige, der aus ihr herausfinden kann, bist du selbst. Andere können es nicht bewirken, sie können dir nur dabei helfen.

**Haltet euch fern von Menschen, die Öl ins Feuer gießen,** die Ängste und Hoffnungslosigkeit verstärken: »Du hast ganz Recht, die anderen Menschen sind schuld – die Schwiegermutter, der Chef, die Gesellschaft, die heutige Zeit. Dieses Land geht vor die Hunde, es geht sowieso immer alles schief« usw. So etwas hilft euch nicht.

Sucht euch den so genannten geprüften Menschen. Das kann einer sein, der staatliche Prüfungen abgelegt hat, ein Psychiater, ein Psychotherapeut, ein Verhaltenstherapeut mit einer gewissen Vertrauenswürdigkeit. Es kann aber auch einer sein, von dem ihr wisst, dass das Leben ihn schon prüfte, einer, der auch schon Krisen durchgestanden hat und euch aus seiner Erfahrung heraus hilfreich zur Seite stehen kann. Fragt also Nachbarn, Verwandte, Freunde oder Bekannte, ob sie jemand kennen, der so etwas auch schon durchgemacht und gemeistert hat. Dem schildert die Situation und fragt: Wie ging es dir? Was hast du getan? Was ist daraus geworden? Was war wesentlich, was ist anders geworden? Worin bist du gewachsen? Was hast du dazugelernt?

Der heilende Helfer kann nur dort helfen, wo der Patient dieses Hilfsangebot für sich selbst annehmen kann. Du als Therapeut kannst es noch so gut machen, du kannst niemandem aus seiner Krise heraushelfen, der das nicht selber will. Du kannst ihm aber erklären, warum du ihm jetzt noch nicht durchgreifend helfen kannst, was da erst noch stattzufinden hat, nämlich, dass er sich an den Himmel wendet, vor allem an den Herrn, den Bruder, und ihm sagt: »Ich will begreifen, was Krise bedeutet, ich will hinaus. Ich bin bereit, Dir in die Augen zu schauen, und wenn Du sagst: ›Folge mir nach‹, ja zu sagen.« Dann ist er ein Patient für dich. Er braucht dich sozusagen als jemand, der den magischen Akt der Heilung vorbereitet.

*Findet der Patient diese Nähe zum Herrn über die Heilung von kleinen Verwundungen?*

Das Erleben von kleinen Teilerfolgen wird sein Vertrauen wecken. Deine eigene Glaubwürdigkeit ist vertrauensbildend, deine Treue zu deinem eigenen Tun, deine eigene Zentrierung, dein Verständnis. Manche Menschen allerdings brauchen das Gefühl, dem Wunderbaren zu begegnen, einer Fügung, einem Durchschaut- und Erkanntwerden als vertrauensbildendem Akt.

Der Mensch, der auf Heilung vorbereitet werden soll, braucht Selbsterkenntnis. Er braucht einen Blick auf das Lichte. Aber zu sich selber vorzudringen ist ihm noch gar nicht möglich. Du hilfst ihm dadurch, dass er die Lichthaftigkeit, die es in ihm gibt, in dir selber erahnen, erfühlen, erleben kann. Der Heilende ist dann der Spiegel des zu Heilenden, seiner Ebenbildlichkeit. Der Heilende zeigt dem Leidenden: Schau, so geht das, so ist der Mensch schlussendlich. Er heilt durch sein Vorbild.

Sehr hilfreich ist ein *Tagebuch*. So wie ein Kapitän ein Logbuch führt, so führt in diesem Krisensturm, wo ihr jetzt der Kapitän seid, ein Krisentagebuch. Schreibt ganz kurz, nur mit Stichworten und Datum auf: Erstens, was passiert außen? Welche Telefonate, welche Hiobsbotschaften, welche Gespräche, welche neuerlichen Unglücke rollen da über mich herein? Zweitens, was passiert in mir? Welches sind meine größten Sorgen, Nöte, Ängste? Drittens, was ist die Hoffnung, die Zuversicht oder der Schimmer am Horizont, falls es einen gibt?

Versucht, wenn irgend möglich, immer versöhnlich zu enden. Ihr braucht z.B. nur schreiben: Und morgen ist ein neuer Tag. Oder: Auch der Regen geht vorüber. Oder: Auf jeden November folgt wieder ein Mai. Oder: Auf die Passion folgte die Auferstehung. Oder: Es wird wieder Weihnachten kommen.

# 1. Kapitel: Lebenskrisen

# I.
# Was ist eine Lebenskrise?

Aus Sicht des Himmels bezieht sich der Begriff »Krise« auf die innere Befindlichkeit, die inneren Prozesse eines Menschen, nicht auf das äußere Geschehen. Außen widerfährt euch ein Unglück, ihr erlebt Unsicherheiten, Schwierigkeiten, vielleicht auch ambivalente, strategisch schwierige Situationen, politische oder wirtschaftliche Probleme oder, wenn das Unglück besonders schlimm ist, eine »Katastrophe«. Im Innern macht ihr die Erfahrung, dass etwas für immer verloren geht, dass es scheinbar unlösbare Konflikte und Probleme gibt: »Ich kann das Unglück weder aufhalten noch es abwehren, noch es wenden.« Die Situation entfaltet eine Dynamik, die man nicht im Griff hat. Man fällt in eine dreifache Unsicherheit:

1. Die Vergangenheit kann so nicht mehr weitergeführt werden, nichts ist mehr, wie es war. Normalerweise macht ihr ja die Vergangenheit zur Gegenwart, d.h., der Status quo hält an. Jetzt ist die Vergangenheit ganz eindeutig abgeschlossen.
2. Die Gegenwart ist weder aus der Erfahrung der Vergangenheit noch aus einer Zukunftsvision heraus zu handhaben.
3. Die Zukunft ist nicht erkennbar, schon gar nicht planbar oder berechenbar. Man weiß nicht, was kommt und was aus einem werden wird.

Dies alles ist dazu angetan, dass sich der Mensch in der Krise als ein mehr oder weniger hilfloses Opfer empfindet. Es bricht alles weg oder zusammen oder auf oder um. Das erscheint wie ein Erdbeben, wie der Eingriff einer unverständigen oder gar böswilligen höheren

Macht. Man hat das Gefühl, man stehe womöglich vor einem von den dunklen Hierarchien angezettelten Chaos, einem Zerstörungswerk, das keinen lichten Sinn hat, sondern nur einen dunklen. Man »fällt in ein Loch«.

In einer solchen Krise brechen die ganz grundsätzlichen Fragen des Lebens auf. Wer fragt wen? Im Allgemeinen wählt der Mensch in der Krise zunächst eine Vorform des Fragens, nämlich den Vorwurf. Den richtet er an äußere Instanzen – den Chef, den Partner, den Himmel, die Gesellschaft, irgendwelche Ratgeber. ==Vorwurf ist immer ein Ausweichen vor den Fragen, die an *dich* gerichtet sind.== Denn es sind die Welt, der Himmel, die Menschen, das Leben, die Fragen stellen: Was nun?

1. Im Blick auf die *Vergangenheit* bist du an einem Punkt, an dem viele innere Haltungen nicht mehr funktionieren. Welches waren deine Überzeugungen, Vorurteile, Sicherheiten, Werte? Welches waren die Gaben oder Talente, auf die du dich berufen und gestützt hast? Welches waren die Techniken, die Strategien, manchmal auch die kleinen Tricks? Welches waren die Lügen, mit denen es sich gut leben ließ, die du sogar gebraucht hast, um dein Leben zu leben? Was hast du »unter den Teppich gekehrt«, weggesteckt, verdrängt, verschwiegen vor anderen, vor dir oder vor dem Himmel? Wie hast du gelebt, mit welchen Haltungen, Verdrängungen etc.?

2. Im Blick auf die *Gegenwart:* Welche Ängste treiben dich jetzt um? Benenne sie, mache sie dir klar. Meist sind es Ängste, die vorher auch da waren, aber latent, verborgen, klein gehalten. Das Leben war so arrangiert, dass du ihr Aufbrechen vermeiden konntest: Ängste vor dem Alleinsein, Ängste vor dem Verlust der Existenz, der Freunde, des gesicherten Umfelds, der sozialen Anerkennung, Angst, dass man etwas nicht schafft, dass einen der Mut verlässt oder der Körper einen im Stich lässt. Schreibe diese Ängste auf und mache dir klar: Sie sind nicht plötzlich aus dem Nichts aufgetaucht, sondern sie waren schon vorher deine Genossen, sind ein bisschen versteckt und verschwiegen neben dir hergeschlichen und haben auf den Moment gewartet, wo sie eine Rolle spielen dürfen.

In der Krise funktionieren die Vermeidungs- und Verdrängungsstrategien nicht mehr. Jetzt sind die Ängste wirklich da und lassen sich nicht mehr wegschieben. Jede Angst, die vor dir auftaucht, wenn du in die Gegenwart schaust, ist eine Frage an dich. Zum Beispiel steckt in der Angst vor dem Verlust der Existenz die Frage: Bin ich in der Lage, irgendwie mit meiner Hände oder meines Kopfes Arbeit dafür zu sorgen, dass ich und die, die auf mich angewiesen sind, durchkommen?

3. Im Blick auf die *Zukunft* ist sicher: Sie wird anders sein als die Vergangenheit. So wie es bisher war, geht es nicht mehr. Das Vergangene ist unrettbar verloren und lässt sich nicht in die Zukunft hinein weiterführen. Vieles wird sich verändern, vielleicht überhaupt nicht mehr wiederzuerkennen sein. Und noch wichtiger: »Ich werde ein anderer sein in der Zukunft.«

Also *du* magst fragen: Wie kann trotzdem alles so weitergehen wie bisher? Oder: Wie kann diese Krise möglichst schnell überwunden werden? Oder: Wer kann mir ein passendes Medikament geben, damit ich die Krise durchschlafen kann und sie möglichst nicht mitkriege? Aber der Himmel stellt dir ganz andere Fragen: Wie war es bisher? Wovor ängstigst du dich im Moment? Bist du bereit, in eine neue Zukunft zu gehen, die den Namen wirklich verdient, nämlich in eine offene, die Veränderung bringt und Neues lebendig werden lässt?

In der Krise werden Schöpfungsprinzipien sichtbar. Sie ist nicht sozusagen ein Ausrutscher, ein Patzer in der Schöpfung, sondern sie konfrontiert dich mit Prinzipien, die in der Schöpfung wirken. Sie ist eine Begegnung mit der Welt der Engel. Die Krise ist nichts Dunkles, nichts Böses, sondern ein heiliger Moment. Sie spannt einen Bogen zum Passionsweg Jesu. Der sieht auch erschreckend aus, ist aber ein heiliger und heilsamer Weg. Das heißt nicht, dass dir etwas so Schreckliches bevorsteht. Aber es stellen sich ganz neue Herausforderungen. Manchmal befindest du dich in einer so schwierigen Situation, dass sie dir zunächst *aussichtslos* erscheint. Doch wie der Passionsweg zur Auferstehung führt, so führt dich die Krise, wenn du sie richtig bestehst, zu neuem Leben, in das Weihnachtsgeschehen hinein.

*Bedeutet das, dass man sich bisher vielen Täuschungen über sich und sein Leben hingegeben hat, und jetzt in der Krise findet eine große Infragestellung der Täuschung, eine »Enttäuschung« statt?*

Exakt. In der Krise wirst du konfrontiert mit den großen Schöpfungsgedanken, und zwar im Hinblick auf Vergangenheit, Gegenwart und Zukunft.

1. »Erinnere dich.« Schau zurück und fühle dich gefragt: Du in deiner Vergangenheit, wie du so agiert und gelebt hast, stimmt das überein mit dem, *der du wirklich bist*? Erinnerst du dich, wer du bist? Wie warst du gemeint, als du geschaffen wurdest? Hat das Leben, das du gelebt hast, genug von dir lebendig gemacht? Ist dein Leben stimmig, ist es wirklich adäquat? Oder warst du eigentlich eine Karikatur, ein Schatten, ein schwacher Versuch deiner selbst? Bist du nicht unter dir oder hinter dir selbst zurückgeblieben? Oder vielleicht sogar dir selber fremd gewesen? Hast du dich für stärker gehalten, als du bist? Oder im Gegenteil: Hast du dich nicht getraut und dich vor irgendetwas gedrückt? Hast du es immer irgendwie organisiert, der Frage nach der Verantwortung auszuweichen? Hast du dir z. B. gesagt: Das mache nicht ich, das macht mein Mann oder mein Vater oder der Chef? Hast du die großen Ängste, die großen Fragezeichen irgendwie umgangen und es geschafft, dir möglichst nicht zu antworten, dir selber nicht ins Gesicht zu schauen, dir nicht Rechenschaft abzulegen?

Blicke zurück auf dein Leben und frage dich, wer du bist. Du wirst zunächst antworten mit Name, Beruf, Wohnort, du bist Sohn oder Tochter von …, gehörst zu der und der Familie. Dann schließe die Augen und frage dich, welche charakteristischen Eigenschaften dich ausmachen. Bist du z. B. der Ungeduldige, der, der die Ärmel hochkrempelt und praktische Probleme anpackt, oder der Zögerliche, der sich lieber auf andere verlässt, oder vielleicht der »Trottel vom Dienst«?

Dann versuche einmal, dich in die Gottesnähe hineinzuempfinden. Bist du dazu im Stande? Oder hast du das Gefühl, Gott gebe es gar nicht oder er habe dich verlassen? In der Gottesferne verbleiben heißt: in der Krise stecken bleiben. Die Frage, wer du bist, ist dann letztlich nicht beantwortbar.

Lies einmal den Schöpfungsbericht der Bibel. Dort heißt es: Du bist von Gott geschaffen, und zwar als sein Ebenbild und Gleichnis (Gen. 1, 26f). Versuche einmal diesen Text nicht als ein historisches Dokument zu lesen, das antiquierten Vorstellungen entstammt, sondern als eine Aussage über dich und dein Inneres: Du bist gemeint. Wenn du das innerlich empfinden kannst, wird dir aufdämmern, dass die Frage »Wer bin ich?« ihre stimmige Antwort in dem Satz findet: »Ich bin Gottes Ebenbild und Gleichnis.« In diesem Augenblick hast du die Krise gemeistert. Du empfindest Fülle, Glück und Stolz, Unbesiegbarkeit, Heilsein, und diese Empfindung wird nach außen leuchten. Die Schöpfung bleibt, was sie war, aber du trittst wieder neu in sie ein, du wirst dir dessen bewusst.

»Krise« bedeutet, dass du mit der Frage »Wer bin ich?« herumläufst und von der Umwelt beklemmende Antworten, ja Ohrfeigen bekommst, jedenfalls nicht die einzig stimmige Antwort: »Du bist Gottes Ebenbild und Gleichnis.« Also richte die Frage an dich selbst, gehe in der Fragenkette immer weiter und weiter zurück, bis du an deinem Ursprung angekommen bist.

Also in der Krise hast du
*erstens* Fragen an die Welt gerichtet,
*zweitens* die Erfahrung gemacht, dass die Welt dich fragt.
*Drittens* nun fragst du dich selbst: Wer bin ich im Grunde wirklich?

Auf diese Frage gibt es nur eine stimmige Antwort. Es ist nicht gleichgültig, ob du sie findest oder ob du bei einer alternativen – psychologischen, soziologischen, biologisch-evolutiven – Antwort endest. Es wäre verhängnisvoll, wenn du auf eine pluralistische, relativistische Antwort ausweichst, wenn du etwa mit Pilatus resignierst: »Was ist Wahrheit«, oder beschließt: »Es gibt keine Antwort«, oder: »Die religiöse Perspektive brauche ich nicht«, oder: »Sie entspricht nicht der Moderne«. Damit würdest du dich in einen Irrtum verstricken, den du bitter zu bezahlen hättest. Da ist der Himmel ganz kompromisslos. Es gibt nur eine einzige stimmige Antwort: »Ich bin Gottes Ebenbild und Gleichnis.«

Blicke also zurück, über dein Leben hinaus. Wer bist du wirklich als Ebenbild und Gleichnis des Vaters, als eine grandiose Schöpfung?

Und in diesem Lichte betrachtet: Reicht das aus, was du bisher gelebt hast, bist du wirklich du? Erinnere dich!

2. Wenn du die Gegenwart mit all diesen Ängsten und Sorgen und Zweifeln anschaust, ist die Schöpfungsfrage, die dir gestellt wird, die nach der *Treue* und der *Wahrhaftigkeit*. Bei allen Herausforderungen durch Ängste, Zweifel und Sorgen – wie treu bist du dir selbst? Wie sicher stehst du zu dir, zu dem, der du gewiss bist? Wie wahrhaftig ist deine Beziehung zu dir selbst? Bist du in der Lage, Position zu beziehen, zu etwas »ja« und zu etwas anderem »nein« zu sagen?

3. Das Schöpfungsprinzip, das für die Zukunft deutlich wird, ist das der *Freiheit* und der *Vielfalt*. Die Krise macht deutlich, dass die Zukunft viel offener ist, viel freier, viel vielfältiger in ihren Möglichkeiten als ihr es gemeinhin denkt. Die Krise zeigt die Größe, die in der Zukunft liegt.

Der äußere Blick ist vielleicht auf etwas Furchtbares, Schreckliches, Lähmendes, Katastrophales gerichtet. Der innere Blick ist der Blick auf etwas Heiliges, das höchst lebendig macht und vergleichbar ist mit einer Geburt. Die Krise mag erlebt werden wie der Passionsweg: grauenvoll, erschreckend, hilflos ausgeliefert dem unverschuldeten Leid. »Passion« bedeutet aber nicht nur Leiden, sondern auch Leidenschaft. In der inneren Sicht ist der Passionsweg ein Weg der Leidenschaft, der bei Jesus zur Auferstehung führt, bei euch zu einer inneren Auferstehung, zu einer Neuwerdung, zu Weihnachten. Er ist ein Erlösungsweg im wahrsten Sinne des Wortes und immer ein Weg, der mit Weihnachten endet: auf Ostern folgt wieder Weihnachten.

*Es geht also nicht darum, Lebenskrisen zu vermeiden, sondern zuzulassen?*

Du sollst natürlich nicht ins andere Extrem fallen und Krisen produzieren ohne Ende. Auch Jesus hat den Passionsweg nicht gewollt. Aber betrachte die Krise, wenn sie denn geschieht, als eine Sammlung heiliger Fragen, einen insgesamt heiligen Prozess, der vielleicht schwierig zu durchleben ist, schmerzhaft, erschreckend. Aber die Krise ist kein dauernder, sondern ein vorübergehender Zustand, ein Weg, der zu etwas Neuem führt. Das Neue, wozu er führt, ist vergleichbar dem Weihnachtsgeschehen oder auch vergleichbar dem Moment, in dem Jesus an dir vorbeikommt und sagt: »Folge mir nach.«

## II.
## DIE NOTWENDIGKEIT DER KRISE

Es gibt kein Leben ohne Krise, es sei denn, sie ist mit gewaltigem Druck verdrängt worden. Wenn euch jemand sagt, er sei in seinem ganzen Leben niemals »in ein Loch gefallen«, habe nie eine Phase der gründlichen Umorientierung, des Sichlösens erlebt, dann sagt er nicht die Wahrheit oder ist ein großer Verdrängungskünstler. Schon eure eigene Geburt und euer bevorstehendes Sterben lösen Krisen aus, aber auch der Tod anderer, die um euch sind. Und das Schreiten von Lebensstation zu Lebensstation erzeugt mal die eine, mal die andere Krise.

Das Leben, das angeblich keine Krise kennt, ist nicht das bessere Leben, das man anstreben sollte, und das krisengeschüttelte nicht das schlechte. Sehr häufig durchleben auch Menschen, denen man es nicht ansieht, im Inneren sehr wohl ihre Krisen. Aber gesetzt den Fall, es gäbe das krisenfreie Leben, dann wäre *entweder* der Betreffende ein Heiliger, der keine Fragen nötig hat, der nichts gefragt wird, der nichts mehr zu beantworten oder zu verantworten hätte. Das gibt es wohl kaum, dann wäre er heiliger als der Sohn, ja als der Vater.

*Oder,* und das ist viel wahrscheinlicher, er lebt ein verantwortungsloses Leben, in dem Fragen überhaupt nicht mehr zugelassen und keine Antworten mehr gegeben werden, also nichts verantwortet wird. Das bedarf einer großen Dickhäutigkeit. Das gibt es. Es gibt sogar Erziehungsmodelle, die von der Meinung ausgehen: je dickhäutiger, umso besser. Sie trimmen den Menschen darauf, funktionstüchtig zu bleiben, notfalls immer den Schein oder die Fassade aufrechtzuerhalten und sich in sie zu flüchten.

Doch so ein unlebendiges Leben ist nicht im Sinne des Himmels. Dann kommt die große Krise im Sterben: »O je, was habe ich alles an dringenden Fragen überhört! Wie antwort-los, wie verantwortungslos habe ich gelebt!« Du kannst versuchen, dein Leben doppelt und dreifach abzusichern und die Krise irgendwie zu vermeiden. Und du kannst selbst dann, wenn die Lebenskrise eintritt, versuchen, möglichst wegzuschauen und dich in ein Gerüst von ganz engen Verstrebungen und Verzahnungen zu retten. Du kannst dir auch eine möglichst dicke Haut zulegen. Aber dann bleibt dir die Lebenskrise trotzdem nicht erspart, sie wird dann verschoben auf die Sterbestunde, auf Einsichten und Erkenntnisse nach dem Sterben oder auf ein anderes Leben. Lebenskrisen leben ist immer ein Zeichen von Lebendigkeit.

Also, der Himmel will dich nicht absichtlich in die Krise führen, aber er wird sie auch nicht verhindern. Denn sie ist eine heilige Maßnahme. Sie macht dich mehr zu dem, der du wirklich bist. Sie ist ein Prozess der Reinigung, der Neuwerdung, der Neuorientierung, der Verstärkung und Vergrößerung deiner Lichtkraft, deiner Fähigkeiten, deiner Möglichkeiten, deiner Größe. Die Krise ist ein Prozess, der den Menschen wachsen lässt.

Das ginge theoretisch auch ohne Krise, praktisch aber nicht, weil diese Welt ja nicht ein Paradiesgärtlein ist, sondern Schauplatz eines sehr spannenden, dramatischen Kampfes. Der Mensch ist immer wieder vor die Entscheidung gestellt: In wessen Diensten möchtest du stehen, wie licht oder nicht licht hast du dich orientiert, auf welchem Weg bist du? Bist du überhaupt noch auf dem Weg oder irgendwo festgeklebt, bis einer dir klar macht: Du kannst doch nicht für immer da sitzen bleiben, du solltest doch unterwegs sein!

Die Hierarchien der dunklen Welt haben ein großes Interesse daran, das Lichte in dir möglichst zu begrenzen, dich möglichst schwach, abhängig, klein, träge, unsicher zu halten, also in dem Zustand, in dem die Frage dann dringend wird: Erinnere dich: Bist du eigentlich, wer du bist? Lebst du eigentlich das, was du bist?

Die dunklen Mächte haben es gerne, wenn du möglichst nicht so lange nachdenkst, wenn du dich arrangierst, den Schein vor das Sein stellst und Wege suchst, dich an der Krise vorbeizulavieren, damit du dich möglichst nicht diesen heiligen Fragen stellst. Wenn du es nicht tust, haben sie Freude daran und werden dich belohnen, vielleicht mit noch mehr Anerkennung, Geld, Konsum oder noch mehr von irgendwas, wovon du eigentlich schon genug hast.

*Das heißt, die dunklen Mächte wollen die Krise möglichst vermeiden?*

Genau das ist es. Irgendwann kann es sein, dass es ihnen nicht mehr gelingt, das heißt: Die Krise setzt ein, in der erschüttert wird, was bisher so sicher schien. Dieses Erdbeben geschieht also, damit die lichten Kräfte eine Möglichkeit bekommen, Fragezeichen zu setzen. Von außen sieht es immer so aus, als wärst du ein Opfer. In Wirklichkeit aber – und das ist wesentlich – setzt die Krise immer dann ein, wenn du sie innerlich auslöst.

Du löst nämlich die Krise selbst aus, wenn das Fragen in dir ein Übergewicht bekommen hat. Das Gerüst deines Lebens wird dir zu eng, der Drang nach Befreiung wird übermächtig. Du nimmst dir die Freiheit, dich in Frage zu stellen, der Unzufriedenheit, der Ungewissheit Raum zu geben: Ist das wirklich noch ganz richtig, was ich da mache? Bin ich ICH, stimmt das eigentlich alles? Ein knappes Übergewicht dieser inneren Fragen reicht aus, um den Stein ins Rollen zu bringen und die Krise auszulösen.

Natürlich kannst du sagen: »Was kann ich denn dafür, dass mein Vater gerade zu diesem Zeitpunkt stirbt oder dass mein Chef mir kündigt oder dass die Firma in Konkurs geht oder dass der Staat keine höheren Beträge mehr zahlen kann?« Gewiss, du hast nichts damit zu tun, du bist nur leidendes Opfer. Die Frage ist aber, warum löst das, was außen passiert, eine solche Krisenlawine in dir aus? Warum bringt es alles in dir durcheinander, kehrt das Unterste zuoberst und das Oberste zuunterst? Viele andere, die in eine ähnliche Situation kommen, geraten nicht in eine innere Krise.

Am deutlichsten wird das in einer Situation, die viele Menschen zugleich betrifft. Manche von ihnen finden sehr schnell eine Lösung, die berührt es weit weniger, die schlafen einfach darüber hinweg, weichen den inneren Fragen weiterhin aus, tun so, als gäbe es sie nicht, verdrängen die inneren Abläufe, während andere in eine große Krise hineinrutschen. Es gibt auch Menschen, die in eine Krise geraten, obwohl der Anlass ziemlich gering ist. Dann hatte schon Stunden oder Tage zuvor eine innere Geburt eingesetzt, die fragenden Kräfte haben an Übergewicht gewonnen. Die Wehen wurden von innen her ausgelöst, und das äußere Geschehen führte zur Geburt.

Das bedeutet nicht, die Krise sei selbst verschuldet. Aber sie ist selbst eingeleitet, sie findet mit innerer Zustimmung statt. Sie ist gewollt, weil sie notwendig im Sinne von not-wendend ist. Warum ist sie notwendig geworden? Weil du dir selbst nicht mehr erkennbar warst. Weil du die Wahrheit, die du leben könntest, nicht mehr oder nur noch in sehr geringem Maße gelebt hast, so gering, dass du vor dir selber erschrocken bist: du bist in eine Zukunftsenge hineingeraten, die deiner nicht würdig war. Die Krise ist ein Mittel zur Wiederfindung deiner selbst.

## Übung: Feiertag

Den Tag, an dem die Krise deutlich wurde, vermerke im Kalender oder Tagebuch als Feiertag, an dem ein Neubeginn eingesetzt hat, wie wenn Wehen einsetzen: als einen heiligen Tag. Vermerke nicht den Beginn der äußeren Abläufe, sondern den Tag, an dem du in die innere Krise gerätst. Überreicht dein Chef das Kündigungsschreiben, wirst du natürlich erst einmal blass werden, seufzen, Tränen in die Augen oder einen Wutanfall bekommen. Aber die eigentliche Krise kann einige Tage oder Wochen später einsetzen.

Dann verhalte dich entgegengesetzt zu dem, was zu erwarten wäre: Gehe z. B. ins beste Gasthaus der Stadt, lade ein paar Freunde ein und feiere den Beginn der Neuwerdung. Oder kaufe dir Blumen oder etwas anderes Schönes, klopfe dir selbst auf die Schulter und sage: »Ich bin stolz, ich bin jetzt sozusagen eine werdende Mutter, und die Geburt hat begonnen, das ist ein großartiger Moment.«

Wenn die anderen dich bemitleiden, ist das natürlich; das ist, was sie zu tun haben. Du kannst dich darüber freuen. Aber dann solltest du ihnen sagen: »Also, mir ist zwar auch nach Jammern zumute, aber vor allem danach, dass ihr mir viel Glück wünscht auf meinem Weg und mir sagt: Wir sind für dich da, bewundern dich, feuern dich an, ziehen mit. Wenn du Fragen hast, ruf an. Wenn du Hilfe brauchst: Wir packen mit an.« Wenn eine werdende Mutter in die Wehen kommt, will sie auch nicht hören: »Ach, wie schrecklich, ja weißt du, bei mir hat das drei Tage gedauert«, sondern: »Das schaffst du, das ist gut so.« In dieser Tonlage sollte man als Freund mit dem Menschen in der Krise reden, nachdem man ihn in den Arm genommen und mit ihm eine Mitleidsträne geweint hat.

Ihr könnt in dieser Offenheit, in dieser Wandlungsfähigkeit, in dieser Lebendigkeit eher leben, wenn ihr den Herrn für euch entdeckt habt. Sonst würdet ihr daran verzweifeln, in Unsicherheit, in Misstrauen, in Handlungsunfähigkeit verfallen.

## Übung: Frage und Antwort

Dann geht einmal euer Leben durch und notiert die Fragen, die es euch gestellt hat, z. B.: Willst du bei diesen Eltern zur Welt kommen? Willst du die Krankheit überleben? Welchen Beruf wählst du? Willst du heiraten und wen? Wo willst du wohnen? Wie willst du dich kleiden? Welche Arbeit bist du bereit anzunehmen? usw.

Wie hast du geantwortet, wie antwortest du jetzt? Welche Satzzeichen kennzeichnen deine Antwort? Schreibe sie hin. Hattest du keine klare Antwort, sondern hast du es kommen lassen, wie es kommt, setze Pünktchen: »…«. Bist du noch nicht fertig mit Nachdenken, setze einen Gedankenstrich: »–«. Antwortest du mit einer Gegenfrage, setze ein Fragezeichen: »?«. Hast du eine klare Antwort, setze ein Rufzeichen: »!«. Welches Satzzeichen, welche Art von Antwort verkörperst du? Nichts ist sicher und je sicher gewesen. Das Leben ist ein stets offenes Gespräch. Du kannst es nur dann gut bestehen, wenn du die Sicherheit hast: Alles wird gut! Und Jesus ist an meiner Seite!

Dann malt mal Fragezeichen und Ausrufezeichen auf ein Papier – dicke, dünne, bunte, ausgemalte, geschwungene, große, kleine.

Die innere Haltung, die ihr beim Malen atmen, denken, empfinden solltet, entspricht einem Fragezeichen: Es ist alles offen, es ist alles möglich. Das ist die Haltung, die ihr einnehmen solltet, euch und den anderen Menschen, überhaupt dem Leben und der Welt gegenüber. Es kann alles anders werden, es könnte auch morgen alles aus sein, wer weiß? Es ist alles eine große Einladung zum Wandel. Beim Fragezeichen atmet ihr ein: Ich lasse mich überraschen: Was entdecke ich hier? Was ist da wahrzunehmen? Wie fühlt sich das an?

Und dann malt ihr ein gerades, wunderschönes Ausrufezeichen und denkt dazu: Was immer auf mich zukommt, was immer sich ändert und wie es sich ändern mag, eines ist gewiss: der Anfang und das Ende. Gewiss ist die Situation vor dem »Fall der Engel« – Gott als Schöpfer einer paradiesischen Welt. Und gewiss ist, dass Gott nach dem Fall seine eigene Krise gemeistert hat und dass die Schöpfung mit euch und durch euch zu ihm heimkehren wird. Beim Ausrufezeichen atmet aus.

# III.
# DIE KRISE UND DAS WEIHNACHTSGESCHEHEN

*Kannst du noch ein wenig erläutern, inwiefern die Krise ins Weihnachtsgeschehen mündet?*

Am Ende des Leidensweges Christi steht nicht nur das Sterben, sondern die Auferstehung. Für euch aber steht am Ende des Krisenwegs, so überraschend das zunächst klingen mag, Weihnachten.

Es ist auffallend, dass in der Frühlingszeit das Ende des Lebens Jesu, zum Ende des Jahres Weihnachten gefeiert wird. Es wäre ja auch anders denkbar: Mit Beginn des Jahres feiert man den Beginn des Lebens Jesu, und am Ende des Jahres gedenkt man des Endes seines Lebens. Dass das sozusagen gegenläufig gelegt ist, ist weder Willkür noch Zufall. Es ist auch nicht allein erklärbar durch den Gedanken: Das Licht kommt in die Nacht, Christi Geburt um die Zeit der Wintersonnenwende. Denn die Auferstehung ist auch ein höchst lichtes Ereignis und hätte auch im Winter gefeiert werden können: Die Auferstehung zum Vater als das große Zeichen der Lichtwerdung mitten im Dunkel. Und Weihnachten hätte sehr gut in die Frühlingszeit gepasst: Da bricht alles Lebendige auf, da ist alles neu und jung, kann dann im Laufe dieses Jahres wachsen und wird große Frucht bringen. Also vom Symbolgehalt her hätte man es anders legen können.

Warum ist es aber stimmig, dass es so ist? Weil damit für den Menschen deutlich werden soll: Im Ende liegt der Anfang und im Anfang liegt schon das Ende. Das kennst du aus der fernöstlichen Kultur mit diesem schönen Zeichen Yin und Yang. Im Anfang liegt immer ein Ende. Das sollte jeder immer wissen. Auch im größten Glück liegt schon das Ende dieses Glücks. Aber im Ende liegt auch immer ein Anfang. Das Anfang- und Endesein führt schlussendlich in die Heimkehr »vorwärts zurück« nach Hause. Es ist nicht nur ein lineares Fortschreiten vom Anfang zum Ende hin, sondern in jedem Punkt liegt Ende und Anfang. Der Bogen schließt sich immer wieder, und du bist eingebunden in eine ewige Geborgenheit, die dich trägt.

Die Krise macht einen Teil des Wegs aus, der als besonders unangenehm, schmerzlich und unsicher erfahren wird. Aber im Anfang dieser Krise liegt schon ihr Ende begründet. Im Ende dieses Weges liegt schon wieder ein Anfang begründet, wissend, dass auch dieser Anfang wieder ein Ende haben wird und auf dieses Ende wieder ein neuer Anfang folgt – und so immer fort bis ans Ende der Zeit. Im Krisengeschehen behalte also im Auge: Diese Krise hat einen Anfang, deshalb wird sie auch ein Ende haben. Dieses Ende ist zugleich ein neuer Anfang. Es beginnt ein Weg, der wieder ein Ende haben wird.

Du kehrst, nachdem du den Krisenweg gegangen bist, in das Weihnachtsgeschehen ein. Du bist nach der Krise im Zustand des Kindes, das geboren wird. Du bist wieder neu gekommen, du bist wieder klein – aber zum Heile der Welt neu da. Das heißt: Es ist wichtig, im Krisengeschehen nicht eine vermeintliche Größe retten zu wollen: Amt, Titel, eine wie auch immer geartete Form von Selbstverständnis, Besitz, Status, Gewöhnung an Luxus usw.

Durch die Krise wird man zunächst einmal kleiner. Nun gibt es viele Menschen, die erleben das als einen höchst negativen Verfall des Selbstwertgefühls, des Selbstbewusstseins, der Selbstsicherheit, vielleicht sogar als Demütigung. Das ist die dunkle Art des »Kleinwerdens«: Ich werde klein gemacht, ich bin ein Nichts, eine Niete, ein Niemand, ein Outsider der Gesellschaft.

Die lichte Seite des »Kleinwerdens« ist zu wissen: Die Krise macht wesentlich. Sie macht klein im Sinne von: Sie konzentriert dich auf das Wesentliche. Lege alles ab, was überflüssig ist, was man so hat oder tut oder braucht, werde klein im Sinne von: wesentlich. Es geht auf Weihnachten zu, heißt: Ich soll zu diesem Jesuskind werden oder so werden wie dieses Jesuskind.

Das Kind ist der Ausdruck größter Lebendigkeit auf kleinstem Raum. Es ist jung, frisch, neu, erwartungsvoll. Durch die Krise wirst du nicht kindisch, sondern »jesuskindlich«, d. h. höchst lebensvoll und auf die Zukunft ausgerichtet. Ein krisenloses Altern würde bedeuten: Man wird starr, stur, hart, selbstgerecht, unlebendig, meint alles zu wissen. »Jesuskindlich« werden bedeutet: Man tritt in eine neue Lebendigkeit ein. Die gemeisterte Krise ist eine Verjüngungskur.

Was zeichnet das Jesuskind aus, worauf kommt es eigentlich an?

1. Es ist ein Kind, kein Erwachsener. Also finde zu all dem, was das heilige Kind in dir ist, das im Gottvertrauen und im *Glauben an die Welt* in diese Welt hineinkommt. Noch nie hat jemand eine Seele aus dem Himmel zwingen können. Sie ist immer freiwillig gekommen, und sie kommt immer mit diesem vollen Vertrauen in die Welt: Die Welt wird sie aufnehmen, sie lieben, sie mögen. Es wird irgendeinen Funken von Liebe geben, der es möglich macht, in die Welt zu kommen, es wird schon gut gehen. Es gibt nichts Beschämenderes, als dieses Vertrauen zu enttäuschen oder gar zu missbrauchen. Es geht darum, dass Vertrauen in die Welt möglich ist. Wer es verloren hat, verbittert ist, sich nicht mehr »traut«, bedarf der Krise, um wieder Kind zu werden, d. h. wieder Vertrauen zu fassen.

2. Das Grundversprechen jeder Seele, die auf die Welt kommt, ist das Grundversprechen auch des Jesuskindes: »Ich komme zum *Heil der Welt*, die Welt ist es wert, in sie geboren zu werden, in ihr zu leben. Es gibt schöne Teile der Welt. Ich suche sie. Dort wird Weihnachten sein, da gibt es einen liebenswerten lichten Funken. Mehr noch: Ich nehme mir vor, da zu sein, damit ein Stückchen Himmel auf die Erde kommt.« Das war dein Ansinnen, das sollte dir auch vor Augen stehen, wenn du in der Krise bist. Also nicht nur: Wie geht es mir?, sondern: Wofür will ich eigentlich da sein? Welche Art von Heil bringe ich wem und wo und wie?

3. Das Weihnachtsgeschehen ist individuell und *einmalig* und wird gleichzeitig milliardenfach wiederholt, nämlich mit jeder Geburt.

Auch durch die Krise gehst du wie Millionen andere vor dir und Millionen andere nach dir. Du wirst am Ende dieser Krise sozusagen ganz klein und nackt dastehen – wie Millionen vor dir und Millionen nach dir – und trotzdem ganz individuell und einzigartig sein. Jeder Einzelne ist ein Christkind auf seine Art und Weise, unwiederholbar und unersetzbar für die Welt.

4. Was macht dieses Christkind noch aus? Es ist eben klein, schwach, hilflos, es friert und hat Hunger. So *bedürftig* wirst auch du nach der Krise sein und denken: Ich verstehe eigentlich von nichts etwas. Ich kann noch nicht einmal richtig reden, geschweige denn laufen. Ich bin einfach nur so da und staune und lächle und wundere mich und freue mich und fange an, *von Neuem* zu lernen, von Neuem zu staunen, von Neuem zu lieben. Du lebst zwar weiter in der alten Welt, aber sie ist ganz neu, denn du bist ganz neu in ihr. Du sollst sie neu anschauen, neu kennen lernen, neu verstehen: die Menschen, die Gegend, die Situationen um dich herum.

5. Das Kind ist *unwiderstehlich.* Es ist reizend, liebenswürdig, angenehm anzuschauen, niemand hat Angst vor ihm. Ihm wohnt die Macht der Reinheit, der Unschuld, der Offenheit, der Unverhohlenheit, des Unzweideutigen inne. Es ist so schlicht, einfach, einfältig. Es ist nicht intrigant, kennt keine Tricks, Doppelzüngigkeiten und Doppelgesichtigkeiten. Das solltest du im Auge behalten. »Werde der, der du bist« heißt: Werde klein im Sinne von konzentrierter Lichthaftigkeit, Liebe, Offenheit und Zärtlichkeit dieser Welt gegenüber. Werde damit die Macht schlechthin, nämlich die Macht der Liebe. Das klingt zwar pathetisch, aber das ist, worauf es ankommt.

6. Was macht dieses Kind noch aus? Nun, es ist bedürftig, hat aber *Eltern,* die sich kümmern. Es gibt keine Krippe der Welt, die das Jesuskind ohne Maria und Josef zeigt. Maria ist zugleich die himmlische Mutter und Josef der Zeuge für den himmlischen Vater. Wenn du in der Krise bist, mach dir klar: Du hast Mutter und Vater auf Erden und Mutter und Vater im Himmel.
Wichtig ist zunächst das Hinfinden zu den *irdischen Eltern.* Ob das Krisengeschehen um einen Arbeitsplatz geht, um eine Bezie-

hung, um einen Wohnungswechsel, um das Sterben oder eine Krankheit, es hat immer mit dir als Kind zu tun und deshalb mit dir und deinen Eltern, mit der inneren Beziehung, die du zu ihnen hast: Wie siehst du sie? Was wirfst du ihnen vor? Was trägst du an Zorn und Verletztheit in dir? Wie weit gelingt es dir, mit ihnen Frieden zu schließen?

Das ist wichtig in der Krise. Maria und Josef und das Kind bilden eine Familie, in der keiner dem anderen irgendetwas vorwirft: Josef nicht Maria – er hat inzwischen verstanden, worum es geht –, Maria auch nicht Josef, keiner dem Kind, und das Kind auch keinem von beiden. Die Heilige Familie lebt miteinander in Frieden. Jeder liebt den anderen, achtet den anderen, versteht den anderen. Wenn es Weihnachten werden soll, dann heißt das für dich in der Krise: Mache Frieden mit dir als Kind und mit deinen Eltern. Das wird dir am besten gelingen, wenn du dir darüber klar wirst, dass sie Menschen sind mit eigenen Schwächen, Problemen, Blockaden, Frustrationen, Verletzungen und Grenzen. Vergegenwärtige dir, was sie alles versucht haben, um dir Gutes zu tun. Eines haben sie bestimmt gut gemacht, nämlich dafür gesorgt, dass du auf der Welt bist. Den Rest legst du den himmlischen Eltern in die Hände.

Solltest du überhaupt keine Beziehung zu irdischen Eltern haben – weil du Vollwaise bist, weil du keine Ahnung hast, wer sie sind, weil es sonst unmöglich scheint, eine Beziehung aufzubauen –, dann wähle dir irdische Eltern. Wer dir mütterlich oder väterlich zugewandt ist, den adoptiere sozusagen als deine Mütter und Väter. Dafür ist in der Heiligen Familie auch schon gesorgt, denn Josef ist nicht der leibliche Vater Jesu, er ist stellvertretender Vater, und er nimmt sich das Kind zum Adoptivsohn.

Eine gute Beziehung zu irdischen Eltern ist die Grundlage dafür, dass du die hinter und über ihnen stehenden *himmlischen Eltern* als dich liebende erkennst: den himmlischen Vater, die himmlische Mutter.

7. Weihnachten findet dich außerdem in Gesellschaft von Ochs und Esel. Du, das Christkind am Ende dieser Krise, bist in Begleitung der *Natur*. Du bist auch noch umgeben von anderen Tieren und

liegst nicht etwa in einem Plastikbettchen, sondern im Stroh. Das bedeutet, dass du am Ende der Krise der Natur ein Stück näher bist, noch bewusster, noch liebevoller, noch offener in der Wahrnehmung. Die Tiere, die Pflanzen sind Zeugen deiner »Geburt«, d. h. des Endes deiner Krise. Die Natur gehört mit zu deiner engsten Gemeinschaft. Verhalte dich entsprechend, suche dir Freunde in der Natur: den Baum, die Vögel vor dem Fenster, vielleicht ein Haustier.

8. Noch etwas gehört zu Weihnachten. Zum Jesuskind kamen die *Hirten* und dann noch viele andere Menschen. Du solltest für das Ende der Krise erstreben, dass du Leuchtkraft hast, eine Ausstrahlung, eine Heilsbotschaft, eine Botschaft der Liebe, des Friedens, der Versöhnung. Suche dir aus, welche Botschaft vom Himmel du vermitteln möchtest. Du brauchst nicht eine so große Botschaft zu bringen wie Jesus, es braucht nur eine kleine zu sein, z. B.: Ich bringe Lächeln in diese Welt. Jedenfalls mache dir klar: Andere Menschen werden zu dir kommen, sobald sie bemerken, dass da eine lichte Botschaft ist. Sie warten ja nur darauf! Bist du darauf vorbereitet? Wenn du durch die Krise gegangen bist, kannst du wahrscheinlich gar nicht anders, als so zu strahlen, dass Menschen zu dir kommen werden. Wo Weihnachten ist, wollen Menschen teilhaben an diesem lichten Geschehen. Stell dich darauf ein.

9. Weihnachten wird vom Dreikönigstag gekrönt und abgerundet. Die drei Magier – die drei Weisen – besuchen das Kind, weil sie wissen, dass sie dort einen dreifach Großen vorfinden werden: Das Kind wird eines Tages der große Lehrer, der große Priester und der große Arzt werden. Das ist, was sie in diesem Kinde anbeten und dann als Kunde in die Welt tragen.
Und das ist auch, was du in der Krise im Blick behalten solltest. Wer diesem Christkind nacheifert, bedenke diese drei Funktionen:
a) Inwiefern bin ich Lehrer, wem kann ich etwas sagen, was habe ich überhaupt zu sagen? Gibt es irgendeine Erkenntnis, die ich weitergeben könnte?
b) Inwiefern bin ich Priester, d. h. habe ich eine Segen spendende, heiligende, Trost bringende Kraft in meinen Händen, meinem

Blick, meinem Wort? Inwiefern bringe ich Himmel und Erde zusammen? Inwiefern spende ich Erlösung, bin ich »priesterlich« in meiner Art und Weise, zu leben?

c) Inwiefern bin ich ärztlich unterwegs? Inwiefern habe ich den Blick dafür entwickelt, wo Not, Schmerz und Kummer sind, wo ich vielleicht die eine oder andere Medizin bringen könnte, z. B. das hilfreiche Wort, den heilenden Blick, das schmerzliche Lächeln? Lege ich den Arm um die Schulter des anderen und sage: »Ich helfe dir über die Straße, ich helfe dir den nächsten Schritt zu tun, so dass du dich ein bisschen stützen kannst?«

Wenn die drei Könige kämen, wäret ihr wirklich diejenigen, die sie besuchen und anbeten dürften? Oder wäre das eine oder andere noch zu verbessern? Die Krisenzeit gibt euch die Möglichkeit, die Weichen zu stellen: »In der Zukunft möchte ich mein Berufsleben oder meine Freizeit oder meinen Alltag so gestalten, dass diese Facetten einen Platz bekommen.«

## Übung: Die Krippe

Du hast das jetzt als Bild, du kannst es dir alles im Kopf klar machen. Viel stimmiger ist es aber, dir in der Krisenzeit schon eine kleine Krippe aufzustellen oder zu malen. Wenigstens besorge dir ein Postkärtchen mit dem Krippengeschehen und halte dir die Geburt stets vor Augen, jeden Tag, morgens und abends. Mache dir klar: Das Jesuskind dort, das bin ich! Übe, das Geschehen wirklich in dir zu spüren. Versetze dich mal in die Lage dieses Kindes. Spiele das durch. Stell dir vor, du lägest dort: Wie duftet es? Ist es warm oder kalt? Was tut dir gut und was nicht? Schau dich ein wenig um. Du siehst die Mutter Maria, vielleicht auch deine leibliche Mutter. Du siehst Josef, vielleicht auch deinen Vater. Du siehst den Ochsen und hörst den Esel. Du hörst vielleicht Maria singen. Du siehst und hörst vielleicht sogar die Engel, die dort musizieren. Du siehst die Hirten, und vielleicht sind auch sie Menschen in der Krise, Menschen in Not, Verzweifelte, Resignierte, Verhärtete, Arme – nicht arm an Geld, sondern vielleicht einfach arm an Himmel.

Was versprichst du ihnen? Was versprichst du dem Himmel, was du für sie tun wirst? Was kannst du jetzt schon tun als Kind? Das Jesuskind, das da liegt, hat natürlich auf der irdischen Ebene noch nicht viel machen können, aber es konnte blicken, lächeln und den himmlischen Heerscharen befehlen. Was befiehlst du den himmlischen Heerscharen? Das Jesuskind hat nichts für sich befohlen, sondern für die anderen, für die Hirten, für die Tiere, für die, die noch kommen. Du hast eine große Macht als Christkind, als neues Heil der Welt. Also trägst du auch eine große Verantwortung.

Wenn du das im Blick behältst, wird der Krisenweg zwar immer noch schwierig genug sein, aber er wird höchst sinnvoll: Er wird tatsächlich zu einem heiligen Weg, und er endet mit Weihnachten. Wenn du übst, Weihnachten im Blick zu behalten, dann weißt du, warum du diesen Weg gehst und worauf es ankommt. Dann wirst du in der lichten Art und Weise »klein«. Du wächst sozusagen in die Kleinheit, in die Konzentration, in das Wesentlichwerden hinein. Du verlierst nicht an Selbstbewusstsein, an Selbstsicherheit, an Vertrauen, an Hoffnung. Im Gegenteil! Wenn man das, was da ist, auf eine kleinere Größe konzentriert, wird es damit immer mächtiger.

Das bedeutet: Indem du klein wirst, wirst du groß. Niemand war größer und wird es je sein als dieses kleine Kind in seiner Krippe mit seiner Wirkung und Ausstrahlung. »Werde wesentlich« bedeutet zwar: Werde klein, aber auch: Werde dem Kinde ähnlich in seiner Größe, in seiner Strahlkraft, in seiner Heil bringenden Funktion.

So gewinnst du ein größeres Selbstvertrauen, eine himmlische Menschenwürde, eine bewusst gelebte Hoffnung. Du fragst dich nicht mehr: Wozu bin ich eigentlich da, was soll das alles? Sondern du bekommst das Gespür für den Auftrag, den du übernommen hast. Du weißt, worauf es wirklich ankommt, was wesentlich und was nicht so wesentlich ist. So wirst du durch die Krise unabhängig vom Unwesentlichen und frei, wesentlich zu sein. Eine größere Freiheit gibt es nicht.

# IV.
# Gott in der Krise

Die Krise innerlich anzunehmen wird dir leichter fallen, wenn du dir vergegenwärtigst, dass selbst Gott schon einmal in eine innere Krise geraten ist. Oder ist das ein unmöglicher Gedanke, der den Schöpfer seiner Erhabenheit beraubt, ihm menschliche Züge unterstellt, ihn sozusagen »kleindenkt«?

Die religiöse Überlieferung sagt euch: Beim »Fall der Engel« geriet Gott in Zorn.[2] Das kann man auch so ausdrücken: Zumindest ansatzweise geriet er in eine innere Krise. Er war bestürzt. Er hatte den Fall zwar prinzipiell für möglich gehalten – er hatte die Wesen ja als freie geschaffen –, aber ihn nicht erwartet, weil diese Wesen in einem so unendlich schönen, paradiesischen Zustand lebten. Er erwog ernstlich, die ganze Schöpfung zurückzunehmen. Die Frage war, ob er Geduld bewahrt oder nicht. Man geht jedenfalls nicht ganz fehl, wenn man seinen inneren Zustand als »krisenhaft« ansieht.

Die Schöpfung ist einem Kunstwerk vergleichbar, der Schöpfer einem Künstler. Ein Künstler betrachtet sein Werk nach dessen Vollendung unter dem Gesichtspunkt, ob es ihm gut gelungen ist oder vielleicht weniger gut. In der Bibel heißt es am Ende eines jeden Schöpfungstages: »Und Gott sah, dass es gut war« (Gen. Kap. 1). Die Frage, ob das Werk gut war oder nicht, war also auch für Gott ein Thema. Und nun stellte sich heraus, dass es durch den Fall der Engel in seiner Vollkommenheit beschädigt bleiben würde. Die Frage war: Wie

---

[2] siehe Alexa Kriele: *Die Engel geben Antwort auf Fragen nach dem Sinn des Lebens*, S. 33–40

weit will er das dulden und mittragen? Die Antwort war zunächst durchaus offen. Denn Gott geriet in Zorn und insofern in eine Krise. Aber er hatte Helfer in dieser Krise: die Mutter und den Sohn. Die Mutter legte ihm begütigend die Hand auf den Arm (bildlich gesprochen) und bat ihn, Geduld zu haben und die Schöpfung nicht zurückzunehmen, sondern sie einer Entwicklung zu überlassen, durch die sie schließlich aus Liebe und in Freiheit zu ihm zurückkehren wird, und zwar vollständig, einschließlich der gefallenen Engel.

Und der Sohn versprach, sich ganz für die Erreichung dieses Zieles einzusetzen. In seiner menschlichen Inkarnation in Jesus hat er gezeigt, dass auch er in Zorn geraten konnte, wie die Szene von der Tempelreinigung anschaulich macht. Aber sein Zorn war kein dauerhafter Zustand, er wurde abgelöst durch Sanftmut, Güte, Humor, Geduld und Weisheit, so wie auf ein reinigendes Gewitter Klarheit, Schönheit und innerer Frieden folgt – Beethoven hat das in seiner »Pastorale« in sehr gelungener Weise gestaltet. Später ist Jesus bewusst in die Krise der Passion eingetreten, um sie zu meistern. Er hätte sich ihr entziehen können: mit Hilfe der Engel, durch Auslösen eines Erdbebens, durch Abschwörung oder auf vielfältig andere Weise. Aber er wollte vorleben, wie man selbst die dunkelsten Angriffe durchleben kann, ohne auch nur den kleinsten Schritt in Richtung des Dunklen zu tun. Das äußere Schicksal hat auch ihn zeitweilig in innere Krisen geführt. Aber er hat sie meisterlich durchgestanden und damit der Schöpfung den entscheidenden Impuls zur schlussendlichen Heimkehr gegeben.[3]

Die Begütigung der Mutter und das Versprechen des Sohnes haben mit bewirkt, dass der Vater seinen Zorn über den »Fall der Engel« besänftigt und gemeistert und sich zur Geduld mit der gefallenen Schöpfung entschlossen hat. Also: auch der Vater kannte die innere Krise, auch insofern seid ihr sein Ebenbild und Gleichnis.

Das zu wissen nimmt dem Vater nichts von seiner Größe. Er ist vielmehr groß auch in seiner Bescheidenheit und seinem Humor; er kann sozusagen über sich selbst lachen. Er hat kein Problem damit, zu sagen: »Die Mutter hatte Recht, und der Sohn hat sein Versprechen

---

[3] siehe Alexa Kriele: *Wie im Himmel, so auf Erden*, Bd. II, S. 337ff.

wahr gemacht, er hat sogar die Passion durchgehalten. Beide haben mir den Weg gezeigt. Die Mutter hat sich – wie ihr menschlich zu sagen pflegt – als ›meine bessere Hälfte‹ erwiesen, und ich habe einen wunderbaren Sohn.« Gott betrachtet sich selbst souverän, und das heißt, er darf sich in selbstkritischer Bescheidenheit auch einmal nicht ernst nehmen. Aber gerade, weil er das tut, ist er so unendlich ernst zu nehmen.

Das gehört zum christlichen Bild Gottes als dem Vater. In anderen Religionen tritt dieser Zug der göttlichen Souveränität weniger klar hervor. Da führt die göttliche Zorneskrise nicht in Selbstreflexion und Humor, sondern die Ursache des Zornes wird ausschließlich außen gesucht. Also ist sie im Außen zu bekämpfen, es wird todernst. Vor allem der Islam, aber auch manche Varianten des christlichen Fundamentalismus haben Verständnisschwierigkeiten mit dem göttlichen Aspekt der Nachsichtigkeit, zumal der Nachsicht mit sich selbst. Fehlen dem Gottesbild aber die Aspekte der Nachsicht, des Humors, der Linderung, dann wird auch der Mensch, der ihm nacheifert, seine inneren Krisen nach außen tragen. Die Krise wird dann zu einem Lebensproblem, das es abzuwenden oder zu »bewältigen« gilt. So ist sie nicht heilsam, sondern macht bitter und bösartig – nicht selten mit tödlichen Folgen.

Auch Gott kennt also die innere Krise. Er ist so groß, weil er sie kennt und weil er sie in der Trinität gemeistert hat. Das gibt dir die Sicherheit, dass er krisenerfahren ist, dass er also aus eigenem inneren Erleben weiß, was passiert, wenn man in eine Krise gerät und wie man sie meistern kann. Wäre das nicht so, gäbe es ja Grund zu unheimlicher Angst: Er könnte zornig werden, in eine Krise geraten und sich zu furchtbaren Konsequenzen hinreißen lassen. So aber kannst du gewiss sein: Was immer du anstellst, er ist »krisenfest«, d.h.: Sollte er in eine Krise geraten, wird er sie bestehen.

Diese Gewissheit habt ihr auch bei Jesus. Bevor er seinen Passionsweg antrat, gab es zumindest theoretisch die Möglichkeit, dass er die Krise nicht bestehen wird. Das war ja auch die Erwartung der dunklen Hierarchien. Nun aber ist sicher: Er hat die Krise gemeistert, er ist wirklich der ›Meister‹, und er ist der absolut verlässliche Freund an deiner Seite.

Was heißt das für dich? Du weißt: Es gab also die große Schöpfungskrise – den »Fall der Engel«. Die menschliche Lebenskrise ist eine Krise en miniature und wirkt wie eine homöopathische Arznei, nämlich heilend kraft ihrer Ähnlichkeit. Sie ist kein exaktes Nachspielen des Falles, sondern die lichte Antwort darauf. Die Engel fielen aus dem ganz heiligen, durch und durch lichten Zustand in einen verletzten, gespaltenen und spannungsreichen. Die Freiheit erhielt dadurch eine ganz neue Bedeutung, nämlich als Freiheit der Entscheidung auch für das Dunkel. Die Krise des Menschen auf der Erde spielt das nach, aber mit umgekehrten Vorzeichen: Die Krise ist die nicht mehr umgehbare Darstellung der Unstimmigkeit. In der Krise geht der Mensch – durch die lichten Kräften verursacht – wieder »vorwärts zurück«, kehrt heim zu einem stimmigeren, lichteren Zustand. Insofern ist die Krise die Anwendung des homöopathischen Prinzips. Die Krise Gottes entstand angesichts des Falls der Engel, der die Schöpfung in das Spannungsfeld von Licht und Dunkel gestürzt hat. Die menschliche Krise führt, wenn sie gemeistert wird, aus diesem Spannungsfeld in den lichten Zustand zurück.

Sie konfrontiert dich mit Schöpfungsprinzipien, d. h., sie ist schlussendlich eine religiöse Erfahrung, unabhängig davon, ob der Mensch sich als religiös erlebt oder nicht. Sie ist das Aug-in-Auge-Stehen mit dem Vater, der Mutter und dem Sohn. Sie ist die Aufforderung: Schau dich an und schau dabei dem Vater, der Mutter und dem Sohn ins Auge.

Schau dich an und schau dabei dem Vater ins Auge: Damit blickst du zugleich in die Vergangenheit zurück. Erinnere dich: Wer bist du als Geschöpf des Vaters? Wie hat er dich gemeint? Hat er dich wirklich so gemeint, wie du bisher gelebt hast?

Schau in die Zukunft: Wo geht es hin, wo soll es eigentlich hingehen? Es geht über die Mutter zurück zum Vater. Es wird wieder gut, es kommt in Ordnung, es wird stimmiger, als es vorher war. Es wird heiler, was du von nun an lebst, wie du stehst in deinem Umfeld, wie du dich in deiner Lebensführung befindest.

Der Blick in die Gegenwart fordert dich zu der Frage auf: Wer ist mein Bruder, wer begleitet mich? Wie meinen es die, die mich begleiten, mit mir, und wie meine ich es mit ihnen? Wer ist mein Meister?

Wähne ich mich selbst als Meister, oder sehe ich mich als Schüler? Was an mir ist schülerhaft, was an mir ist meisterhaft? Wem bin ich Bruder oder Schwester? Wer kann mit mir rechnen, sich bei mir einfinden? Wen nehme ich mit? Wer hilft mir und wem helfe ich? Wie viel von der Welt gehört eigentlich zu mir in meine geschwisterliche Gemeinschaft und wie viel nicht? All diese Fragen werden in der Gegenwart gestellt mit Blick auf den Herrn.

Die Krise ist also von innen betrachtet etwas anderes als von außen, nämlich eine heilige Prozedur. Sie ist, wenn sie im besten Sinne durchlebt wird, eine Einweihung, eine Initiation. Sie bringt dich hautnah in Berührung mit deinen Unstimmigkeiten, aber auch mit deinen Stimmigkeiten. Deine religiöse Erfahrung ist das Beste, was dir passieren kann, sie ist das Heilige in der Krise. Sie macht dich bekannt mit Schöpfungsprinzipien und bringt dich in die Nähe von Vater, Mutter und Sohn.

# V.
# DUNKLE EINFLÜSSE

Schaut man sich an, was die dunklen Hierarchien wollen, dann wird noch klarer, wie man sich zur Krise stellen sollte.

1. Die dunklen Hierarchien haben kein Interesse an deiner inneren Krise. Wenn sie die Krise auslösen würden, würden sie zur Bewusstwerdung und Lichtwerdung der Menschen beitragen. Das ist genau, was sie nicht wollen. Sie werden immer versuchen, die Krise so lange wie möglich zu *vermeiden.* Wenn sie sehen, dass dein Zustand nicht licht ist, dass du dir selber untreu geworden bist, an dir selber vorbeilebst, hinter dir zurückbleibst, als Schatten deiner selbst lebst, dich falsch orientiert hast, dann hätten sie gerne, dass es so bleibt.
Sie werden immer die Stimme sein, die sagt: Es ist alles in Ordnung, du brauchst nur so weitermachen, hör weg, wenn das einer kritisiert, lies diese Bücher nicht, die bringen dich nur auf dumme Gedanken, bleib, wie du bist. Sie werden die Kräfte unterstützen, die vor Veränderungen warnen: Die seien mit Vorsicht zu genießen, die bringen nichts Gutes, da kommst du in eine Scheinwelt, vom Regen in die Traufe. Verändern sei gefährlich, bleib lieber bei dem, was du hast und was du bist, halte daran fest, setz dich da drauf, verteidige das, besser kann es nicht werden.

2. Wenn die dunklen Mächte aber erkennen: Unsere Dämme brechen, es kommt doch zur Krise, wir können das nicht mehr aufhalten, dann wenden sie eine andere Methode an. Sie werden die Krise als einen *dunklen Mechanismus* hinstellen. Sie werden alles

verstärken, was dir die Krise nicht als einen heiligen und lichten Prozess erscheinen lässt, sondern als ein erschreckendes dunkles Geschehen. Sie versuchen, dir einzureden: Du bist eben nichts, nicht mal das, was du meinst in der Gegenwart zu sein, und ob du das jemals warst, wer weiß das schon? Ob je etwas sein wird, wagst du das zu denken? Sie nehmen dir die letzten Jahre, Monate oder Wochen und noch dazu das Seil, auf das du gespannt warst von Anfang bis Ende: »Du fällst tatsächlich in ein großes Loch, aus dem du nicht mehr herauskommst. Es bleibt jetzt so.« Das Alltags-Ich zerbröselt, und der heilige Begriff von »Ich« wird in Frage gestellt, so dass du den Blick darauf überhaupt nicht mehr haben möchtest.

3. Sie werden sogar noch eins drauf setzen und dich in *Panik* treiben: Es wird noch schlimmer, das ist nur der Anfang, von jetzt an geht's bergab. Und das betrifft nicht nur dich, sondern alle, überall, immerfort, immer mehr. Nicht nur du siehst kein Licht am Ende des Tunnels. Niemand kriegt einen Fuß auf sicheren Grund, keiner kann dir helfen. Wenn es denn je welche geben sollte, sind sie für dich unerreichbar, oder sie interessieren sich nicht für dich. Du bist verloren, die anderen sind es auch. Ihr könnt also nicht sagen: Wir bilden eine Gemeinschaft, die sich gegenseitig helfen kann. Denn ihr seid lauter Einzelne, die einander weder etwas angehen noch zuhören, noch helfen wollen oder können, auch gar nicht wissen, wie das gehen sollte.

4. Außerdem werden dir die dunklen Hierarchien immer wieder klar machen: Das *geschieht dir recht.* Du bist jetzt in dem Zustand, der dir entspricht, und zwar nicht, weil ein Teil in dir etwas Gutes will, sondern weil du jetzt da bist, wo du hingehörst. Du bist wirklich so wenig wert, so unfähig, so schwach, so unerheblich. Diese Welt könnte genauso gut und noch viel besser ohne dich auskommen. Du bist ein Fähnchen im Winde, ein Nichts.

5. Wenn du an diesem Punkt angekommen bist, wenden die dunklen Hierarchien eine weitere Strategie an. Sie proklamieren: »Werde, der du bist« ist ein *Wochenendprogramm,* allenfalls bedarf es einer

schnellen Ausbildung von einigen Jahren. Dann reicht es, dann hat man das. Und wenn man es einmal hat, hat man es für immer, dann hat man sich vollkommen selbst verwirklicht oder zumindest so weitgehend, dass man sich darauf ausruhen und auch den anderen sagen kann: »Macht es so wie ich.«
Darauf zu hören wäre ein großer Fehler, weil du dann vergisst, dass die Schöpfung unterwegs ist. Der werden, der du bist, heißt schlussendlich: vollständig werden, immerzu alles in einem werden, d. h. sich ständig verändern.
Übrigens ist auch das etwas, das du am Herrn lernst: Er war *erstens* immer unterwegs. *Zweitens* hatte er zwar seinen geregelten Tagesablauf, aber täuscht euch nicht: Es war nicht einfach, mit dem Herrn zusammenzuleben, er war in gewisser Weise nicht berechenbar. Die Jünger wussten nie wirklich: Wenn ich das sage, wird er so antworten, oder wenn ich das will, wird er so reagieren, oder wenn jetzt der kommt und das verlangt, wird er es so machen. Er war immer wieder noch anders und neu und lebendiger, als man vermuten konnte.

6. Die dunklen Hierarchien wollen in der Krise alles verhindern, was dich zur *Ruhe* kommen lässt. Sie setzen auf eine natürliche Reaktion: Man versucht erst einmal, wie wild um sich zu schlagen, herumzurudern, panisch, kopflos, übereilt nach irgendwas zu greifen. Man fällt dann ins Gegenteil, in eine Art Stupor: Man resigniert, gibt auf, wird apathisch, tut überhaupt nichts mehr. Beide Verhaltensweisen sind Ausweichreaktionen. Am besten wäre es, innere Ruhe zu erlangen. Dazu muss man nicht still sitzen. Man kann auch spazieren gehen, tanzen, singen, malen, lesen. Was immer zu Ruhe und Zentriertheit verhilft, wollen die dunklen Hierarchien verhindern.

7. Die dunklen Hierarchien nutzen die Krise, um deine alten *Wunden* wieder aufbrechen zu lassen. Die Seele trägt ja viele Narben. Böse Worte und Blicke haben sie verletzt, Unterstellungen, Verleumdungen, Vorurteile, Missverständnisse, Intrigen, gebrochene Versprechen, missbrauchtes Vertrauen, offene Bösartigkeit – in diesem und in früheren Leben. Man hat manches weggesteckt und ver-

arbeitet, es ist vernarbt, wenn auch nur mit einer dünnen Haut, anderes blutet noch. In der Krise reißt es wieder auf und blutet von neuem, es ist, als würde man erneut gegeißelt. Da ist ein bisschen Selbstmitleid erlaubt. Was aber wirklich helfen kann, ist zu wissen: Irgendwann wird es wieder aufhören zu bluten. Die Seele kann nicht verbluten. Ihr Blut ist nicht erschöpfbar wie das Öl der Erde, sondern es speist sich aus der Lichtkraft des Himmels, die dem Sonnenlicht vergleichbar ist, nur dass sie niemals vergehen wird.

# VI.
# »Werde, der du bist«

*Tomberg schreibt im 3. Brief: Ihr braucht euch gar nicht so vor den dunklen Hierarchien zu fürchten, sondern vor den »perversen Neigungen in euch selbst«, die euch nämlich für sie zugänglich machen. Was meint Tomberg damit?*[4]

Die perverse Neigung des Menschen besteht darin, sich den dunklen Gedanken und Ideen zuzuwenden. Wie antwortest du auf die Einflüsterungen der dunklen Hierarchien?

*Wie schaffe ich es als Mensch, dass ich darauf nicht mehr höre?*

Erinnere dich! Wer bist du im Allerinnersten? Wenn du diese Frage für dich klärst, nämlich: ich bin das Ebenbild und Gleichnis Gottes, dann brauchst du diese Selbstwertprobleme nicht zu haben. Du wirst auf die Einflüsterungen der dunklen Hierarchien nicht mehr so leicht hereinfallen. Du wirst lächeln und sagen: »Ich weiß schon, warum ihr das alles erzählt, aber es verlockt mich nicht wirklich. Ich weiß, wer ich bin. Ich erinnere mich daran.« Du bekommst dann eine sichere Position gegenüber diesen Stimmen und wirst dich ihnen weniger zuneigen.

---

[4] Der Anonymus d' Outre Tombe (= Valentin Tomberg), *Die Großen Arcana des Tarot, Meditationen*, Freiburg: Herder Verlag, S. 64

*Wenn ich im Innersten licht bin, wieso habe ich dann die Neigung, mich überhaupt beeinflussen zu lassen? Wo ist die Abgrenzung zwischen dem, was aus mir kommt, und dem, was von den dunklen Hierarchien stammt?*

Die Frage ist: **Wie findet der Mensch das Lichte, das er ist**? Wie weit gehst du nach innen? Wenn du gelernt hast, weit genug, nämlich ins Zentrum zu gehen, dann begegnest du der lichten Innenraumstruktur. Dann betrittst du diesen heiligen lichten Raum, in dem du unversehrt, unverletzt genau der bist, der du von Anbeginn warst, als der du geschaffen wurdest.

Dieser Raum ist umhüllt von mehreren Schichten wie eine Zwiebel. Bei Herz und Hirn bist du schon etwas innerlicher als bei Haut und Haaren. Wenn du noch weiter gehst, sind da Gefühle, Befindlichkeiten, Emotionen, Gedanken, Ideen, Vorstellungen, Urteile, Bewertungen. Das ist aber noch nicht das Innerste, das ist erst die dritte Haut der Zwiebel. Wenn du noch weitergehst, dann kommst du in eine innere Schicht, die in der Lage ist, die Gedanken, Gefühle und Emotionen nach lichthaft und nicht lichthaft, nach ihrer Herkunft zu ordnen.

Gehst du noch weiter nach innen, kommst du in die Nähe des Raumes, den der Zen-Buddhist ansteuert, wo es keine Gedanken mehr gibt, sondern nur noch eine Gedankenstruktur, nämlich die des lächelnden Vaters, der geduldigen Mutter und des hilfsbereiten Sohnes. Es geht dann darum, dass die nicht so lichten Gedanken eines Tages blasser und blasser werden. Du bewertest nicht mehr nur: Es gibt das Nicht-Lichte und das Lichte, sondern die innere Sicht sagt dir: Das eine ist vorläufig und das andere ewig. Der dunkle Zustand ist Illusion, der lichte ist der wirkliche. »Illusion« ist allerdings ein Wort, das ihr anders verwendet. Ihr billigt der Illusion keine Realität zu. Das Dunkel hat ja Realität. Aber aus dem ganz inneren Blick heraus ist das Dunkel Illusion, weil es keinen wirklichen Bestand hat, sondern ihn nur vorspiegelt.

Woran mangelt es dem Menschen, wenn er so hin- und hergeworfen ist? Es mangelt ihm an Verinnerlichung, an Zentrierung, er ist noch nicht tief genug in sich. Das »Ich« ist identisch mit dem, was du im Innersten bist, je weiter du nach außen gehst, desto weniger bist du du selbst, desto mehr unterliegst du äußeren Einflüssen.

*Wenn ich sage: »Ich muss mich selbst erst finden«, was bedeutet dann in diesem Kontext das Wort »ich«?*

Da liegt ein etwas unsauberer Gebrauch des Wortes »ich« vor. Unter dem Wort »ich« versteht ihr eine ganze Menge: eine Rolle, eine Position, ein Amt, einen Beruf, eine Familientradition, einen Clan, der zu euch gehört, eine Politik, eine Einstellung etc. Doch für den Himmel ist das Wort »ich« ein heiliger Begriff und meint: Ich – Gottes Ebenbild und Gleichnis. Wenn du sagst, ich will mich selbst finden, dann ist das aus Sicht des Himmels sehr amüsant. Der Himmel fragt dann: Wovon redest du eigentlich? Wer will da wen treffen? Das Nichtmehr-Ich will dem Ich begegnen.

Die Alltagserfahrung des »ich« ist eine in viele Facetten aufgefächerte Version dessen, was wirklich mit »ich« gemeint ist, mit allerlei dunklen Neigungen, Mängeln und Unsicherheiten. Wenn Jesus spricht: »Ich aber sage euch«, ist das aus dem inneren Ich gesprochen. Dieses innere Ich ist ein heiliges, unzerstörbares, durch und durch lichtes Ich, es ist das, was du von Anbeginn warst.

Wenn du sagst: »Ich geh jetzt einkaufen«, dann bezeichnest du damit eine Reihe von Aspekten: ich, die Mutter, ich, die Frau, ich, die kein Geld hat, ich, die Gehetzte, ich, die heute schlechter Laune ist, ich in meinen Rollen, Tagesverfassungen, Werthaltungen, Einstellungen, Urteilen, Vorurteilen. Du meinst damit auch den Doppelgänger, der dich begleitet. Deswegen wäre es sinnvoller zu sagen: »Wir gehen jetzt einkaufen.«

Es würde euch weiterhelfen, wenn ihr wenigstens im Stillen sagt: »Wir« gehen jetzt, weil es euch eine humorvolle Haltung zu euch selbst ermöglicht. »Wir« heißt: ich, die Schlechtgelaunte, ich, die heute nicht Geschminkte, ich, die jetzt mal wieder im Stress ist. Aber du siehst gleichzeitig, dass das nicht »Ich« ist, sondern dass das zu dem vielen gehört, was sich in der Welt seit dem Fall der Engel von dir aufhalten kann. Das Alltags-Ich, dieses »Wir« ist dessen aufgefächerte Darstellung einschließlich aller Dunklen, die da mitmachen dürfen.

Dieser Fächer ist wunderbar, aber dein Ich ist mehr als dieser Fächer. Es ist das, was der Himmel meint: Ich in Vollmacht, ich als Ebenbild und Gleichnis des Vaters, ich, den er persönlich meinte, ich über viele Leben hinweg in vielerlei Gestalten, mit vielen verschiedenen Namen, Nationalitäten, Sprachen, Kulturen usw. Dieses »Ich« ist gleichzeitig der Ursprung. Er schuf dich nicht in deiner jetzigen Existenz, deiner Tagesverfassung, mit deinem Doppelgänger. Aber er schuf nicht weniger, sondern mehr: Er schuf dich als ungetrübt lichtes Ich.

*Heilung in diesem Kontext würde bedeuten: Erkenne dich selbst?*

Heilung setzt da an, wo du begreifst: Du warst am Anfang mehr und wirst am Ende mehr sein, als was du jetzt in deinem Alltag zu sein scheinst, und du bist es auch jetzt. Die allgemeine Auffassung ist: Du bist das, was du im Moment darstellst. Das stimmt bei mehr als 99,9 % aller Menschen nicht. Sie sind vielleicht ganz ordentlich, aber bei weitem nicht das, was sie von der Schöpfung her eigentlich sind, und bei weitem noch nicht das, was sie eines Tages sein werden.

Darum mache dir klar: Ich gebe mir ja viel Mühe, ein großartiges »Ich« darzustellen, aber wenn ich ganz ehrlich bin: Es ist noch nicht das Ganze, was am Anfang war und am Ende sein wird. Das bedeutet nicht nur: »Erkenne dich selbst«, sondern: »*Werde, der du bist*«. Damit ist dreierlei gesagt.

1. Du bist etwas, was wert ist, angestrebt zu werden.
2. Du bist im Moment nicht der, der du bist.
3. Der Himmel setzt darauf, dass du beides erkennst und den jetzigen ungenügenden Zustand überwinden wirst.

Das ist also das Gegenteil dessen, was die dunklen Kräfte anstreben, nämlich: Bleibe, der du bist, bleibe deinen Alltagswünschen verhaftet, lasse sie nicht los, ändere dich nicht, wage nicht, der zu werden, der du bist.

## Übung: Der schmunzelnde Eiffelturm

Setz dich hin und stelle dir vor: Vom rechten zum linken Stuhlbein breitet sich in einem großen Halbkreis ein Fächer aus. Du blickst von der Höhe des Eiffelturms auf diesen Fächer hinab. Belebe die erste Falte des Fächers links mit kleinen Figuren aus deiner frühen Kindheit, dem Haus der Familie, dem Hund usw., die zweite Falte mit Schule, Schulhof, Schülern, Lehrern, Direktor und Hausmeister, die dritte mit weiteren Geschehnissen: der Lehre, dem Studium, der Prüfung usw., die vierte mit frühen Berufserfahrungen und Liebeserlebnissen, die fünfte mit Hochzeit und Familiengründung und so fort, bis du ganz rechts die Situation deiner Gegenwart einordnest, die auch ein wenig auf die Zukunft ausstrahlt. Du blickst also aus der Vogelperspektive auf lauter kleine Szenen deines Lebens hinab, lange und in aller Ruhe: So vielfältig bist du. All das ist in dir.

Dann atme einmal tief ein und lasse die Füße in den Boden hineinwachsen, durch viele unterirdische Geschosse hindurch. Unter dem Fächer findet sich ein weiterer solcher Fächer, in dem dein voriges Leben ausgebreitet ist, unter diesem ein weiterer und so fort: deine Leben aus vielen Jahrtausenden. Da taucht vielleicht das alte Rom auf, der alte Orient usw. Diese früheren Leben gleichen Romanen mit zum Teil sehr dramatischen Zügen, und immer, ohne Ausnahme, mit Lebenskrisen. Dann mache dir klar: Das alles bin immer noch nicht »Ich«. Ich bin der Eiffelturm, der schmunzelnd auf das alles hinabblickt.

Diese Übung wird dir anschaulich machen, warum es viel wahrer ist, wenn du, statt »ich« zu sagen, in der Alltagssprache von »wir« sprichst. »Wir« ist nicht mehr als »ich«. Natürlich sind zwei Äpfel mehr als einer. Das ist aber nur eine quantitative Betrachtungsweise. Aus der Sicht des Himmels ist »1« mehr als »2«, weil die »2« aus der Teilung der »1« hervorgeht: das »Wir« aus dem »Ich«. »Wir« ist nicht der Plural majestatis – das wäre absurd. Es bezeichnet deine Auffächerungen, also weniger als »Ich«. »Ich« bedeutet: Ich in meinem heiligen Kern, als Gottes Ebenbild und Gleichnis, das in aller Vollmacht »ja« oder »nein« sagen kann.

»Wir« sage im Alltag immer, wenn du etwas brauchst, wenn du Bedürfnisse hast, Mangel leidest, Wut, Angst, Ärger empfindest, dir Vorwürfe machst. Das »Ich« hat alles, es braucht nichts.

Der Unterschied zwischen qualitativer und quantitativer Betrachtungsweise zeigt sich auch in deinem Verhältnis zu den Gemeinschaften, in die du dich eingebunden hast, z. B. in Verein, Partei, Firma usw. Bei quantitativer Betrachtungsweise ist die Gemeinschaft mehr als du, du bist ein mehr oder weniger unmaßgeblicher Teil in ihr. Bei qualitativer Betrachtungsweise bist du mehr als die Gemeinschaft, sie ist ein Teil von dir. Du suchst sie auf und schließt dich ihr an, wenn du das Gefühl hast, sie passt zu der einen oder anderen Facette deines aufgefächerten »Wir«, und du verlässt sie wieder, wenn das nicht oder nicht mehr der Fall ist. So wie sich der Fächer zum Ich-Turm verhält, so fächern verschiedene Gemeinschaften, denen du gleichzeitig oder nacheinander angehörst, auf, was du momentan bist.

Das bedeutet praktisch: Wenn die Gemeinschaft dir nicht mehr ideal erscheint, dann liegt das nicht an ihr, sondern an dir. Du bist dir bewusster geworden, was zu dir stimmig ist, also was dein Ich ausmacht. Du solltest also das »Wir« nicht überbewerten. Zu der Auffächerung des »Wir« gehören ja nicht nur deine guten und schönen Facetten, sondern auch deine Schwächen. Und wenn du erkennst, dass die Gemeinschaft eine weniger gute Facette repräsentiert, dann verlässt du sie eben einfach.

*Gilt das auch für die Kirche?*

Auch die Kirche hat ihre Schwächen, so wie jeder Einzelne in ihr. Wenn für dich diese Schwächen ganz im Vordergrund stehen, dann wird der Austritt bzw. Nicht-Eintritt die logische Konsequenz sein. Dein Bekenntnis zur Kirche ist nur stimmig, wenn es sich nicht auf die äußere Institution bezieht, sondern auf die Kirche als himmlische Gegebenheit, die der Trinität zugewandt ist. Wenn du sie so erlebst, bist du eher geneigt, ihre Schwächen zurücktreten zu lassen. Das erreichst du aber nicht durch Forderungen, sondern durch dein persönliches Beispiel, durch deine Ausstrahlung. Du verstehst die

Schwächen des ausgebreiteten »Wir«-Fächers, aber du trägst dazu bei, dass mehr vom »Ich«, vom wahren Wesen des Menschen in der Kirche sichtbar und erlebbar wird.

## Übung: Der Märchenwald

Stell dir vor, du seist in einem Märchenwald, in dem alle Tugenden und Schwächen deines aufgefächerten »Wir« menschenähnliche Gestalt annehmen, mit entsprechender Kleidung, Gesicht und Mimik. Du ziehst also mit großem Gefolge durch den Wald. Die weniger Guten versuchen immer wieder, sich dicht an dich heranzudrängeln, z. B. die Ungeduld, die Angst, der Ärger, die Bitterkeit, das Nachtragen, die Wut. Sie suchen deine Intimität. Nun hältst du auf einer Lichtung einmal inne, lässt eine nach der anderen vor dich treten und sagst ihnen, dass du diese Vertraulichkeit nicht mehr wünschst, sondern dass sie in respektvoller Distanz zu bleiben haben. Das bringst du sprachlich zum Ausdruck, indem du sie mit »Sie« anredest. Du sagst z. B.: »Also Sie wollen mir sagen ... Ich danke Ihnen, aber lassen Sie mich damit in Ruhe. Reihen Sie sich ganz hinten ein. Wir sind zweierlei, Sie können jetzt gehen.«

Hingegen sage »du« zur Fröhlichkeit, zur Dankbarkeit, zum Mut, zur Tatkraft: »Du gehörst in meine Nähe. Lasse dich nicht mehr abdrängen.«

Dann siehst du Tugenden aus dem Wald heraustreten, die du gerne hättest, aber noch nicht hast. Sie kommen vielleicht als edle Ritter auf weißem Pferd heran und schauen sich zögernd um. Begrüße jeden Einzelnen herzlich, danke ihm und bitte ihn: »Komm, tritt heran, begleite mich in der Nähe, bleibe hier bei mir. Ich bin in der Krise, und ich brauche dich. Ich will jetzt nicht mehr so ängstlich sein, sondern entschlossener, eigenverantwortlicher.«

Diese Übung wird dir helfen, immer mehr der zu werden, der du bist.

# VII.
# Von Jesus lernen

Die Krise führt dich also in die Begegnung mit Vater (Vergangenheit), Mutter (Zukunft), Sohn (Gegenwart): Woher kommst du? Wohin gehst du? Was geschieht jetzt am besten, wie und mit wem? Nun stellt sich die Frage: Womit beschäftigt man sich am besten zuerst, mit der Vergangenheit, mit der Zukunft oder mit der Gegenwart? Was würdest du empfehlen?

*1. Vergangenheit, 2. Zukunft, 3. Gegenwart.*

So. Und warum?

*Weil man die Zukunft am besten vor dem Hintergrund der Vergangenheit versteht und die Gegenwart am besten mit Blick auf die Zukunft. Aber ich lasse mich gern belehren, wie du weißt.*

Also, ich schlage einen anderen Weg vor: Gib dich ganz der Gegenwart hin und verflechte deine Krise mit dem Passionsweg des Herrn. Natürlich kannst du jeden Weg wählen, den du willst. Nur, im Moment der Krise über die Vergangenheit zu sinnieren, ist ein bisschen viel verlangt. Die Vergangenheit wirst du aus der Angst, Unsicherheit und Verletztheit des Momentes sehen, und damit wirst du ihr vielleicht nicht ganz gerecht. Das eine wird zu schlecht bewertet, das andere bei weitem überbewertet.

Die Zukunft planen zu wollen wäre im Moment der Krise ein gefährliches Unterfangen, weil du gar nicht in der Position bist, einen stimmigen Blick auf sie zu werfen, und auch weil im Moment der Krise die Zukunft so gut wie gar nicht sichtbar ist. Sie ist nicht abschätzbar, sie ist nicht zu fassen, sie ist eine beängstigende Größe.

Das heißt, ich würde dir raten, zunächst einmal Vater (Vergangenheit) und Mutter (Zukunft) einfach als existent zu betrachten: Die Eltern gibt es, es gab sie immer und es wird sie immer geben.

Im Blick auf den Vater oder auf die *Vergangenheit* wirf einen liebevollen Blick zurück über das vergangene gelebte Leben hinaus zum Vater und sage etwa: »Irgendetwas war an der Art, wie ich gelebt habe, nicht ideal. Es war vielleicht ganz gut, aber etwas hat gefehlt, meine Seele litt einen Mangel. Ich bin noch nicht der gewesen, der ich wirklich bin. Ich weiß das, Vater, ich habe das in der Vergangenheit schon einige Male ein bisschen gefühlt, habe es dann aber wieder weggesteckt. Ich weiß wohl, dass Du und ich eine größere Ähnlichkeit haben und noch viel enger verbunden sind, als es in meinem bisherigen Leben sichtbar wurde. Jetzt erst merke ich, dass ich weiter von Dir weg war, als ich eigentlich wollte. Und jetzt, im Moment der Krise, schaue ich zu Dir und sage Dir: Ich bin Dir viel näher, als ich es über viele Jahre hinweg spüren wollte.«

Dann lässt du die Vergangenheit erst einmal ruhen. Also fange nicht an, sie zu analysieren, sie gar noch zu verurteilen oder in ein goldenes Licht zu tauchen.

Vielmehr sage dir: »Die Vergangenheit ist aufgehoben in dem Blick, den ich auf sie werfe, der aber bis zum Horizont reicht, nämlich zum Vater, der so weit weg und doch so nahe ist. Ich schau zu ihm in Richtung Sonnenaufgang. Weit weg am Horizont ging die Sonne auf. Dieser Sonnenaufgang war *mein* Sonnenaufgang – nichts ist mir näher als er.«

Dann schau in die *Zukunft* voraus und sage dir: »Noch nie war mir die Zukunft so unklar wie heute. Noch selten schien sie so beängstigend, undurchsichtig, unberechenbar, unsicher. Sie ist ein einziger Nebel. Doch diese nicht sichtbare, nicht handhabbare, nicht planbare Zukunft liegt in den Händen der Mutter, die sagt: ›Wie auch immer es wird, schlussendlich wird es gut. Es kann etwas dauern, bis sich die Nebel lichten, aber das macht nichts. Die Zukunft liegt in meinen Händen, und sie führt nach Hause zurück.‹«

Lass also im Moment die Zukunft ruhen, auch wenn das schwierig ist, weil du den Impuls haben wirst: Jetzt muss irgendetwas passieren, damit ich wieder weiß, wohin. Das kommt, aber nicht sofort.

Zunächst nimm dir die Freiheit und das Recht, wie ein Kind in der *Gegenwart* zu leben. In dieser inneren Krise lebst du erst einmal Tag für Tag, Stunde für Stunde, vielleicht sogar Minute für Minute. Es kommt darauf an, es von morgens bis mittags zu schaffen, von mittags bis abends und die Nacht durch bis zum nächsten Morgen: »Alles, was jetzt in mir herumwirbelt, was jetzt wehtut, was ich jetzt hoffe und wovor ich mich ängstige, das erlebe ich immer nur in kleinen Zeiteinheiten. Mittags kann alles schon wieder ganz anders sein.« Und mittags sagst du dir, es kann schon abends wieder alles ganz anders sein. Lebe so gut du kannst in der Gegenwart als einer, der die Vergangenheit losgelassen hat und keine Zukunft in Händen hält. Das ist, was du innerlich empfinden solltest.

## Übung: »Folge mir nach«

Erinnere dich an das Wort, das Jesus zu seinen Jüngern sprach: »Komm und folge mir nach.« Versuche morgens, diese Übung zu machen, vielleicht auch abends noch einmal. Bevor du aufstehst und in den Tag gehst, setze dich kurz hin und stelle dir vor, du seist ein Fischer oder ein Bauer oder eben auch das, was du heute bist. Denn das Wort spricht Jesus durch alle Zeiten hindurch, er sprach nicht nur vor 2000 Jahren. Du vernimmst es hier und jetzt.

Du bist also, der du bist, mit deiner Ausbildung, mit deiner Vita. Jetzt steht vor dir der Herr. Versuche mit geschlossenen Augen, ihn zu sehen, vielleicht ganz altertümlich gekleidet wie damals, vielleicht ganz modern mit Cordhose und Pullover. Achte auf seine Haltung und seinen Blick. Vielleicht streckt er dir die Hand entgegen, vielleicht winkt er dir zu, vielleicht lächelt er dich an, vielleicht guckt er auch ein bisschen streng und spricht im Befehlston. Versuche zu hören, wie er dir sagt: »Komm und folge mir nach.« Sagt er es bittend, flehend, streng, aufmunternd? Sagt er es geduldig, zärtlich und liebevoll? Klingt es wie eine Einladung oder wie ein Versprechen? Jedenfalls sagt er: »Komm, komm jetzt und folge mir nach.«

Wenn du die Augen aufmachst, dann gehst du durch den Tag so wie der Jünger, der einst aufstand und ihm nachfolgte. Das heißt, du gehst auf dem Pfade des Herrn. Du hast immer das Gefühl: »Er geht mir voraus. Also mit dem Schritt, den ich jetzt tue, gehe ich ihm nach.« Es geht dir wie den Jüngern damals: Du lässt hinter dir, was bisher dein Leben war, und du hast keine Ahnung, wo die Nachfolge dich hinführt, was geschehen, wie es dir dort gehen wird, was du tun sollst, was er tun wird. Du hast keine Ahnung und folgst ihm trotzdem nach. Wage einfach diese Übung.

Beachte bitte die Wortwahl. Jesus sagt nicht: »Komm mit«, sondern: »Folge mir nach«. Das ist etwas anderes in dreierlei Hinsicht. *Erstens:* Du gehst in seinen Spuren im Vertrauen, dass sie zu einem guten Ziel führen. *Zweitens:* Du lässt dich nicht an der Hand führen, sondern erbringst eine Eigenleistung, du folgst ihm nach, weil und solange du das freiwillig willst. *Drittens:* Jesus blickt nicht kontrollierend zurück, ob du auch wirklich kommst, er vertraut dir und überlässt dich deiner Freiwilligkeit.

Die Genauigkeit und Präzision der Sprache sollte man nicht nur in der Bibel wahrnehmen, sondern sich auch im Leben zu Eigen machen. Die Sprache verbessern heißt den Gedanken verbessern, und den Gedanken verbessern heißt sich den Weg klar machen. Eine bewusste Sprachhygiene ist von großer praktischer Bedeutung. Deshalb kommt es so sehr darauf an, zu wissen, wann man »ich« sagen und wann man richtigerweise »wir« sagen soll, wann man – wie in der Übung »Märchenwald« – »du« oder »Sie« sagt: »bleibe bei mir« oder »ordnen Sie sich ein«.

Die Krise macht diese Begegnung mit dem Herrn so intensiv wie kaum ein anderer Zustand. Es ist vor allem die Krisenzeit, in der du zum Schüler Christi wirst, der dir sagt: »Komm und folge mir nach.« Nutze diese Chance, vertue sie nicht, indem du dich um Vergangenheit und Zukunft kümmerst und dir sagst: »Ich muss mich jetzt zusammenreißen, meine Traurigkeit überwinden, mich wieder an irgendwelche Einstellungen, Haltungen und Meinungen halten, endlich wieder wissen, wer ich bin, was ich will und warum.« Nicht so schnell! Denn Krisenzeit ist Lernzeit, du bist Schüler. Die Krise ist ein heiliger Prozess, eine mitten in das Leben gesetzte Lernzeit. Sie ist insofern ein Geschenk, als du quasi »aussteigst« aus dem Leben – nicht wirklich zwar, aber innerlich: »Jetzt nehme ich mir eine Auszeit, in der ich Schüler bin.« Eine solche »Auszeit« wird einem ja sogar gesellschaftlich zugestanden, man nimmt sie sozusagen mit sozialer Erlaubnis. Wenn die Menschen sehen, in welcher Krise du bist, genießt du die Narrenfreiheit, manches zu tun, was sonst sehr erklärungsbedürftig wäre. Also, du bist jetzt Schüler, und zwar Schüler des Lehrers schlechthin, deines Bruders, des Meisters, des Herrn. Das bedeutet:

1. Es ist dein Bruder, du brauchst also keine Autoritätsprobleme zu haben. Er ist der Bruder, der liebevoll an deiner Seite geht und mit dem du ein ziemlich lockeres Schüler-Lehrerverhältnis haben kannst. Andere Menschen sind auch gute Brüder, aber er ist der beste, der dir in solchen Situationen zur Seite stehen kann.
2. Es ist nicht irgendein Lehrer. Er ist Meister. Nicht nur, dass er als Gottessohn weiß, was Krise bedeutet, er hat sie als Menschensohn durchlebt. Die Passion geschah nicht dem Gottessohn, sondern dem Menschensohn, natürlich mit all der Meisterschaft, die der Gottessohn innehat. Aber er lebte sie als Menschensohn mit einem Körper aus Fleisch und Blut, mit einem Doppelgänger, mit einem Hinneigen zu den dunklen Welten, mit allen menschlichen Zügen: mit Ängsten, Nöten, Sorgen, Schmerz, Scham, Pein, Kräftebegrenzung, ohne das Gefühl der Allmacht, eben als Mensch.
3. Deswegen ist er der »geprüfte Lehrer« und Meister, also der Beste, den man als Lehrer überhaupt nur haben kann: Er weiß es nicht nur, er spricht aus einer gemeisterten Erfahrung.

Von Jesus lernen heißt, nicht nur aus der Bibel lesen, die Bergpredigt auswendig können, das Vaterunser beten. Von Jesus lernen heißt, sein Leben anschauen und mit ihm gehen. Und das lehrreichste Kapitel aus dem Leben Jesu für euch in der Krise ist natürlich der Passionsweg. Der Passionsweg ist zwar ein Leidensweg. Er ist aber, was das Wort »Passion« auch sagt, ein Weg der leidenschaftlichen Liebe. Jesus ging ihn freiwillig, weil er euch liebt und euch ein meisterliches Vorbild geben wollte. Dieser Passionsweg ist der Lern- und Hilfsweg schlechthin.

Anhand des Passionsweges kannst du erstens lernen, wie das Dunkle angreifen möchte, wo es die Fallen stellt, die Stolpersteine auslegt, die gefährlichen Herausforderungen verbirgt.

Am Verhalten Jesu kannst du zweitens lernen, wie man meisterlich mit diesen Problemen umgeht. Drittens machst du die Erfahrung, dass der Herr wirklich und wahrhaftig jeden Schritt deiner Not, deines Unglücks und also auch deiner Krise mit dir geht und wie unendlich hilfreich das ist.

## Übung: Morgengebet

1. Setze dich nieder, schließe die Augen und richte den inneren Blick nach oben. Du siehst dich als vom Vater herkommend, als sein Geschöpf, als sein Ebenbild und Gleichnis, als der, den er gemeint hat. Du spürst ihn über dir und sprichst:

   *»Vater, durch Dich lebe ich diesen Tag.«*

2. Versetze dich in die Lage Jesu am Kreuz, der zu seiner Mutter hinunterblickt. Sie steht zu seinen Füßen, mit denen er seinen Lebensweg zurückgelegt hat. Die Mutter hütet auch dich, begleitet deinen Lebensweg, schützt dich, macht dich aufmerksam, tröstet dich. Und sie bewahrt alles, was du tust, in ihrem Herzen.

   *»Mutter, mit Dir lebe ich diesen Tag.«*

3. Strecke die Arme aus, von links kommend ziehen die Menschen an dir vorbei, die in deinem bisherigen Leben eine Rolle gespielt haben – Eltern und Geschwister, Schulkameraden und Lehrer, Freunde und Gegner. Rechts siehst du die, die in der Gegenwart eine Rolle spielen und in Umrissen die, die dir in der Zukunft noch begegnen werden. Bedenke, du bist Bruder oder Schwester, bist einer unter vielen.

   Dann versuche, die Gefühlslage Jesu am Kreuz nachzuempfinden. Vor seinem geistigen Auge ziehen die Menschen vorbei, die ihm in seinem Leben begegnet sind: als Jünger, Zuhörer, Geheilte usw., und die er wie Geschwister liebte. Stelle dir vor, in dir schlüge sein

Herz, er empfindet in dir. Gib deinem Gesicht den entsprechenden Ausdruck.

*»Herr, in dir und aus dir lebe ich diesen Tag.«*

»In dir« bedeutet: Du bist um mich, Du bist das Gotteskind schlechthin, ich bin als kleiner Teil von dir in dir. Du umhüllst mich. »Aus dir« bedeutet: Du lebst in meinem Herzen, aus Dir beziehe ich meine Lebendigkeit, meine Kraft, meinen Halt, meine Orientierung. Du erfüllst mich.

2. Kapitel:
Das Grundmuster
des Krisenbeginns

# Einleitung

Wer in einer Lebenskrise steckt oder wer anderen in einer Krise helfen will, sollte dreierlei unterscheiden:
1. Die allgemeine, grundlegende Struktur, die für alle Krisen gilt.
2. Die typische Struktur von Varianten je nach äußerem Vorkommnis.
3. Den individuellen Anteil. Dieser ist in einem solchen Buch kaum anders zu besprechen als durch Übungen, die dem Einzelnen helfen, den individuellen Verlauf seiner Krise bewusster zu erfassen und sich auf das Neue, das kommen soll, auszurichten.

Betrachten wir die Grundstruktur und ihre Varianten, so ist sie aus Sicht des Himmels in der Passionsgeschichte Jesu vorgezeichnet: Ihr werdet alle wesentlichen Merkmale in ihr wiederfinden. Es wird euch nicht nur tief berühren, festzustellen: Jesus hat das alles selbst durchgemacht. Es gibt euch auch die Gewissheit: Er weiß, wie es um euch steht, und er hat euch vorgelebt, wie man in idealer Weise damit umgeht. Er ist euer Freund und Bruder, und er ist auch der ideale Lehrer und Meister.

Die Orientierung an der Passionsgeschichte bedeutet nicht, dass euch etwas so Schreckliches wie Geißelung und Kreuzigung bevorsteht, wenn es auch schlimm genug ist, was ihr zu durchleiden habt. Es bedeutet aber zu wissen: Wenn ihr die Versuchungen, die auf euch zukommen, besteht, wie er sie bestanden hat, dann steht am Ende etwas sehr Stimmiges, Lichtes und Neues. Jesus stieg nach dem Sterben hinunter ins Reich des Dunkels, in das er Licht und Hoffnung, Heimweh und die Sehnsucht nach der Heimkehr getragen hat. Auch darin könnt ihr ihm, ohne zu sterben, bis zu einem gewissen Grade in menschlicher Weise nachfolgen. Doch dann mündete die Passionsgeschichte in die Auferstehung, in das Wandeln im Auferstehungsleib unter seinen Jüngern, und schließlich in die Himmelfahrt. Das ist nicht das Ziel des Bestehens eurer Krisen. Diese mündet vielmehr in das Weihnachtsgeschehen, wie wir es oben besprochen haben.

Die Passionsgeschichte besteht aus zwei Hauptteilen: Erstens aus der Geschichte des Vorabends, dem letzten Abendmahl und der Geschehnisse auf dem Ölberg. Darin ist das Grundmuster jedes Krisenbeginns vorgezeichnet, ihr werdet euch darin wiederfinden. Zweitens aus dem Kreuzweg von Jesu Verurteilung bis zu seiner Grablegung. Auch da werdet ihr sehen: Das menschliche Krisengeschehen spiegelt sich in dieser oder jener, meist in mehreren Stationen wider. Beginnen wir mit der Geschichte des Vorabends.

# I.
# Das letzte Abendmahl

Jede Krise beginnt mit dem »letzten Abendmahl«. Sie entsteht zwar lange davor in eurem Inneren, aber sie bricht erst aus, wenn etwas endgültig zu Ende ist. Allerdings befinden sich manche Menschen in einer inneren Verfassung, in der ihnen erst im Nachhinein klar wird: Das war das letzte Mal, dass wir gemeinsam am Tisch saßen, dass ich dieses Büro betreten, dass ich diesen Menschen gesehen, dieses Kleidungsstück getragen habe, mit diesem Auto gefahren bin.

Mancher ist so sensibel, dass er schon im Vorfeld spürt: das ist das letzte Mal, das ist heute irgendwie anders, besitzt eine andere Qualität. Der Herr wusste natürlich schon am Tag vor dem letzten Abendmahl bei allem, was er tat: das ist das letzte Mal. Deshalb berührt die Schilderung dieses Tages so sehr.[5] Ideal wäre es, wenn auch ihr diese Sensibilität erreicht, vielleicht sogar die bewusstseinsmäßige Klarheit, solche Situationen zu erkennen. Der Mensch wehrt sich, zu akzeptieren, dass es das letzte Mal war: Nein, es gibt doch noch Verlängerung. Ihr kennt z. B. das Gerangel mit dem Sterben: noch fünf Minuten und noch ein Atemzug, es war bitte nicht der letzte. Das letzte Mal zu verkraften ist schwer, hart, verletzend, es beraubt euch der vorgegaukelten Geborgenheit in Gewohnheiten. Besonders tragisch ist es, wenn euch klar wird, dass es jetzt zu spät für das ist, was ihr noch hättet tun oder aussprechen wollen: z. B. Dank, Klärung, Entschuldigung.

Versucht einmal, mindestens in einigen Lebensbereichen so zu leben, als wäre es das letzte Mal: bei bestimmten Menschen, Tagen, Ar-

---

5 s. *Wie im Himmel, so auf Erden*, Bd. IV, S. 90ff.

beitsbereichen, Feiern oder bei anderen Gegebenheiten, die euch besonders am Herzen liegen. Denkt immer, es könnte das letzte Mal sein! Wie ist es, wenn man so viel Aufmerksamkeit, Wachheit und Bewusstheit hat, als wäre es das letzte Mal? Lebt so sensibel, so bewusst, so konsequent, so wahrhaftig, so klar. Sagt, was ihr sagen würdet, tut, was ihr tun würdet, wenn es das letzte Mal wäre. Seid so wesentlich, als hättet ihr das letzte Mal Gelegenheit, etwas zu sagen oder zu tun.

Der Anfang der Krise liegt also immer in diesem letzten Mal verborgen. Auch wenn ihr das erst im Nachhinein feststellt, ist es wichtig, diesen Moment aus der Erinnerung auszugraben. Vielleicht entdeckt ihr Handlungen oder Worte oder andere wichtige Dinge, die ihr in die Erinnerung hineinrettet mit dem Gefühl: »Die waren wesentlich, heilig, das waren symbolische Handlungen, ganz wichtige Momente. Die bewahre ich im Gedächtnis.«

Knüpfen wir an das letzte Abendmahl an. Nur Jesus und Judas wussten, dass es das letzte sein würde. Die anderen merkten zwar, dass etwas eigenartig ist, anders als sonst, aber sie wussten es nicht wirklich. Betrachtet das letzte Abendmahl einmal als eine Darstellung der Facetten eines Menschen, als Auffächerung seiner Aspekte. Dann zeigt das Abendmahl den Menschen, der dabei ist, die Krise herbeizuinszenieren. Einer dieser Aspekte ist der Judas im Menschen, der alles tut, damit es zu einer Krise kommt, der innere »Verräter«. Er ist die Kraft, die das Böse will und doch das Gute schafft. Er spielt die Rolle des Bösen, die aber notwendig ist, damit die Krise stattfinden kann, die sich dann als etwas Heiliges, Heilendes erweisen wird.

Dann gibt es die elf anderen Jünger im Menschen, die nicht einordnen können, was passiert, die es nicht verstandesmäßig erfassen, die aber spüren: irgendwas klingt nach Veränderung, nach Abschied, nach »einem letzten Mal«, auch wenn die Vernunft sagt: Es ist wie immer.

Und es gibt den Inneren Christus, der einerseits ganz genau weiß: heute ist der Anfang vom Ende – der Anfang vom Anfang, von einem Neubeginn, von einem Wandel –, und der das zu meistern verspricht und segnet. Diese Kraft ist auch in euch: Wenn ihr nur genau hinhören wolltet, dann könntet ihr wissen: Jetzt wird alles anders. Ihr könnt es mit seiner Hilfe meistern, und der Segen des Himmels, die schützende Hand des Herrn liegt über euch.

# II.
# Der Verrat des Judas

In fast jeder Lebenskrise wirst du das Gefühl haben, verraten worden zu sein. Die Menschen enttäuschen dich, sie lassen dich im Stich. Du hast dich um deine Familie, deinen Partner oder deinen Chef bemüht, aber sie lassen dich fallen. Die Ärzte haben nicht alles in ihrer Macht Stehende getan. Menschen, für die du dich eingesetzt hast, rühren keine Hand. Du hast ihnen in der Not geholfen und erwartest nun Dank, aber vergeblich. Sogar ein guter Freund fällt dir in den Rücken. Irgendjemand spielt gegen dich, ist nicht vertrauenswürdig, steht im Zwielicht. Es kann auch eine Gruppe von Menschen sein, eine Gemeinschaft, ein Dorf, eine Familie, eine Institution, die für dich im Inneren die Rolle des Judas spielt. Es kann auch dein Körper sein, der dich im Stich lässt oder einfach das Schicksal, das Leben, das Glück, der Erfolg. Was machst du angesichts eines Judas, wie gehst du mit ihm um?

Wie ist der Herr mit Judas umgegangen? Er entwickelt Verständnis für ihn. Er wirft ihn nicht hinaus, er offenbart ihn auch nicht vor den anderen, er stellt ihn nicht bloß, er lässt ihn nicht fallen. Erst recht lässt er ihn nicht umbringen. Er zahlt ihm nicht mit gleicher Münze heim. Er sagt zu Judas: »Was du tun willst, tue bald« (Joh. 13, 27).

In diesem Satz steckt sehr viel, unter anderem: Wie immer ich es bewerten mag, ich verstehe jetzt, in welcher Situation du bist. Ich kann das zwar moralisch nicht billigen, aber menschlich verstehen: »Tue es. Zaudere nicht, du hast entschieden, und jetzt stehe zu deiner Entscheidung. Nicht, dass ich dein Vorhaben gutheiße, aber ich habe Verständnis und halte meine segnende Hand weiterhin über dir.«

Jesus kennt die Konsequenzen, die der Verrat des Judas für ihn selbst und für alle haben wird. Er weiß, dass sich die Tat nicht wieder gutmachen lässt. Er kennt auch die innere Not, in die die Tat den Judas selbst später stürzen wird, und er weiß, dass Judas sie irgendwann von ganzem Herzen bereuen wird. Aber er gibt ihm zu verstehen, erstens, dass er auf keine Weise in seine Freiheit eingreifen wird, zweitens, dass er seine segnende Hand nicht von ihm abziehen wird.

Das ist eine der großartigsten und bedeutsamsten Szenen des Neuen Testaments. Sie macht das neue Gottesbild, das Jesus die Menschen lehrte, anschaulich.

Für die alte Vorstellung von Gott war charakteristisch, dass das Verhältnis zwischen Gott und Mensch von Berechnungen geprägt war. Ungehorsam gegen Gott führte zu Strafen Gottes. Dann ging es darum, die Gnade Gottes zurückzugewinnen, Gott wieder gütig und wohlgelaunt zu stimmen, wieder gutzumachen, was man getan hatte, zu leisten, was erforderlich ist, um ihn zu einem Schlussstrich bereitzumachen.

Jesus lebt ein anderes Gottesbild vor. Er vergibt Judas die Tat, bevor dieser sie bereut, ja, bevor er sie begangen hat, und dies, obwohl sie nicht wieder gutzumachen ist. Das ist etwas unerhört Neues. Es gibt nichts zu berechnen, keine Leistung zu erbringen. Die verzeihende Liebe hängt weder von einem äußeren Tun noch von einer inneren Umkehr ab, sie ist absolut und unauflöslich: »Was immer du tun wirst – es ist dir verziehen.« Das ist der Schlüssel zum neuen Gottesbild: Auch der Vater verzeiht euch vor der Tat und vor der Reue.

Dieses Verzeihen macht allerdings die böse Tat noch ungeheuerlicher. Sie hat keinen Preis, den man zahlen könnte, um sie wieder gutzumachen. Das bringt den Menschen in seelischen Zugzwang. Er kann die Tat unterlassen, oder er wird sie nachträglich bereuen. Verzeihen heißt mehr, als eine geleistete Wiedergutmachung anzunehmen. Es heißt, den Menschen mit seinen Schwächen und seinen dunklen Motiven zu akzeptieren, Verständnis für ihn zu haben und die segnende Hand weiterhin über ihn zu halten. Diese unendliche Großmut bringt den Menschen früher oder später, in diesem Leben oder danach, dazu, dass ihm seine böse Tat aufrichtig Leid tun wird. Das Verzeihen folgt nicht auf die Reue, sondern die Reue folgt auf das Verzeihen. Sie wird auf längere Sicht die Wirkung des Verzeihens sein.

Jesus sprach das Wort »Was du tun willst, das tue bald« nicht etwa, weil er nicht durchschaut hätte, was Judas vorhat. Vielmehr nutzte er die Gelegenheit, ein neues, realistischeres Gottesbild anschaulich zu machen. Diese Szene ist hochdramatisch und für das Verständnis Christi nicht minder wichtig als seine freiwillige Akzeptanz der Kreuzigung. Das Wort schlägt einen Bogen zum Fall der Engel, der Gott in die Krise gestürzt hat. Gott hat sich nur mühsam zur Geduld durchgerungen und sich dazu entschlossen, die Schöpfung nicht zurückzunehmen. Damit hat er entschieden, dass die gefallenen Mächte ihren Platz in der Schöpfung behalten und dass er seine segnende Hand nicht von ihnen nimmt. Diesen inneren Wandel macht Jesus – als Abbild des Vaters – in dieser Szene sichtbar.

Für euch bedeutet das praktisch:

1. Wenn Gott seine segnende Hand über die gefallenen Hierarchien hält, dann hält er sie auch über euch, wenn ihr einem dunklen Einfluss erliegt.
2. Die böse Tat ist nicht aufrechenbar, ihr könnt ihre Verzeihung nicht durch ein Bündel von Maßnahmen herbeiführen. Sie führt aber in die Reue und die Beschämung vor Jesus, der euch sagt: »Ich habe dir ja schon von vornherein verziehen.«

Spürt ihr innerlich die Tragweite des Wortes, das Jesus an Judas richtet: »Was du tun willst, das tue bald«? Jesus beschönigt nicht, aber er verrät auch nicht seinerseits. Er erwidert nicht etwa Verrat mit Verrat und vereitelt den Verrat auch nicht. Er hätte ja zu seinen Jüngern sagen können: »Nehmt den fest, denn der will mich verraten.« Aber er schützt Judas, entwickelt Verständnis für ihn, stellt ihn vor den anderen Jüngern nicht bloß.[6] Diese viel größere moralische Herausforderung erträgt Judas nicht. Hätte Jesus ihn hinausgewiesen, Judas

---

6 Dass die Darstellung bei Math. 26, 25 den Eindruck einer Bloßstellung erweckt, beruht auf einer missverständlichen Formulierung aus rückblickender Perspektive, wie bei Joh. 13, 28 f. deutlich wird.

hätte sich nach dem Verrat die Hände gerieben: »Das geschieht ihm recht.« Er bringt sich hinterher um, weil er es nicht erträgt, dass Jesus ihn vor allen anderen Jüngern gedeckt, ihm in die Augen geschaut und gesagt hat: »Nun tue es, und zwar mit meinem Segen, ich habe dir verziehen.« Der Selbstmord war natürlich die schlechteste von allen denkbaren Reaktionen.

*Warum hat Jesus nicht eine Frage gestellt, die dem Judas vor Augen geführt hätte, was er eigentlich im Begriffe ist zu tun, um ihn so zur Erkenntnis zu führen?*

Indem er sagt: »Einer von euch wird mich verraten«, sagt er ja: »Willst du das wirklich tun?« Das war die darunter liegende Frage. Aber Judas ist zu diesem souveränen Erkenntnisschritt in diesem Moment nicht in der Lage. Mehr kann Jesus nicht sagen, ohne Judas bloßzustellen. Er bewahrt ihm seinerseits die Freundschaft.

Jesus also weiß, was Judas fühlt, was er denkt, was er tun wird. Jesus weiß, dass die anderen Jünger das nicht wissen. Er verhält sich nun in einzigartiger Weise:

Er hätte Judas verstoßen können. Er hätte ihn vor allen Jüngern entlarven, dem Zorn der Jünger ausliefern können. Er hätte die Jünger sogar bitten können, einzuschreiten. Was tut er aber? Er gibt dem Judas zu verstehen, dass er weiß, was er vorhat. Er tut es aber so, dass die anderen Jünger nicht erkennen können, wer gemeint ist: »Einer von euch wird mich verraten.« Judas weiß, dass Jesus ihn damit meint. Die anderen aber wissen nur: Irgendetwas ist nicht in Ordnung, irgendetwas passiert hier. Jesus spricht in Andeutungen, weil er alle Jünger schützen will.

Er will *erstens* die anderen davor schützen, Dinge zu tun, die nicht licht sind. Hätte Jesus hinzugefügt: »Und dieser ist Judas. Wenn er den Raum verlässt, wird er gehen und mich verraten. Ich sage euch auch den Preis«, dann hätten sie sich auf ihn gestürzt, ihn vielleicht sogar umgebracht. Dann wären die anderen elf auch noch schuldig geworden.

Das bedeutet für euch: Manchmal kann Nichtwissen ein Schutz sein. Manchmal ist es gut, dass ihr zu bestimmten Zeiten, in bestimmten Situationen nicht alles durchschaut, nicht alles wisst, nicht alles gesagt bekommt, jedenfalls nicht in diesem Moment. Wenn ihr nicht alles wisst, ist das nicht immer die Schuld von Leuten oder die Schuld einer Gesellschaft oder einer Religion, die euch nicht alles offenbart. Denn manchmal wäre es gefährlich für euch, alles zu wissen, weil ihr sonst angreifbar würdet für ein Dunkel, dem ihr nicht standhalten könntet.

Als Menschen wollt ihr schonungslos aufklären, ganz egal, wer dabei das Gesicht verliert, wem der Boden unter den Füßen entzogen wird, ob ihm die Chance genommen wird, sich noch zu besinnen, ob die Situation noch irgendwie anders geregelt werden könnte. Ihr wollt Wahrheit in ihrer schrecklichsten Form: schnell, hart, schonungslos, offen. Jesus will auch Wahrheit, aber in einer himmlischen Form: Wahrheit, die jedem die Chance lässt, sich zu besinnen. Wissen ist kein Wert in sich. Wissen verpflichtet. Es fordert die zentrierte Stabilität, die euch ermöglicht, in Liebe damit umzugehen.

*Zweitens* will er auch Judas schützen, so wie es der Vater mit dem gefallenen Teil der Schöpfung tut. Er gibt ihm zu verstehen: ich tue dir nichts Böses an. Ich beantworte nicht Gleiches mit Gleichem. Ich werde meine Hand nicht von dir zurückziehen, dich nicht wegstoßen, nicht von mir aus »nein« zu dir sagen, sondern ich sage weiterhin »ja« zu dir. Was immer du tust, ich bleibe dir treu. Du gehst weg, aber ich gehe nicht weg, ich bleibe da. Das ist das lichteste Verhalten, das man an den Tag legen kann. Das ist nicht immer einfach, aber die Idealform.

*Warum hat Jesus unter seinen engsten Jüngern einen, den er, wie es scheint, nicht durchschaut hatte? Es ist doch anzunehmen, dass Jesus weiß, wen er um sich schart, und dass in seinem heiligen Umfeld so einer eigentlich keinen Platz haben darf.*

Nun, Jesus wollte nicht das himmlische, vor dem Fall der Engel herrschende Ideal auf der Erde verkörpern, sondern Menschen um sich sammeln und damit die Realität akzeptieren. Er hat nicht nur einen menschlichen Körper in Raum und Zeit, sondern überhaupt die Realität des Schöpfungsdaseins nach dem Fall der Engel angenommen.

Dazu gehört auch, in Versuchung geführt zu werden, Selbstzweifel und Ängste zu durchleiden. Schon bei der Hochzeit von Kana hat er diesen Moment der Angst: Jetzt soll es öffentlich werden, wer ich bin, will ich das überhaupt? Will ich die vorhersehbare Konsequenz der Verfolgung und Ermordung auf mich nehmen?[7] Immer wieder kennt er Momente des Zweifelns, des Zauderns, des Fragens, der Ängste, der Sorgen: Wie geht das weiter? Wer kann fassen, was ich sage? Wer kann begreifen, was ich tue? Was wird mit denen geschehen, die ich geheilt habe? Wer wird was weitertragen und wie?

Dazu gehört auch, dass er in seinem Umfeld die menschliche Realität akzeptiert. Deswegen sammelt er Menschen um sich, wie sie sind: mit lichten Bestrebungen, aber auch mit ihrem Doppelgänger, mit ihren Schattenseiten, mit ihrer Freiheit, sich zum Dunkel hinzubewegen.

Was heißt das für euch? Die Jünger stehen in so unmittelbarer Nähe zum Heiland, dass ihr annehmt: Ja, die sind sicher, denen kann kein Dunkel drohen. Doch ihr seht: die Nähe zum Licht schützt nicht vor der Versuchung und der dunklen Entscheidung. Die fallenden Engel waren der Quelle alles Lichten so nahe und sind dennoch gestürzt. Das Lichte in euch kann sich niemals zur Ruhe setzen: »Nun ist alles in Ordnung und bleibt so, es ist geschafft.« Dass das nicht gelingt, seht ihr an den Jüngern. Sogar Jesus selbst hatte immer wieder aufs Neue um die lichte Entscheidung zu ringen.

*Hätte Jesus nicht wissen müssen, was Judas vorhat?*

Er wusste es ja. Er erkannte jeden Menschen in dem Moment, in dem er ihn anschaute. Er hätte den Judas also aus seinem Kreis entfernen und durch einen anderen ersetzen können. Es gab genügend Menschen, die den Platz des Judas – nicht seine Rolle – gerne eingenommen hätten. Warum hat er das nicht getan? Er wollte zeigen, dass er handelt wie der Vater: »Du strauchelst, dir ist gar nicht klar, wohin das führen wird, aber ich werde dich nicht ausschließen. Du fällst nicht aus meiner Freundschaft.«

---

7 Des Näheren: *Wie im Himmel, so auf Erden*, Bd. III, S. 148–150

Auch der Vater hat die dunklen Hierarchien nicht aus der Schöpfung verbannt, er hat auch keine Nebenschöpfung für sie geschaffen. Er hat sich ihnen gegenüber vollkommen offen gehalten. Sie brauchen sich nur umzuwenden und sind wieder bei ihm. Er lässt ihnen diese Chance bis in alle Ewigkeit. Er hält seine Hand über sie.

Also lerne von ihm: Unter denen, die sich um dich scharen, ist wahrscheinlich ein Judas, und mag die Sache, die du betreibst, noch so licht sein. Rechne damit, stelle dich darauf ein und tue es Jesus gleich.

Du wirst unter den vielen, die dich umgeben, manchen sehen, der auch auf dem Wege ist: Der folgt auch nach, der ist auch ein Christ. Dann weißt du, irgendwo ist ein Judas oder einer, der das später sein wird. Gegebenenfalls bist du es selbst, das ist jedenfalls möglich. Denn keiner ist unanfechtbar, nur weil er auf einem lichten Wege ist. Jeder kann jederzeit straucheln.

Gemeinschaft leben heißt nicht nur, sich gegenseitig versichern, dass man auf dem lichten Wege ist, sondern auch, aufeinander Acht zu haben: Wo könnte einer abgleiten in Trauer, in Schwere, in Bitterkeit, in Hilflosigkeit, in Angst, in mangelndes Selbstwertgefühl, in irgendeine Form von gefährdetem Dasein, das ihn zum Judas werden lassen könnte? Die Judasrolle war nicht von vornherein dem Judas zugeschrieben, jeder hätte in diese Rolle hineinstolpern können.

*Wie kam es, dass gerade Judas in diese Rolle geriet? Wann war dieser Moment?*

Das war schon einige Zeit vorher. Da kamen zwei Dinge zusammen, zum einen ein Neidkomplex: Warum kann Jesus das und ich nicht? Warum lieben sie ihn, mich aber nicht gleichermaßen? Zum anderen ein mangelndes Selbstwertgefühl, das ja meist gepaart ist mit Überheblichkeit, der ausgleichenden Gegenbewegung zum Selbstwertmangel: Ich könnte das mindestens genau so gut. Beides zusammen machte aus ihm den Judas. Das war bei der Auswahl der Jünger noch nicht klar gewesen. Jesus hatte nicht Judas in dem Bewusstsein ausgewählt: Der wird mich verraten. Aber Jesus wusste: Menschen sind Menschen, sind immer gefährdet, immer angreifbar.

*Hatte er zu Judas nicht sogar ein besonders freundschaftliches Verhältnis?*

Er hat ihm vertraut, ihm sogar die Verwaltung seiner kleinen Besitztümer anvertraut, das taten die anderen Jünger auch. Alle gingen davon aus, dass man auf seine Loyalität, Genauigkeit und Verlässlichkeit zählen konnte, und das war auch so. Also, wenn ihr euch seht als Jünger unter Jüngern, als Christ unter Christen, vergesst nicht, dass Menschen immer nur Menschen sind, überfordert sie nicht. Wenn ihr einem etwas zumutet, zutraut, anvertraut, habt immer Verständnis dafür, dass der Moment kommen kann, wo er angefochten wird und strauchelt. Habt Nachsicht selbst mit denen, die ihr für verlässliche treue Freunde gehalten habt. Versucht, die Menschen weder zu überfordern noch zu unterfordern, denn beides macht sie in verstärktem Maße angreifbar für die dunklen Hierarchien. Verlangt also beispielsweise nicht zu viel Mut, Geduld, Dauereinsatz und Selbsterkenntnis von ihnen.

Nicht, dass ihr misstrauisch sein solltet! Ihr sollt den Menschen voll und ganz vertrauen und gleichzeitig die Stärke haben, zu wissen: »Auch er kann straucheln. Wenn das passieren sollte, bleibe ich trotzdem sein Freund, will ihm weiterhin wohl, habe Nachsicht mit seiner Schwäche.« Sagt nicht: »Das habe ich schon immer geahnt«, sondern: »Ich habe es nicht geahnt, aber es war immerhin denkbar, dass es passieren könnte«. Ringt immer wieder um diese innere Größe.

Und seid euch bewusst: So licht euer Weg sein mag, es ist immer denkbar, dass ihr selbst zum Judas werdet. Achtet darauf, dass auch ihr anfechtbar seid und Dinge tut, die nicht licht sind. Also schüttet im Krisenfalle nicht Gift und Galle, Pech und Schwefel über die Menschen aus, die euch im Stich gelassen, verraten, fallen gelassen, schlecht behandelt haben. Bedenkt, dass das sogar an euch selbst liegen kann, an euren Entscheidungen, Empfindungen, Bewertungen, festgefahrenen Haltungen.

*Als die Jünger dann fragten: »Herr, bin ichs?«, hatten sie da Zweifel an sich selber? Oder wollten sie nur bestätigt haben im Ausschlussverfahren: wer übrig bleibt, der ist es?*

Nein, das war tatsächlich die Angst, zum Verräter zu werden. Sie wussten es nicht. Sie waren auf diese innere Wahrheit gestoßen: Ich könnte es sein. Auch ihr solltet euch immer sagen: »Es könnte etwas passieren, und ich werde unversehens zum Judas.«

Die Gefährdetsten sind die, die das weit von sich weisen: »Ich habe ein Versprechen abgelegt, und damit ist alles klar.« Die, denen immer alles klar ist, die über andere den Stab brechen können, weil sie so genau wissen, was licht und dunkel ist, die haben nichts verstanden und geraten besonders leicht auf den Judasweg. Besser ist es, immer in der Ungewissheit zu leben: Könnte ich zum Judas werden? Denn die Zeiten ändern sich. Es ist alles im ständigen Wandel. Jünger kommen, Jünger gehen. Man geht den Weg, dann strauchelt man und bleibt am Rande. Dann geht man ihn vielleicht doch wieder weiter. Man ist in der Nähe des Herrn und doch so weit weg, man ist weit weg von ihm und doch ganz nah. Das lebt, das atmet ständig neu und anders.

Wenn es zur Krise kommt, solltet ihr durchatmen und sagen: »Es wandelt sich, ich war so sehr im Licht, es war so schön, jetzt ist es ganz anders. Das wird auch vergehen, es wird sich wieder wandeln. Jetzt scheine ich im Dunkel zu sein, aber ich werde auch wieder in die Nähe des Lichten kommen.« Und das gilt auch für die anderen. Verdammt niemanden, der gestrauchelt ist. Auch er kann wieder an der Brust des Herrn ruhen, wieder mit großen Aufgaben betraut werden. Alles kann sich sehr rasch ganz anders entwickeln.

Ihr könnt Jesus an eurer Seite haben, wenn ihr das wollt. Ich kann euch nur den guten Rat geben, das zu wollen. Unter denen, die zur Trinität gehören, gibt es keinen Judas, sie kennen das Moment des Fallens in sich nicht. Ganz gleich, was die anderen tun, was ihr tut oder getan habt, *er* wird euch nicht verstoßen, euch nichts vorhalten, euch nicht strafen, sondern er wird weiterhin die Hand über euch halten und sagen: »Du kannst gehen, du kannst dich besinnen und wiederkommen, ich bleibe jedenfalls da.«

Ihr könnt das üben zum Zweck der Prävention vor der Krise, also nicht, um die Krise zu verhindern, sondern um für sie gestärkt zu sein. Das ist so, wie wenn Feuerwehrleute Übungen machen. Sie üben nicht, weil sie damit den Brand verhindern können, sondern damit sie fit sind für den Einsatz. Wie macht man sich fit für die Krise?

## Übung: Fit für die Krise

*Erster Schritt:* Man versetzt sich in die Situation der Jünger und weiß: Jeder andere kann jederzeit zum Judas werden, achten wir aufeinander.

*Zweiter Schritt:* Überfordern wir einander nicht.

*Dritter Schritt:* Ich selbst könnte jederzeit zum Judas werden. Vorsicht vor solchen Dingen wie Neid und Selbstwertproblematiken, gepaart mit dem Gegenpol Überheblichkeit und Selbstgerechtigkeit.

*Vierter Schritt:* Fit für die Krise macht sich, wer gedanklich ständig in Bewegung bleibt und Wandel akzeptiert als eine Gegebenheit alles Lebendigen.

*Fünfter Schritt:* Fit für die Krise macht sich, wer das jesushafte Verhalten in der Situation des Abendmahls als das bestmögliche erkannt hat, dieses elegante und wohlmeinende Verhalten: Nicht bloßstellen, nicht gleich alles mitteilen. Wissen, dass Nichtwissen ein Schutz sein kann.

*Sechster Schritt:* Bedenken, dass die Trinität über alle Geschöpfe die Hand hält, welche Fehltritte auch immer sie tun.

*Siebter Schritt:* Euer Ansprechpartner ist Jesus. Macht euch also fit für die Krise, indem ihr ihn an eure Seite nehmt und damit ein wenig von seiner Größe profitiert, seine Verhaltensweise ein klein wenig nachahmt. Als Mensch allein könnt ihr das nicht!

Übt also Fürsorge in Gemeinschaften, Wachheit im Blick auf die, die euch umgeben, Nachsicht mit allen, die nicht so sind, wie sie sein sollten. Übt auch Wachheit und Klarheit im Blick auf euch selbst, übt also Selbstkritik, aber auch eine Portion Nachsicht mit euch selbst, Geduld, weil ihr nicht immer alles sofort wisst, diplomatisches Vorgehen, eine Art liebenswürdige Zärtlichkeit selbst im Umgang mit einem Judas und der Aufdeckung seiner Schandtaten. Das könnt ihr aber nur, wenn ihr Jesus an eure Seite holt oder ihn in eurem Inneren aufsucht. Mit seiner Hilfe könnt ihr das, sonst wird es schwer. Deshalb noch eine weitere Übung, um euch fit für die Krise zu machen.

## Übung: Jünger sein

Stellt euch einmal als Jünger Jesu vor und welches Vergnügen dies bereitet. Seht euch mit der damaligen Kleidung in jener Gegend oder in moderner Gestalt. Jedenfalls habt das Gefühl: »Ich bin einer von denen«. Als solcher geht durch die Stadt zu eurer Arbeit, in eine Versammlung, vielleicht auch in eine Kirche. Dann schaut euch um und sagt euch: »Der da könnte auch einer sein, die da auch« usw. Dann spielt mit dem Gedanken. »Welcher von denen wäre Judas, wird es am Ende vielleicht sein müssen? Oder werde *ich* der Judas sein?«

Dann übt die Empfindungen: Nachsicht! Nicht überfordern! Verständnis haben! Seid nicht heiliger als Christus selbst. Seid auch nicht pharisäisch, sagt nicht: »Ich würde das besser machen oder besser wissen.« Das war Judas' Verhalten. Sondern verhaltet euch so wie Christus. Gewährt allen bis zum letzten Atemzug und auch darüber hinaus eine neue Chance: Habt Geduld, wartet ab. Es wird sich zum Lichten wenden, das ist sicher.

Übt das immer mal wieder durch, so dass ihr trainiert und im Krisenfall gewappnet seid.

# III.
# Die Jünger schlafen

Nach dem letzten Abendmahl kommt die Nacht im Garten Gethsemane auf dem Ölberg. Das heißt, es wird nicht besser, sondern noch schlimmer. Die Helfer, die Freunde, die Begleiter schlafen. Sie sind guten Willens, aber nicht in der Lage, zu begreifen, was passiert, und bis zu dem Punkt vorzudringen, wo sie es begreifen könnten. Sie sind einfach überfordert (s. Matth. 26, 36–46, Mk. 14, 32–42, Lk. 22, 39–46).

Das ist die Erfahrung, die auch du in der Krise machen wirst. Keiner kann dich trösten, keiner kann dir richtig helfen, niemand interessiert sich wirklich für dich, hört dir zu, hat genügend Geduld, hat Verständnis, weiß so richtig, wie er mit dir umgehen soll. Vielen ist es peinlich, sie genieren sich, sind selber so überfordert, dass sie nur sehr ungern deine Nähe zulassen und lieber wegschauen. Sie tun, was die Jünger tun: Einige Jünger kommen gar nicht mit und gehen schlafen, ein paar gehen mit und schlafen trotzdem ein.

Du bist allein. Du führst ein inneres Gespräch über die Frage: Wie stelle ich mich zu dem, was jetzt passieren wird? Wie gehe ich damit um?

Ihr habt in einer vergleichbaren Situation verschiedene Möglichkeiten.

*Erstens:* Die Krise wird nicht als inneres Geschehen angenommen, sondern *verdrängt*. Man macht so weiter wie bisher. Für Jesus hätte das geheißen: Er stellt sich auf das nächste Abendessen ein, überlegt, was er seinen Jüngern als Nächstes beibringen, wohin er gehen wird usw.

*Zweitens:* Man *flüchtet,* sucht irgendwie zu verschwinden, sich zu verstecken, in der Meinung: dann findet das alles nicht mit mir statt, ich komme davon und kann so bleiben, wie ich bin.

*Drittens:* Man geht zum *Angriff* über, um die Krise zu verhindern. Für Jesus hätte das z.B. bedeutet: Er ruft alle Getreuen zusammen, bewaffnet sie, schaut, wie viele Verbündete er im Volk findet usw.

Jesus tut das alles nicht. Er stellt sich der Krise als innerem Geschehen, und er wägt nun innerlich ab. Was soll er wollen, was will er schlussendlich?

Wenn man die Krise als einen inneren Vorgang akzeptiert, gibt es wiederum zwei Möglichkeiten:

Entweder man übernimmt die *Opferrolle,* und zwar nicht nur nach außen, sondern auch innerlich: Man gibt sich seinen Gegnern geschlagen: »Nicht mein Wille, sondern euer Wille geschieht.« Es bleibt nichts als Klage über die Ungerechtigkeit, als Selbstmitleid und das Gefühl, von Gott und der Welt verlassen zu sein.

Oder man trifft die innere Entscheidung: »Nicht mein Wille, sondern Dein Wille geschehe.« Das sieht von außen aus, als sei es dasselbe, aber nur, wenn man unterstellt, es sei der Wille Gottes, dass sich der Wille der irdischen Gegner durchsetzt. In Wirklichkeit sagt Jesus – und sagt ihr – mit diesem Wort etwas ganz anderes.

## Übung: Die Ölbergnacht

Wenn du in einer Krise bist – ganz gleich aus welchem äußeren Anlass –, übe einmal, die Gethsemanenacht nachzuempfinden, am besten im Morgengrauen: Es ist noch dunkel, aber es wird hell werden.

Während du vor Sorgen nicht schlafen kannst, schlafen die Menschen um dich herum, so wie bei Jesus die Jünger. Dir aber ist ein geliebter Mensch gestorben oder du hast dein Unternehmen verloren oder bist entlassen worden oder deine große Liebe hat sich von dir getrennt. Helfer gibt es im Moment nicht, die schlafen alle oder hören nicht zu oder interessieren sich nicht.

Jetzt kommt es nicht mehr darauf an, wer was gesagt oder getan hat. Es geht nur noch um dich. Jetzt wäre es sinnvoll, diese innerliche Befindlichkeit ganz bewusst zu spüren und nachher aufzuschreiben. Am besten ist, du läufst herum, das hat Jesus auch getan. Er hat sich an einen Baum gelehnt, ist auf und ab und im Kreis gelaufen. Er hat zuerst einmal versucht, sich klar zu werden, was er fühlt. Was fühlst *du*? Wut, Angst, Sorge, Verwirrung, Ärger, Verzweiflung, Trauer? Was bewegt dich, was reißt dich hin und her? Dann setze dich hin, schreibe es auf und erstelle eine Liste all dieser dunklen Gefühle.

Dann kommt ein Durchspielen aller Möglichkeiten, damit du dir deiner Freiheit bewusst wirst. Du könntest zuerst einmal »nein« zur Krise sagen, also einfach so tun, als sei nichts passiert, als sei der andere nur verreist und nicht gestorben, als habe es den Krach gar nicht gegeben usw. Versuche dir vorzustellen, du *verdrängst* einfach. Spiele diesen Gedanken durch und packe ihn schön in ein Papier, in dem Sinne: diese Möglichkeit wählst du nicht!

Zweite Möglichkeit: *Flucht*. Du könntest verreisen, auswandern, einen anderen Namen annehmen oder dergleichen. Spiele das durch, überlege dir, wohin du fliehen, was du da tun, wie lange du wegbleiben würdest. Was kommt in die Koffer? Nimmst du Kinder oder Tiere mit? Hebst du noch Geld ab? Wie sieht sie konkret aus, diese Flucht? Dann packst du auch sie in ein Papier, schreibst darauf »Flucht« und stellst auch dieses Päckchen ins Regal: »Nein, ich könnte es tun, aber ich tue es nicht.«

Dritte Möglichkeit: der *Angriff*. Es gibt immer irgendwelche Fronten, an denen du zuschlagen könntest. Entweder kriegt es die Schwiegermutter ab oder der Nachbar oder die Kinder oder der Chef. Du könntest Vorwürfe machen. Wer würde dich unterstützen in deiner Wut? Der eine ist zu feige, der andere hat Frau und Kinder und kann sich nicht so weit aus dem Fenster lehnen. Vielleicht die Presse oder die Gewerkschaft? Spiele das alles durch, packe es in ein drittes Paket, schreibe darauf »Krieg« und stelle es ins Regal: »Nein, wie wild um mich schlagen, das werde ich nicht tun.«

Du hast also schon drei Päckchen im Regal. Jetzt überlegst du: Er ist wirklich gestorben, sie ist wirklich gegangen und hat die Scheidung eingereicht, der Chef hat mich wirklich rausgeschmissen – also gut, das ist jetzt so. Ich muss es akzeptieren, ich kann davor nicht fliehen, selbst Kampf würde es nicht ändern.

Jetzt kommt das Selbstmitleid, die *Opferrolle:* Du warst immer schon derjenige, der zu kurz gekommen ist. Dabei hast du dir so viel Mühe gegeben, so viel für andere getan. Dann merkst du schon: Vorsicht, das ist ein schlüpfriger Pfad, der mitten hinein ins Dunkle führt. Also, lass ihn bleiben und sage dir: »Ich bin schon ein armer Tropf, aber es gibt auch noch viele andere arme Tröpfe auf der Welt. Mit Selbstmitleid ist mir auch nicht geholfen.« Dann packst du ein weiteres Päckchen und bindest eine besonders schöne Schleife darauf.

Dann kannst du die vier Päckchen in eine Schale tun, anzünden, beim Feuer zuschauen und dir sagen: »Tja, das wären Möglichkeiten gewesen, sie kommen aber doch nicht in Frage, ich habe sie gerade in Rauch aufgehen lassen.«

Jetzt nimm noch einmal die Liste deiner dunklen Gefühle zur Hand, die du am Anfang dieser Übung erstellt hast, und frage dich: Was erschüttert mich am meisten, wovor habe ich ganz besonders Angst?

Dann kommt die fünfte Möglichkeit. »Was wäre eigentlich, wenn ich ›ja‹ sagen würde zu allem, was jetzt passieren wird, und ich würde mich nicht kleinkriegen lassen? Ich würde hindurchschreiten, alle Versuchungen als solche erkennen und mich meisterlich verhalten? Ich würde das tun im Blick auf Gott, den Vater, dem ich nah bin und dessen Blick mit aller Hoffnung auf mir liegt?« Wie wäre diese Möglichkeit? Wählst du sie, dann bist du dem Herrn in der Gethsemanenacht sehr nah.

Zu einer solchen Entscheidung findet man meistens nicht in einer Nacht, es kann mehrere Nächte brauchen. Die Leute schlafen dann immer noch wie damals die Jünger, und mit Recht. Vielleicht hast du von manchen anderes erwartet, vielleicht überforderst du sie mit deinen Erwartungen. Mache dir klar: Diese Krise ist *deine* Krise. Vielleicht sind andere mit dir zusammen in dieselbe Situation gerutscht. Aber dann sind sie in *ihrer* Krise, sie weinen ihre Tränen, sie haben ihre Ängste, sie haben ihre eigenen Sorgen. Es ist deine Krise, und der andere schläft, weil es nicht seine Krise ist. Wäre er schon krisengeprüft und krisenerfahren, würde er vielleicht nicht schlafen, aber kannst du das von ihm wirklich verlangen? Also ist der andere nicht böse. Wenn du die Krise durchgemacht hast, wirst du vielleicht eines gelernt haben: Du wirst nicht schlafen, wenn dein Nachbar eine Krise durchlebt. Aber dazu musst du deine eigene erst einmal erlebt und erfahren und gemeistert haben.

Selbstverständlich nehmen alle himmlischen Kräfte deine Entscheidung ebenfalls zur Kenntnis. Sie werden dann mit dir sein, dir helfend zur Seite stehen in allem, was kommen wird.

# IV.
# Der Moment der Klarheit

In jeder Lebenskrise kommt ein heiliger Moment der Klarheit. Der kann durch einen Streit ausgelöst werden, ein Hadern, eine Diskussion, eine Litanei von Vorwürfen, Selbstmitleid oder alles das gemischt. Du erlebst die Ausweglosigkeit der Situation. Sie wird körperlich spürbar: »Mir kriecht die Kälte langsam in die Knochen. Sie erfasst mein Herz. Ich wage, mich dem jetzt bevorstehenden Passionsweg, der schlimmen Zeit, die vor mir steht, der Katastrophe kurzfristig zu öffnen, und das lässt mir das Blut in den Adern gefrieren. Es wird mir deutlich, was alles verloren ist, was alles bevorsteht, das ganze Ausmaß der Bodenlosigkeit, der Zukunftsunklarheit, der Schmerzhaftigkeit.«

Es kommt jetzt nicht auf die äußeren Gegebenheiten an – wer hat was getan? –, sondern auf die wesentlichen Abläufe in dir. Da ist eine wunde Stelle in dir getroffen, da zieht sich etwas wie ein roter Faden durch dein Leben: *Schon wieder* bin ich im Stich gelassen! Schon wieder werde ich zu Unrecht beschuldigt! Schon wieder eine Verleumdung! Schon wieder werde ich missverstanden! Schon wieder geht eine Beziehung in die Brüche! Auch wenn du zum ersten Mal arbeitslos wirst, hast du das Gefühl: Schon wieder bekomme ich einen Fußtritt! Schon wieder wird jemand mir vorgezogen! In diesem »Schon wieder!« wird dir dein inneres Problem klar, und damit das innere Drehbuch deiner Krise, ihr Kernproblem.

Im Moment der Klarheit durchschaust du deine Krise. Du hast sie selbst ausgelöst, weil du ahntest, spürtest, wo deine Schwachpunkte liegen, die du bisher nicht wahrhaben wolltest.

Wenn du genau hinschaust, gibt es diese Sekunde der Klarheit in jeder Krise. Nur dass dann nicht das geschieht, was Jesus erlebte, als er mit sich und dem Himmel ins Gespräch kam: Er haderte und diskutierte und sagte dann: Also, gut, ich sage innerlich »ja« zu diesem Krisenweg. Der normale Mensch tendiert dazu, ähnlich wie die Jünger, quasi selber einzuschlafen. Er macht sofort die Augen wieder zu: »Das ist unerträglich, das halte ich nicht aus, das will ich nicht wahrhaben, das will ich nicht sehen.« Er steckt den Kopf in den Sand, hört weg, denkt weg, macht einfach zu, auch vor der eigenen Erkenntnis. Damit ist der Punkt erreicht, wo die Krise selbst zum Problem wird. Sie wird nicht im heiligen Sinne weitergelebt, sondern sie wird deformiert, sich sozusagen selbst entfremdet, wird zu einer Karikatur ihrer selbst.

Eine Mutter, die die Geburt erlebt hat, kennt den Augenblick, wo sie ihr Kind in den Armen hält, schreien hört, ihm in die Augen schaut. Auch da gibt es eine Sekunde, in der ihr klar ist: Das ist nicht nur einfach ein Säugling, sondern ein Mensch, eine Seele, eine gewollte Inkarnation. Da wird ein ganzes Leben sichtbar, die Absprache wird deutlich. Die Problematiken, die darin liegen können, werden ihr für einen Moment klar. Aber diese Klarheit bleibt ihr nicht. Aus der Seele, die hier die Welt betritt in einem würdigen Akt, wird plötzlich wieder ein kleiner, schreiender, hilfloser Säugling, und aus der Mutter wird die geschlauchte, ermüdete, vielleicht auch aufgedrehte Frau, die gerade geboren hat und versucht, damit irgendwie fertig zu werden. Im Moment der Klarheit während eurer Krise erblickt ihr euch selbst wie die Mutter das innere Wesen ihres Kindes.

Jetzt stellt sich die Frage: Was tut man in diesem Moment der Klarheit? Wie geht man damit um, dass einem auf einen Schlag so vieles klar wird?

Es wäre sinnvoll, sich so zu verhalten, wie Jesus es vorlebt. Also nicht wieder einschlafen oder weghören, wegsehen, zumachen: ich habe es mir anders überlegt, ich mache doch was anderes. Dafür ist es zu spät. Es gilt, »ja« zu sagen, auch wenn ihr wisst, dass jetzt ein Passionsweg bevorsteht. So schlimm wie der Kreuzweg Jesu wird es mit ziemlicher Wahrscheinlichkeit nicht werden, aber es wird schlimm, das ist sicher. Es gilt *trotzdem*, »ja« zu sagen: Gut, das mache ich. Damit gibt man sich selbst eine Chance, auf dem Weg durch die Krise zu bleiben und nicht auf Karikaturwege der Krise zu geraten.

Die dunklen Hierarchien werden dir erzählen: Wenn du wegschaust, dann ist da ja gar nichts. Wenn du es nicht wahrhaben willst, dann ist es auch nicht wahr. Das ist so eine dunkle Form von Konstruktivismus. Der erfahrene Helfer wird auch nichts schönreden, wird auch nicht sagen: »Das wird gar nicht so schlimm, das kriegen wir hin, das ist nur ein kleines Problem.« Er wird sagen: »Jetzt wird es schlimmer, und das kann auch einige Zeit dauern. Aber ich bin an deiner Seite.« Dann betrittst du den Passionsweg, und du hast den Herrn an deiner Seite.

Jetzt wird es Zeit, dass du in die Natur hinausgehst. Der Herr lehnte sich in der Gethsemanenacht an einen Baum – der Ölbaum war sein Freund. Lehne dich auch an einen Baum an, mache ihn dir zum Freund und erkläre ihm: »Also, dir sage ich jetzt, ich habe mich entschieden. Du weißt es, und du gibst mir alle Kraft, die du hast. Ich werde versuchen, so zu sein wie du, und du trägst es mit.« Damit macht ihr mehr als nur ein psychologisches Spielchen. Die Natur ist auch ein Geschöpf des Vaters. Gebt ihr eine Möglichkeit, euch zu helfen. Dann wird sie das nach Kräften tun. Sie wird euch unterstützen. Sie wird euch begleiten, sie wird mit euch sein, sie wird euch Mitteilungen machen, so gut sie kann.

Wenn die Krise durch eine Trennung oder Kündigung ausgelöst wurde, die mit Vorwürfen verbunden waren, ist man geneigt anzunehmen, dass der Kritiker oder Angreifer Recht hat. Man traut ihm mehr als sich selbst, man betrachtet sich mit seinen Augen: »Es liegt an mir, dass mir das immer wieder passiert: Ich bin nicht fähig zu Ordnung, zur Gemeinschaft, zur Selbstbeherrschung, zu respektvollem Verhalten« oder welche Selbstvorwürfe auch immer.

Dann gibt es zwei Möglichkeiten: Entweder der Kritiker hat wirklich Recht. Dann sage dir: »Das ändern wir jetzt, ich gewöhne mir die Rechthaberei, die Schulmeisterei, die Disziplinlosigkeit (oder was immer es sein mag) ab.« Oder er hat nicht Recht, du hast dich nur missverständlich verhalten, er sieht nur deine Fassade. Dann sage dir: »Ich will jetzt sichtbar machen, wie ich wirklich bin, indem ich das lebe.«

Das Dunkle bedient sich nicht immer eines anderen Menschen, eines Judas. Es wählt manchmal den direkten Angriff über geistig-seelische Einflüsse, düstere Gedanken, das Gesamtbefinden, das Stimmungsbild, die körperliche Gesundheit. Es will Zwietracht säen, aber die kannst du auch in deiner Person vereinen. Ihr kennt das ansatzweise, wenn ihr einmal einen »schlechten Tag« habt. Ihr wacht auf und seid übellaunig. Das kann mit einem Traum zusammenhängen oder mit etwas, was ihr gegessen habt. Es kann aber auch sein, dass die dunklen Wesen versuchen, euch einfach mal in graue Stimmung zu versetzen.

Dann tut einen Schritt, der – richtig angewandt – sehr hilfreich sein kann: Macht aus euch zwei. Nun kriegt keinen Schreck und denkt: Der lehrt uns Schizophrenie. Schizophrenie ist eine krankhafte Entgleisung. Hier geht es um eine sehr gesunde und stimmige innere Haltung.

Einerseits seid ihr Träger der Trinität und insofern heilige Wesen. Stellt euch mal vor, ihr wäret nur dies, nicht so zwiespältige Menschen. Spielt einmal mit dem Gedanken, ihr wäret durch und durch licht und gut, ganz im schönen, heiligen Zustand. Der Himmel erlaubt es euch, darum könnt ihr es euch auch erlauben. Es führt nicht zur Selbstüberheblichkeit, das Leben sorgt schon dafür, dass das nicht so sein wird. Wie wäret ihr gekleidet? Trüget ihr eine Kutte oder eure übliche Kleidung oder etwas ganz Schlichtes oder ganz Schönes? Wie würdet ihr in euch wohnen? Vielleicht – für die, die Innenräume kennen – in einer Klause an der Quelle, auf der Inneren Insel, in der Inneren Kirche? Welche Art von Heiligkeit lebtet ihr: die Kontemplation, das ständige Herzensgebet, die Mildtätigkeit, die Krankenpflege, die Aufopferung für die Schwachen, die Sterbenden? Habt ihr dafür ein Bild?

Nun wendet euch auch an den Himmel. Wer ist dort euer ständiger Begleiter? Mit wem habt ihr ein besonders inniges Verhältnis, z. B. mit der himmlischen Mutter oder dem Sohn? In wessen Diensten befindet ihr euch? Seid ihr glücklich und gerne auf der Erde in dem Wohlgefühl, dass es so schön ist, heilig zu sein? Dieser innere Heilige, der ihr selber seid, wird euch auch später in einer wirklichen Krise weiterhelfen. Jetzt nutzt einmal die Miniatur einer Krise, einen schlechten Tag, um das zu üben.

## Übung: Der Heilige in mir

Ihr wacht also auf und habt das Gefühl: Heute bin ich schlecht gelaunt, heute ist alles schwer, alles grau, einfach alles unangenehm. Kein anderer spielt eine Rolle oder wenn, ist das nicht so wichtig. Es geht jetzt um euch. Dann werdet ihr euch jetzt zweiteilen, z. B. in den Martin von heute morgen und den heiligen Martin. Ihr könnt euch auf der Bettkante oder in der Inneren Kirche treffen.

Also, der Martin von heute morgen, eine graue, griesgrämige, blasse, zerzuselte Gestalt mit hängenden Schultern und mürrischem Blick, sagt: »Wer mir in die Quere kommt, kriegt was ab.« Was wird der heilige Martin tun? Er wird nicht viel diskutieren, sondern ihm begütigend die Hand auf die Schulter legen und sagen: »Du weißt ja, dass das vorbeigeht. Ich lächle dich an, ich hauche dich an, und dann schauen wir mal, ob du nicht doch ein bisschen Farbe ins Gesicht bekommst, ob dir nicht ein bisschen wohler und wärmer wird. Bitte steh mal gerade, so steht man nicht. Ist das nicht schon viel schöner so?«

Dann wird der heilige Martin dem anderen die Hand fest drücken und sagen: »Du wirst schon sehen, diesen Tag wirst du schaffen, und zwar licht.« Oder: »Sag mir mal, was du auf dem Herzen hast, dich muss ja etwas Schreckliches bedrücken.« Dann kann der graue Martin sein Herz ausschütten und sagen: »Ich hätte dem am liebsten noch das gesagt und jenem noch das geschrieben, habe es aber nicht getan. Das ärgert mich noch mehr, als wenn ich es getan hätte, und außerdem überhaupt.« Dann kann er in den Tag gehen, begleitet von dir, dem heiligen Martin.

Habt ihr das Gefühl, ihr könntet diese Übung machen?

*Theoretisch ja, aber im Ernstfall ist es was anderes.*

Also, übt es so, wie die Feuerwehr ihre Übungen macht. Im Ernstfall wird man dann sehen, wie viel Zugriff ihr auf eure Übungen habt. Je mehr ihr übt, desto wahrscheinlicher ist es, dass euch die Übung so in Fleisch und Blut übergeht, dass ihr die Erfahrung aus der Übung im Krisenfall zur Hand habt. Keiner weiß wirklich, wie er in der Krise reagieren wird. Das ist ja das Spannende an der Krise. Aber wenn ihr vorher übt, habt ihr eine gute Chance, dass ihr im Notfall auf das Gelernte ganz automatisch zurückgreifen könnt. Dann könnt ihr, wenn ihr mit der großen Depression aufwacht, in die Innere Kirche gehen und sagen: »Heiliger Martin, jetzt ist es passiert und jetzt hilf.«

Habt keine Scheu, euch in die Rolle des Heiligen hineinzudenken. Ihr alle tragt dieses Potenzial in euch, ihr alle seid Träger der Trinität, ihr alle seid zum Heil der Welt geboren, ihr alle seid potenziell Heilige. Es unterscheidet euch gar nichts vom realen Heiligen, außer dem Praktizieren, dem Umsetzen dieser Potenzen. Das zu können, braucht es viele Leben. Aber potenziell könnt ihr das alle. Deswegen ist es gut, regelmäßig zu üben und mit dieser Vorstellung, einen Heiligen in sich zu haben, umzugehen.

# V.
# EINE ENTSCHEIDUNG FINDEN

Jesus kam sehr schnell zu einer Entscheidung: »Dein Wille geschehe.« Für den Menschen ist die Suche nach der Entscheidung meist ein langwieriger, schwieriger Prozess.

Die äußeren Umstände, die eine Krise auslösen, scheinen in eine Zwangslage zu führen, in Unfreiheit, Unsicherheit, Beschränkung, Begrenzung. Mit einer stimmigen inneren Haltung wird aber sichtbar, dass das nur äußerliche Anzeichen sind. Das Zerbrechen vieler Dinge bedeutet auch, dass man frei wird für etwas Neues. Man verliert zwar einen Menschen, seinen Arbeitsplatz, die Gesundheit und erlebt das als sehr bitter, gerät in eine Krise. Diese ist aber ein Durchgangsstadium zu einem Neuen, zu Weihnachten hin. Die Krise ist ein Zustand, in dem Entscheidungen nötig und möglich werden. Insofern ist sie ein Zustand der Freiheit. Die Frage ist nun: Was kann dir helfen, dich entscheiden zu können?

Du tust natürlich im Äußeren, was jetzt erforderlich ist. Aber setze dich auch einmal ganz in Ruhe hin und mache folgende Übung.

## Die Übung mit der Fee

Wonach steht dir wirklich Herz und Sinn? Auf welche Veränderung hättest du Lust? Was wäre, wenn du in diesem Moment alles bewirken und ändern könntest, was du immer schon bewirken und ändern wolltest? Erinnere dich an Kindheits- und Jugendträume, die du über viele Jahre gehegt und dann begraben hast. Was hast du immer schon gewollt? Welche Visionen hattest du? Was ist verloren gegangen und bekommt jetzt eine Chance? Überprüfe das nicht nach Vernunfts- und Realitätsaspekten, sondern stell dir einmal vor: Wenn eine Fee käme und fragte: »Du hast einen Wunsch frei. Was möchtest du?« Dann schreibe diesen Wunsch auf.

Du hast z. B. die Arbeit verloren. Möchtest du für den Rest deines Lebens als Pensionär leben? Möchtest du einen ähnlichen Berufsplatz wiederfinden? Wolltest du immer schon etwas anderes machen? Möchtest du von dem Ort, vielleicht sogar aus dem Land weg, wo du lebst? Oder möchtest du – auch das ist möglich – einen guten Grund haben, zu jammern und Vorwürfe zu machen? Möchtest du Mitleid bekommen? Möchtest du mal nicht der Starke sein, der die Zähne zusammenbeißt und durchhält, möchtest du einfach mal schwach sein? Schreibe es auf und bedenke, was für Chancen du hast, du könntest dich nämlich für all diese Möglichkeiten entscheiden.

Entscheide aber noch nicht gleich, sondern lass diese Fragen einige Tage und Nächte ruhen. Du brauchst ja die Gethsemanenacht nicht so zeitgedrängt zu erleben wie Jesus. Sie kann unter Umständen wochenlang dauern. Warte, bis du das Ende dieser Nacht erreicht hast, bis dir innerlich klar wird: Ich will genau jenes nicht, sondern mich hierfür entscheiden. Wenn dann der Morgen anbricht, bist du dir deiner Entscheidung im Inneren sicher: Ich wollte z. B. schon immer aus dieser Stadt weg, jetzt werde ich es tun.

Wenn du dann eine Entscheidung getroffen hast, stelle sie nicht mehr in Frage. Das Unangenehmste, was dir in der Krise passieren kann, ist, dass sie dir vorkommt wie ein Fluss, auf dem du ständig hin und her ruderst und nicht weißt, wohin: Vielleicht sollte ich doch noch einmal alles neu überlegen? Bleibe bei deiner Entscheidung und setze sie in die Realität um.

Die Phasen der Gethsemanenacht sollte man nicht immer wieder aufs Neue, sondern eine nach der anderen durchlaufen. Die erste Phase ist bei einem normalen Menschen ein Schockzustand. Dann kommt Trauer, gepaart mit Wut oder Vorwurf oder Jammern oder Selbstmitleid. Dann kommt eine Phase der Orientierungs- und Hilflosigkeit: Was soll ich jetzt tun? Die Menschen in deiner Umgebung werden dir irgendwas raten, die wichtigen werden schlafen und nicht helfen. Dann kommt dieses Gefühl: Ich bin allein, ich bin verloren. Dann kommt die Erkenntnis: Es kann ja auch keiner da sein, es ist ja meine Krise, mein innerer Prozess und nicht der der anderen.

Dann schau zurück auf den Anfang der Nacht und nimm ganz bewusst Abschied, versöhne dich im Abschied. Du bist zwar immer noch traurig, schaust aber jetzt von außen auf deine eigene Situation des Trauerns, des Abschieds, des Loslassens. Schreibe einen Abschiedsbrief, eine Art Nachruf, ein letztes Gedenken an den Menschen, den Arbeitsplatz oder was du sonst verloren hast.

Dann dreh dich um und frage dich: Was ist jetzt alles möglich? Wovon bin ich auch befreit? Welcher Aufgabe will ich mich jetzt angeloben? Was will ich Neues oder mit einem neuen Bewusstsein machen, mit neuer Dankbarkeit, neuer Hingabe, neuer Begeisterung?

Jesus sagte gegen Ende der Gethsemanenacht: »Nicht mein Wille, sondern Dein Wille geschehe.« In einem inneren Gespräch, das nicht überliefert und bekannt ist, fügte er hinzu: »Es ist jetzt entschieden und wird auch so gemacht. Es gibt kein Wanken und Zweifeln, und nichts wird mehr in Frage gestellt.«

Eine der schwierigsten Problematiken, mit denen viele Menschen konfrontiert sind, ist die Angst, eine falsche Entscheidung getroffen zu haben: »Wenn ich schon mal was entscheide, ist es bestimmt das Falsche«, oder: »Es könnte sich später herausstellen, dass es das weniger Gute war«. Diese Angst vor der falschen Entscheidung ist ein Mittel, das die dunklen Hierarchien gerne anwenden. Lausche auf die verschiedenen Stimmen in dir: Das will mein Herz. Das will mein Verstand. Das wollte schon das Kind, das ich war. Das Kind in mir will das immer noch. Das wollen auch bestimmte Fähigkeiten in mir, die drängen danach. Es gibt auch ganz bestimmte Dinge, die will ich bestimmt nicht mehr, die hatte ich zur Genüge. Befrage deine inneren Instanzen.

Eine solche Entscheidung ist keine mathematische Gleichung, sie ist nicht richtig oder falsch, sondern stimmig oder nicht. Sie ist stimmig, heißt: sie stimmt zu dir, zumindest unter den jetzigen Gegebenheiten und in dieser Situation. Nur bei schwerwiegenden Gründen, wenn die Umstände sich beispielsweise geändert haben oder die Entscheidung nicht realisierbar ist, magst du sie ausnahmsweise neu erwägen. Sonst stelle sie nicht mehr in Frage.

*Wie kann diese Befragung der inneren Instanzen vonstatten gehen?*

## Übung: »Dinner for one«

Platziere – in deiner Vorstellung – deine inneren Instanzen um einen Tisch herum wie Feen oder wie Gäste. Unverzichtbar sind: dein Herz, dein Verstand, deine Kindheit oder Jugend, dein »Bauch« im Sinn von innerer Intuition. Dann lädst du auch noch diejenigen ein, die Erfahrungen haben mit dem, was du *nicht* mehr willst: »Das schlucke ich nicht mehr, da bin ich verschnupft, da habe ich die Nase voll«, sozusagen die Pflichterfüller. Du kannst auch noch verschiedene Rollenvertreter einladen, die Mutter, den Vater; eine mütterliche und eine väterliche Instanz in dir. Die mütterliche warnt: »Pass auf, Kind, dass dir nichts passiert.« Die väterliche mahnt: »Es steht aber geschrieben. Nach den Regeln ist es aber so. In der Gesellschaft tut man jetzt dies und jenes.«

Bist du ein angstgeplagtes Wesen, darf auch die Angst mit am Tisch sitzen. Die Angst wird immer Einwände erheben und sagen: »Ja, aber.« Gib ihr einen Job: »Du führst das Protokoll.« Beschäftige die Angst mit einer Aufgabe, dann wird sie zu einer nützlichen Warnerin, die Einwände erhebt, z.B.: »Bevor du auf einem Hausboot leben willst, wäre es doch sinnvoll, du würdest schwimmen lernen?« Dann kannst du antworten: »Das ist eigentlich wahr.« So wird sie in vernünftiger Art integriert.

Du selbst bist der Gastgeber. Du begrüßt sie alle einzeln, wie in dem Fernsehfilm, den ihr zu Sylvester anschaut.

*Du meinst »Dinner for one«?*

Ja, da wird das ja vorgespielt. Du machst das auch wirklich mit Humor und sagst z.B.: »Mein Herz, einen schönen guten Abend – na ja, es freut mich vielleicht nicht so, ist aber gut, dass du da bist.« So platzierst du sie alle, und dann sagst du: »Also, passt mal auf, wir sind hier zusammengekommen, weil es um die Zukunft geht. Also, was wollen wir?« Dann werden die links gleich sagen: »Ich kann nur sagen, was ich *nicht* will.« Dann sagst du: »Ja, ihr kommt auch zu Wort.«

Dann wirst du am besten die Augen schließen und fragen: »Also, liebes Herz, sage mir mal, was willst du eigentlich?« Du wirst dich mit dem Gesicht in diese Richtung wenden und die Antwort im Inneren hören. Das Herz bekommt eine Stimme, es darf dir zuflüstern, was es immer schon mal sagen wollte.[8] Wenn dir das nicht gleich gelingen sollte, rutschst du mit deinem Körper von Platz zu Platz, die Tischordnung durch. Jetzt sitzt du auf dem Platz des Herzens und bist in dessen Rolle geschlüpft usw.

Nach der Meinungsumfrage kommt es zu einer Abstimmung, und dann sagst du z. B.: »Also, sieben sind für wegziehen, drei sind für bleiben. Seid jetzt bitte damit einverstanden, dass das eine gültige Mehrheit ist.« Wenn die drei murren, dann sagst du: »Also, die drei dürfen wenigstens mit entscheiden, wohin es geht, wenn es jetzt weggeht. Aber wir gehen hier weg, das ist beschlossen.«

*Gilt da nur die Zahl, oder gibt es nicht auch eine unterschiedliche Gewichtung?*

Vorsichtig vor den Gewichtungen! Probe bitte die innere Demokratie wirklich. In der äußeren Demokratie hat auch nicht einer fünf Stimmen, weil er älter oder dicker oder lauter ist, sondern es hat jeder eine Stimme.

Was dann beschlossen ist, ist entschieden. Das ist wichtig. Jetzt gilt es, den Beschluss in die Tat umzusetzen. Weiche davon nicht mehr ab. Wer das täte, wäre gebrochen, er würde sich den Boden unter den Füßen wegziehen. Mag die Entscheidung noch so verrückt erscheinen – das spielt keine Rolle. Hier ist nur ausschlaggebend, wie stimmig die Entscheidung zu deiner Versammlung ist.

---

8 siehe Alexa Kriele: *Die Engel geben Antwort auf Fragen nach dem Sinn des Lebens*, S. 100–105

Wenn im Nachhinein ganz schwerwiegende Gegengründe auftauchen, wenn du z. B. in ein Land auswandern willst, dort aber Bürgerkrieg ausgebrochen ist und die Grenzen geschlossen sind, dann wäre das ein Grund, die Versammlung noch mal einzuberufen und zu fragen: »Könnte es ein anderes Land sein? Seid ihr auch damit einverstanden?« Ansonsten kommt das Thema »richtig oder falsch« bitte nicht mehr vor.

Es wäre wichtig, an diesem Tisch mal zu klären, welche deiner inneren Instanzen dir ständig in den Rücken fällt. Ist das der Verstand, die Vaterinstanz, die Mutterinstanz? Wer murrt in einer sehr unkollegialen Art und Weise gegen das Gesamtgremium? Wer fängt immer wieder von vorne an, meint, er wüsste alles besser? Der schwächt das Gesamtsystem so, dass es am Schluss wirklich schief geht, nur um dann triumphieren zu können: »Siehst du!« Das solltest du schon vorab am Tisch klären und dieser Instanz einmal sagen: »Wenn du in diese Ordnung eingebunden bleiben möchtest, dann unterwirf dich auch den demokratischen Spielregeln. Entweder bringe uns so gute Argumente, dass du uns wirklich überzeugen kannst, und schlage uns vor allem Alternativen vor. Wenn nicht, dann akzeptiere die Entscheidung.«

Mitten in der Krise findet tatsächlich so etwas wie eine Hochzeit statt, nämlich ein Sich-Angeloben. Ihr kennt die schöne Formel: »Wer Einwände hat, möge es jetzt sagen oder für immer schweigen.« So sollte es auch in deiner Entscheidungsfindung sein. Du gehst nicht einen richtigen oder falschen Weg. Du gehst immer nur deinen Weg, stimmig zu dir. Oder du gehst sozusagen »fremder Leute Wege«, fremdbestimmt im Tempo oder im Weg an sich. Dann werde wieder stimmig zu dir. Der Weg ist das Ziel, das macht die Krise deutlich. Es geht darum, Schritte auf einem Weg zu tun, der wirklich *dein* Weg ist.

# VI.
## »Dein Wille geschehe«

Indem ihr sagt: »Nicht mein Wille, sondern Dein Wille geschehe«, sagt ihr: »Ich habe eine eigene Präferenz: natürlich sollte diese ganze äußere Katastrophe nicht passieren. Wenn sie sich aber nicht abwenden lässt, durchstehe ich sie in einer inneren Haltung, wie Du sie vom Menschen erhoffst. Ich bin nicht einfach nur ein Opfer, sondern sage in aller Freiheit und Würde ›ja‹ zu dem Krisengeschehen, zu all den Erschütterungen, Umwandlungen, Erneuerungen, die es mit sich bringt.« Das Wesentliche ist der innere Prozess, der durch äußere Umstände nur angestoßen, vielleicht durch einen Teil im Menschen sogar gesucht und herbeiinszeniert worden ist.

Die Krise kann nur dann freiwillig und in Würde angenommen werden, wenn man nicht entsetzt in die Abgründe der Katastrophe hineinschaut, sondern begreift, wozu die Krise dient. Sie ist natürlich eine schwerwiegende Erfahrung, aber sie ist kein Selbstzweck, sondern sie ist Mittel zum Zweck. Wird sie in der gottgewollten inneren Haltung durchgestanden, führt sie einen Schritt näher zu Gott hin.

Zunächst ist in Erinnerung zu rufen, dass Gott dem Treiben der dunklen Mächte und der von ihnen motivierten Menschen nicht in den Arm fallen könnte, ohne das Schöpfungsprinzip der Freiheit zu verletzen, das aber ein Wesensprinzip Gottes und insofern heilig und unantastbar ist. Gott will nicht, dass das Böse geschieht, sondern er nimmt es hin, weil er hofft, dass der Mensch es in einer lichten Haltung erträgt und damit zu seiner Überwindung beiträgt.[9]

---

9  Des Näheren s. *Die Engel geben Antwort auf Fragen nach dem Sinn*, S. 36ff., 229ff.

Ihr wisst ja, dass Jesus durch die Art und Weise, in der er seinen Passionsweg gegangen ist und sogar die Kreuzigung freiwillig auf sich genommen hat, den Versuchungen der dunklen Mächte Schritt für Schritt die lichte Antwort entgegengesetzt und schon damit den entscheidenden Sieg über das Dunkle errungen hat. Indem er sagte: »Nicht mein Wille, sondern Dein Wille geschehe«, versprach er: »Dein Wille wird durch mein Verhalten sichtbar und zur Realität auf Erden.«

Nun stellt sich die Frage: Was will Gott? Ist er womöglich gleichgültig gegenüber dem Schrecklichen? So ist es natürlich nicht. Sondern Gott hofft, ja weiß, dass die Katastrophe der Weg ist zur Wende, zu einem lichteren Zustand. Der Passionsweg ist tatsächlich ein Lichtweg, der heilend wirkt, das Dunkel Schritt für Schritt in seine Grenzen weist, mit der Zeit sogar überzeugt. Er ist ein Heilsweg, der schlussendlich dazu führt, dass die gesamte Schöpfung wieder in den paradiesischen Zustand zurückkehrt. Gott sagt »ja« auch zu eurer Krise, weil er weiß: Wer die Krise durchschritten und gemeistert hat, ist hinterher um ein Vielfaches lichter, stärker, klarer, entschiedener, orientierter.

*Wir sind zwar davon ausgegangen, dass die Passion von den dunklen Hierarchien angezettelt worden ist, dass aber der lichte Himmel nur eines tun kann: nachträglich etwas Sinnvolles daraus werden zu lassen.*[10] *Jetzt heißt es aber, es ist von vorneherein Gottes Wille, dass das geschieht, weil es darum geht, es in der rechten Weise zu durchleben?*

Es ist nicht Gottes Wille, dass ihr Leiden und Schmerzen erfahrt. Auch die Passion Jesu ist nicht von Anfang an »Gottes Wille«. Aber nachdem nun die Intrige zur Vernichtung Jesu eingefädelt war, lässt sich das nicht mehr ungeschehen machen. Nun ist es passiert, und die Frage ist: Was nun?

Es ist auch in der Weihnachtsnacht nicht von vorneherein klar gewesen: das endet in Verrat und Desaster. Es war aber klar, dass Jesus

---

10 *Die Engel geben Antwort auf Fragen nach dem Sinn des Lebens*, S. 71ff., 213f.

vor nichts zurückschrecken, zu nichts »nein« sagen würde, was dem Heile der Welt dient, was immer es sein würde. Das »Ja« des Sohnes zur Welt gilt absolut, ohne jeden Vorbehalt, ohne jede Einschränkung.

*Das Problem ist: »Dein Wille geschehe« heißt ja so viel wie: »Was jetzt geschehen wird, ist Dein Wille.«*

Moment, »Dein Wille geschehe« heißt hier: »Ich weiß, dass trotz allem schlussendlich etwas Gutes dabei herauskommt, das dem Wohle der Schöpfung dient.« Es heißt nicht: »Du hast jeden einzelnen der Schritte so verfügt, Grausamkeit nach Grausamkeit inszeniert«, sondern: »Wenn ich den Weg, den die dunklen Hierarchien angezettelt haben, meisterlich gehe, wird etwas Lichtes und Heilendes geschehen.«

Nun ist es passiert, die Maschinerie beginnt zu rollen. Der Herr erkennt in der Gethsemanenacht: Er könnte verdrängen, er könnte fliehen, er könnte angreifen oder sich in die Opferrolle begeben. Das alles aber wäre nicht ein Verhalten nach dem Willen Gottes. Jesus muss allerdings nicht orientierter, klarer und stärker werden, er ist ja der Meister. Für die anderen Menschen, die in Krisen geraten, gilt das: Sie könnten »nein« sagen, sie könnten verdrängen, fliehen, angreifen, um der eigenen Krise zu entkommen. Sie könnten sich auch jammernd in die Opferrolle fügen. Sie können aber auch in Würde und Freiheit entscheiden, »ja« zur lichten Antwort zu sagen. Jesus beschließt das. Indem er sagt: »Nicht mein Wille, Dein Wille geschehe«, sagt er: »Dein Wille geschehe durch mich. Ich werde mich so verhalten, dass es dem Wohle der Schöpfung im Sinne Gottes dient.«

Er belehrt euch: Wenn die Katastrophe, so düster sie auch angezettelt sein mag, in der Innenwelt in der richtigen Haltung erkannt und gemeistert wird, kann sie zum Lichtweg schlechthin werden. Er zeigt euch, wie ihr die Krise überhaupt einordnen sollt. Ihr sollt sie weder als Dauerzustand verstehen noch als sinnvoll in sich, sondern als einen heilsamen Prozess, als Weg zu einem lichten Ziel. Sie ist Mittel zum Zweck, weil sie der Erlösung und der Heilwerdung dient. Deswegen steht sie in der Bejahung Gottes.

*Also das Böse ist die Kraft, die das Gute schafft?*

Was sagt Goethe mit dem Satz, den ihr aus seinem »Faust« kennt: »Er ist ein Teil von jener Kraft, die stets das Böse will und doch das Gute schafft«? Das Böse schafft nicht selbst das Gute, sondern das Böse will das Böse. Es will durch ständige Aktionen sich und den Rest der Welt davon überzeugen, dass es Macht und Einfluss hat. Wie schafft das Böse das Gute? Da kommt die Position des Menschen ins Spiel. Der Mensch ist in der Lage, aus dem, was das Böse inszenierte, Gutes zu schaffen. Das Böse selbst kann nicht das Gute schaffen. Der Mensch kann aus dem Bösen das Lichte machen. Die Engel können dazu beitragen, sie helfen den Menschen, das Böse nachträglich zu durchlichten.

Das Böse fragt: »Machst du mit, steigst du ein, lässt du dich verführen, strauchelst du?« Dann setze dieser Frage die lichte Antwort entgegen. Setze z. B.

- gegen deinen Stress, dein Überfordertsein: innere Ruhe,
- gegen den Streit: die Kraft der Versöhnung,
- gegen Missverständnisse: das liebevoll klärende Gespräch,
- gegen Vereinzelung und Vereinsamung: das Heilighalten von Gemeinschaften,
- gegen das Gefühl der Hilflosigkeit: die demütige Anerkennung der eigenen Grenzen, die dich aber nicht völlig hilflos machen,
- gegen die Angst: die innere Disziplin, nichts Schmerzhaftes vorwegzunehmen, bevor es passiert,
- gegen die Hoffnungslosigkeit und Verzweiflung: Mut, Zuversicht und langen Atem ... usw.

Der Grundgedanke dabei ist: Als Gottes Ebenbild und Gleichnis bist du befähigt und ermächtigt, gegen die Versuchungen der dunklen Hierarchien Gottes Willen zu setzen, für dich und für andere.

Die dunklen Mächte präsentieren dir eine Versuchung, eine Hürde, eine Blockade nach der anderen. Sie tun das ohnehin dein Leben lang, in deiner kritischen Situation aber in besonders konzentrierter Form. Nun ist es am Menschen, eine Antwort zu geben. Die kann heißen: »Jawohl, ich mache mit« oder: »Was immer ihr mir präsentiert, ich werde es verwenden, um etwas Lichtes daraus zu machen, und zwar mit Hilfe aller himmlischen Kräfte«. Die Aufgabe des Menschen ist, Versuchung nach Versuchung in das Lichte zu wenden.

Der Vater hat die gefallenen Hierarchien nicht aus der Schöpfung verstoßen, er hat sie auch nicht zu lichthaften Gestalten umfunktioniert, denn dann hätte er ja das Gesetz der Freiwilligkeit verletzt. Es gibt nur eine einzige Größe in der Schöpfung, die aus dem Dunkel das Lichte werden lassen kann, und das ist der Mensch. Nur er hat die Befähigung, die inneren Gaben dazu. Als Gottes Ebenbild und Gleichnis verkörpert er das Prinzip der Freiheit. Wenn er sich angesichts der Herausforderungen durch das Dunkel zum Lichte hinwendet, kann er auf Dauer das Dunkel überzeugen und es selbst zum Lichte hinwenden. Die himmlischen Boten und die Heiligen werden dem Menschen dabei helfen, aber sie können es nicht ohne den Menschen tun. Und der Vater kann nicht von sich aus partiell in die Schöpfung eingreifen.

Das Einzige, worauf Gott bauen kann und worauf er auch baut, ist der Mensch. Auf seinen Schultern liegt Gottes Hoffnung, ja die Gewissheit: »Da ist wieder einer, der es mit aller himmlischen Hilfe schaffen wird, im Angesicht des Dunkels das am Lichte Orientierte zu tun und damit einen weiteren Teil des Dunkels zu mir heimzuführen.« Insofern ist es sein Wille, also nicht, weil er diese Aktion etwa befürwortet. Die Alchimisten wollten aus dem Schmutz Gold machen. Alchimistisches Wunderwerk ist der Mensch, der in der Krise ist. Er ist gefordert, aus dem Chaos, dem Durcheinander, dem Umbruch das Lichte zu machen. Aus der Krise, die gemeistert ist, ist ein Heilmittel geworden: pures Gold, Himmelslicht, Weihnachten.

Natürlich birgt die Krise auch die Gefahr, abzurutschen und sie nicht zu meistern. Wie man sie meistert, welches die Herausforderungen und Versuchungen des Dunkels sind und wie man bestmöglich mit ihnen umgeht, das zeigt der Passionsweg Station für Station. Deswegen ist er so wichtig.

# VII.
# DIE GEGENWEHR

Im Moment der Krise ist es freilich sehr schwer, eine so langfristige Perspektive einzunehmen. Auf eine Aggression antwortet man spontan mit Gegenaggression, wie die Szene von dem Jünger Jesu zeigt, der einem Soldaten ein Ohr abschlägt. Jesus missbilligt diese Tat (Matth. 26, 51 f.).

*Warum? Der Jünger will Jesus ja zu Hilfe kommen. Ist das nicht ein Akt der Freundschaft, der zumindest in seiner Motivation, nämlich einem Unrecht gegen den Freund zu wehren, Anerkennung verdient hätte? Ist es nicht Ausdruck einer moralischen Intuition?*

Das Handeln aus Intuition ist zwar auch ein rasches Handeln ohne langes Überlegen und Erklären, gewissermaßen »aus dem Bauch heraus«. Aber es folgt einer inneren Stimme, die zu Frieden stiftendem Handeln aufruft.

*Also auch gegenüber dem Verräter?*

Wie geht ihr mit Menschen um, die euch freundlich begegnen, denen ihr aber misstraut, vielleicht berechtigterweise und aus gutem Grund? Wie ist Jesus bei seiner Gefangennahme mit Judas umgegangen, der mit den Soldaten auftauchte und den Herrn mit einem Kuss begrüßte, um ihnen zu zeigen, wer es ist, den sie verhaften sollen (Matth. 26, 47–50)? Er hat ihn nicht abgewehrt. Er nannte ihn »Freund« – und so etwas sagte er nicht ironisch, sondern er brachte damit zum Ausdruck, dass er ihm seinerseits seine Freundschaft bewahrt. Er wiederholte sogar die Aufforderung aus der Abendmahlszene: »Tu, wozu du gekommen bist!« (Matth. 26, 50).

Die Lehre, die sich daraus ergibt, ist: Begegnet den Menschen so, als wäre ihre Freundlichkeit ernst gemeint! Denn sonst erklärt ihr die dunklen Kräfte für Wirklichkeit und identifiziert den anderen mit dem Bösen. Damit aber identifiziert ihr zugleich das Dunkel mit dem Menschen, der aber doch Gottes Ebenbild und Gleichnis ist. Das Gute ist die Realität von Ewigkeit zu Ewigkeit, das Böse hat keinen Bestand, es bringt nicht zum Ausdruck, was der Mensch im Grund seines Wesens wirklich ist. Die Arglosigkeit von Kindern genügt mitunter schon, die Welt des Bösen ins Wanken zu bringen. Zeigt euch so arglos, naiv, »blauäugig« wie ein Kind, ein Tor, ein Heiliger, wie das Christkind – der Unterschied zwischen ihnen ist ja nicht groß. Verhaltet euch wie die Narren, sagt z.B. »Das ist aber nett«. Damit räumt ihr dem Guten eine Realität ein, d.h., ihr entscheidet darüber, was Realität ist und was nicht und womit ihr den anderen identifiziert und womit nicht. Auf Dauer wird sich herausstellen, dass ihr die wahren Realisten seid und nicht diejenigen, die im Guten eine Illusion sehen.

Stellt euch z.B. vor, ihr bekommt Besuch von einem falschen Freund. Manchmal gehen ja Menschen freundlich mit euch um, die sich im Hintergrund an Intrigen gegen euch beteiligt haben. Sie teilen die Abneigung, die eure Gegner gegen euch hegen, sie haben teil an ihren Vorurteilen und negativen Wertungen, sie tragen ihre Verleumdungen weiter, sie bauschen eure tatsächlich vorhandenen Fehler auf, sie ziehen vielleicht aus eurer Niederlage eigene Vorteile, sie pflegen ein Vertrauensverhältnis zu euch und missbrauchen es heimlich. Der Gedanke: »Könnte jemand, der mir besonders herzlich und freundlich entgegentrat, Übles im Schilde führen?« macht euch misstrauisch und vorsichtig. In der Krise kann er euch geradezu in Verzweiflung führen.

Dann mögt ihr spontan geneigt sein, den Besucher kurzerhand hinauszuwerfen. Die Stimme der Intuition wird euch aber eine ganz andere Vorgehensweise anraten. Ihr sprecht zu ihm in einer sanften Tonlage, bittet ihn, Platz zu nehmen, gewinnt Zeit zur inneren Beruhigung, indem ihr ein Fenster öffnet oder ihm einen Kaffee bereitet, ihr legt ihm eine Hand auf die Schulter, erkundigt euch nach seinem Befinden und dem seiner Angehörigen.

Es ist nicht gesagt, dass ihr auf solche Weise seine heimliche Aggressivität besänftigen könnt, aber ihr habt sie dann wenigstens nicht angestachelt und vielleicht eine Chance gewonnen. Es mag sein, dass es diese Chance nicht gibt, aber das könnt ihr nicht sicher wissen. Verhaltet euch so, als gebe es sie. Für den Fall, dass es sie geben sollte, vertut sie nicht. Vielleicht gelingt es ja, ihn eines Besseren zu belehren. Wenn nicht, habt ihr geleistet, was ihr konntet, und jedenfalls nichts verdorben.

Reagiert ihr hingegen auf Aggression mit Gegenaggression, so gelangt ihr über den »point of no return« hinaus, d. h., es gibt dann keinen Rückweg zu intuitivem Handeln mehr, die Eskalation der Aggression nimmt ihren Lauf.

Was die Sache so schlimm macht, ist, dass ernst gemeinte und falsche Freundlichkeit nicht leicht voneinander zu unterscheiden sind. Ja, es kommt vor, dass es jemand mit seiner Freundlichkeit wirklich ernst meint und anderntags dennoch zum Judas wird, oder dass wirkliche Freunde aus Schwäche etwas tun, was euch schadet, vielleicht ohne es selbst so zu sehen.

Aggression entspringt nicht der Intuition, sondern der Frustration und dem Kampftrieb. Sie hat ihre Funktion in der Evolution, aber nicht im Bereich der menschlichen Freiheit. Sie beraubt euch der Freiheit auch dann, wenn sie vom moralischen Standpunkt aus gerechtfertigt erscheint, und auch, wenn sie dazu bestimmt ist, einem anderen, dem Unrecht geschieht, zu Hilfe zu kommen. Sie ist auch dann nicht gerecht, denn »gerecht« bedeutet: auf den Himmel ausgerichtet.

Was das Verhalten Jesu in dieser Szene euch lehrt, ist Folgendes:

1. Aggression provoziert Aggression, diese führt wiederum zur Gegenaggression, und so steigert sich das immer fort. »Wer zum Schwert greift, wird durch das Schwert umkommen.« Stattdessen bewahrt Haltung und bemüht euch, nie und unter keinen Umständen die Ruhe zu verlieren.

2. Überhört nicht die leise innere Stimme der Intuition und beachtet, was sie euch rät.
3. Bewahrt immer Verständnis für den Täter, der ja nicht aus Freiheit handelt, sondern von dunklen Einflüssen bestimmt ist. Bedenkt, dass jeder Mensch diesen Einflüssen ausgesetzt ist, auch ihr selbst. Ihr alle steht vor der gemeinsamen Aufgabe, ihnen die lichte Antwort entgegenzusetzen, und das ist oft schwer und gelingt mal mehr, mal weniger.
4. Deshalb versucht, auch eure wohlmeinenden Helfer zu besänftigen und auf dem lichten Weg zu halten.

Diese Szene gibt euch also einen Leitfaden für den meisterlichen Umgang mit dem Dunkeln. Orientiert euch daran im Alltagsleben, lasst euch das zur Gewohnheit werden. Dann hilft euch das bei einer inneren Krise, wenn es zwar besonders schwer, aber auch besonders notwendig ist.

# 3. Kapitel:
# Der Passionsweg

# I.
# Vom Sinn des Passionswegs

Bei der Betrachtung des Kreuzwegs geht es um die Schwierigkeiten, die jetzt kommen. Denn wenn ihr die Entscheidung getroffen habt, wird die Krise erst recht zur Herausforderung. Die dunklen Hierarchien wollen natürlich nicht, dass ihr erhobenen Hauptes und entschieden in die Zukunft hineinmarschiert. Sie wollen, dass ihr euch im Kreis dreht, die Krise als Dauerzustand etabliert, in Unsicherheiten, Selbstzweifeln, Vorwürfen vorwärts und rückwärts rudert, vielleicht auch in Angst und Depressionen versinkt. Das wäre die Entmenschlichung, das Brechen des Königlichen im Menschen. Deswegen werden sie euch jetzt eine Falle, einen Angriff, eine Herausforderung nach der anderen präsentieren: »Wir werden dich schon noch kleinkriegen in deinem Krisensumpf. Wir werden es jedenfalls nach Kräften versuchen.«

Die Methoden, mit denen sie das typischerweise versuchen, erkennt ihr Station für Station am Kreuzweg. Ihr werdet euer eigenes Erleben an der einen und der anderen Station, vielleicht auch an mehreren Stationen wiedererkennen. Deswegen ist es sinnvoll, den Kreuzweg zu betrachten. Er macht wie ein offenes Buch sichtbar: *erstens:* Was tun die dunklen Hierarchien? *Zweitens:* Was macht man idealerweise? Wie hat sich Jesus, der Meister aller Meister, verhalten, um nicht in die Fallen zu tappen und um den Angriffen zu widerstehen?

Wir betrachten den Kreuzweg dreimal, so wie er sich aus der Sicht des Engels Luminathron, der Maria Magdalena und der Mutter Maria darstellt, weil da jedes Mal andere Aspekte hervortreten, die für euch wesentlich sind.

Der Kreuzweg aus der Sicht des Luminathron ist der Lehrweg, der euch zeigt: Was erwartet euch jetzt, und wie kommt ihr heil am Ende dieses Weges an, damit ihr zu einer Auferstehung oder genauer zu einem neuen Weihnachtsgeschehen findet? Das heißt nicht, dass ihr so etwas Schlimmes erleben müsstet wie der Herr. Aber was ihr durchmacht, ist schlimm genug. Es kommt darauf an, dass ihr nachher aufersteht zu neuem Leben, dass ihr nach einer Durchgangszeit wie Phönix aus der Asche neu geboren seid. Ihr werdet mitten im Leben als Erneuerte, als in neuer Art und Weise Gestärkte, Wissende, Erfahrene, Lebendige einen weiteren Abschnitt eures Lebens angehen. Dazu wird euch jetzt der Hohelehrer Näheres sagen.

*Der Hohelehrer:*[11] Worin besteht der Zusammenhang zwischen dem Menschen in der Krise und dem Kreuzweg? Erinnert euch an das, was euch über Gott in der Krise gesagt wurde (s. o. S. 46 ff.). Auf die Krise Gottes folgte das Erlösungswerk, das die Schöpfung aus den Gefährdungen, in die sie gelangt war, herausführen wird. Der Sohn erklärte sich bereit, den Weg zu gehen, der die Schöpfung wieder vollständig macht und zu neuer, paradiesischer Lebendigkeit im Vater führt.

Der Mensch gelangt in die Krise mit einer – wenn auch manchmal nicht bewussten – inneren Zustimmung. Die Krise hat einen heiligen, heiligenden Sinn. Sie dient der Erlösung, dem Loslösen vom Nicht-Lichten, Nicht-Adäquaten, Nicht-Stimmigen und der Hinwendung zum Besseren. Ihr gelangt nicht an einen Punkt, an dem es nicht mehr weitergeht, sondern ihr befindet euch in einem Prozess. Dieser ist allerdings unangenehm und auch nicht ganz ungefährlich, weil es eben Kräfte gibt, die alles versuchen werden, um euch in die noch weniger lichten Bereiche hineinzubringen.

Jesus Christus begleitet den Menschen in die Krise und sagt ihm: »Pass auf, schau hin, nimm wahr, was droht und was an Hilfe bereitsteht.« Außen könnte das ein Therapeut tun, ein Freund, ein erfahrener Begleiter. Im Inneren aber haltet euch an Jesus Christus. Dann werdet ihr eine dreifache Erfahrung machen:

---

11 Zum Hohelehrer s. *Wie im Himmel, so auf Erden,* Bd. I, S. 29

1. Er ist geeigneter als jeder andere, weil er den Weg in die Krise und durch sie hindurch zur Erlösung beispielhaft und in einer denkbar extremen Form gegangen ist, und zwar nicht nur als Gottessohn, sondern als Menschensohn, d. h. mit allen Leidens- und Erlebnismöglichkeiten des Menschen. Er weiß, wovon er spricht.
2. Er ist immer und überall und für jeden da, und zwar ganz gleichgültig, ob ein Mensch vorher an ihn geglaubt hat, ob er ihm jemals wichtig war, ob er sich überhaupt bewusst war, dass es ihn gibt. In dem Moment, wo ihr euch an ihn wendet, ist er da, ohne Zeitverzögerung, ohne Vorbedingungen, für jedermann ohne Ansehen der Person. Darauf könnt ihr euch verlassen.
3. Da er in euch wohnt als Innerer Christus, macht er all das, was ihr durch die Krise erlebt und meistert, zu einem in euch geheiligten Schatz. Was ihr in euch erlebt und erlernt, ist dann euer »Eigentum«, über das ihr verfügen könnt: ein Wissen, eine Stärke, eine Erfahrung, die in euch weiterwachsen, blühen und Früchte tragen wird. Das bleibt auch, es geht nicht verloren.

Diese drei wichtigen Gründe sprechen dafür, dass man sich in die Begleitung des Herrn begibt. Sagt ihm: »Ich bin jetzt in der Krise. Ich weiß, dass das einen Sinn macht und dass ich Deine Hilfe brauche.« Vielleicht habt ihr auch schon mehr oder weniger entdeckt, wo eure Fehler und Schwächen lagen und was ein wenig anders orientiert werden kann. Es ist ein harter Weg, es ist Arbeit, sich neu zu besinnen, etwas loszulassen, etwas Neues anzufangen. Das ist Trauerarbeit, Entscheidungsarbeit, Orientierungsarbeit. Jesus Christus geht mit auf diesem Weg und hilft euch, es dann auch umzusetzen.

Deswegen ist das Nachleben seines Kreuzweges einer der hilfreichsten Wege für jeden, der sich in einer Krise befindet. Das schließt nicht aus, dass andere Helfer hinzukommen, aber das sind eben Menschen, begrenzt in ihren Möglichkeiten. Die einzige Begrenzung, die *ihr* aufbauen könnt, ist, zu meinen: »Das interessiert mich nicht, das ist nicht möglich, das geht mich nichts an, das hilft sowieso nicht – mir jedenfalls nicht.« Das sind nicht Begrenzungen durch den Herrn, sondern solche, die ihr selber aktiv erstellt.

Betrachten wir den Passionsweg zunächst einmal aus der Sicht Luminathrons: Ihr schaut statt auf euren eigenen Weg, der sich im Moment mehr oder weniger wirr zeigt, auf einen ideal gelebten, gemeisterten Weg. An diesem Beispiel wird sich der eine oder andere »Aha-Effekt« einstellen. »Ah, so ist das. Richtig, das kommt mir bekannt vor, so ist die Herausforderung, da ist das Fettnäpfchen, da lauert die Gefahr. Aha, das wollen die dunklen Hierarchien. So werden sie mich jetzt herausfordern wollen. Ich gucke mir diesen Lehrweg aber vorher an und sage mir: das werde ich nicht tun, weil das dunklen Kräften Zugriff gibt.«

*Lernt man dabei, Ruhe zu bewahren und das Schicksal zu bejahen? Ist es das, worauf es ankommt in der Krise?*

Ja, aber man lernt mehr.

1. Man lernt, dass der Weg durch die Krise ein Weg der *freien Entscheidungen* ist. Es geht nicht um das Sichfügen in die Opferrolle: »Ich nehme es halt hin, weil ich es nicht ändern kann.« Es ist eine freie Entscheidung, das Schicksal hinzunehmen, wenn und weil es im Moment die bestmögliche Art des Agierens ist. Was wären die Alternativen? Verdrängen, dagegen angehen, rebellieren, flüchten? Was hätten die zur Folge? Welche Mächte hätten welchen Zugriff und warum? Die freie Entscheidung: »Ich nehme das an« kann auf der Einsicht beruhen, dass andere Wege zwar die emotional angemesseneren wären, aber in Wirklichkeit nicht weiterführen.
Der Passionsweg dient nicht nur dazu, dem Herrn gegenüber das Gefühl zu entwickeln: Er hat sich geopfert, also seien wir ihm dankbar. Er ist nicht nur einfach ein Opferlamm. Der Herr entscheidet vielmehr von Station zu Station in voller Souveränität, Freiheit und Verantwortung, was er nun tut, wie er sich verhält, welche innere Haltung er annimmt, ob er weitergeht, und wenn ja, warum. Macht euch da keine Illusionen: Wenn Jesus gewollt und gute Gründe dafür gehabt hätte, hätte er den Passionsweg noch in

jeder einzelnen Station stoppen und etwas anderes machen können. Es gibt natürlich Eigendynamiken von Trauer, Verzweiflung, tiefer Depression, es gibt komplette Verdrängung, völlig irreale Fluchtmechanismen, Ausweichen in Aggressionen bis hin zur Tötungsabsicht gegen sich und andere usw. Die sind menschlich, aber nicht zwangsläufig. Sie können zwar irgendwann eine solche Vehemenz gewinnen, dass sie kaum mehr zu stoppen sind. Aber das heißt nicht, dass das ein unabdingbares Merkmal der Krise sei. Das heißt nur, dass man versäumt hat, sich in eine stimmigere innere Haltung zu bringen.

2. Die Krise will Schritt für Schritt *zügig* durchgegangen werden. Die dunklen Mächte flüstern euch ein: »Verharre möglichst viele Jahre an der einen Station und noch mal viele Jahre an der nächsten, um dich in dem Unglück wohl zu fühlen.« Stattdessen gehe zügig durch die Krise auf dem Weg des Herrn, der dem Dunkel meisterlich »antwortet«: zu etwas Neuem hin. Die stimmige innere Haltung in der Krise ist: erhobenen Hauptes, würdig und frei entscheidend durch sie hindurchzugehen, den Blick auf das gerichtet, was am Ende dieses Weges steht.
Der Herr wird euch stets auffordern: Nicht stehen bleiben, nicht umdrehen, sonst erstarrst du zur Salzsäule. Unterwegs bleiben, immer einen Schritt nach dem anderen tun, immer weitergehen in bestmöglicher Begleitung! In der Krise stehen bleiben ist das Schlimmste, was einem passieren kann. Alle Stationen könnten zum Daueraufenthaltsort werden, in den ihr euch immer weiter verstrickt: »Das müsste aufgearbeitet, ausdiskutiert, noch mal überprüft, überdacht und zu Ende gerechnet werden«, um euch ja an Ort und Stelle festzuhalten.

3. Das *Neue,* das entstehen wird, wird etwas Gutes und Stimmiges sein. Aus dieser Gewissheit gewinnt man Mut und Zuversicht. Am Ende dieses Weges steht für Jesus die Auferstehung, für den Menschen eine innere Auferstehung, ein inneres Weihnachtsgeschehen, eine größere Nähe zum Vater, im Äußeren beginnt ein **neuer** Lebensabschnitt.

Das kann etwas Schlichtes sein: z.B. ein neuer Arbeitsplatz, ein Wohnungswechsel, eine neue Lebensaufgabe, ein Sichlösen aus einer Beziehung, eine neue Beziehung oder, wenn ein lieber Mensch gestorben ist, ein Sichwiederfinden. Am Ende der gemeisterten Krise steht das Erleben: »Ich bin ein Kind meines Vaters und kehre erlöst heim. Es ist vollbracht, ich habe es gut gemacht, ich habe es geschafft. Es ist ein Stück Lebensweg abgeschlossen, und zwar meisterlich. Es wird ein neues Kapitel aufgeschlagen.«

4. Es kann sogar sein, dass am Ende einer solchen Krise steht: »Auch ich bin *hinabgestiegen ins Dunkel.* Ich habe durch mein Durchschreiten vielleicht auch noch den einen oder anderen zu der Erkenntnis gebracht: Wahrlich, es gibt Gott, es ist etwas Göttliches passiert: eine Verwandlung hin zum Lichten, eine Erlösung vom Dunkel, auch für andere.« Es muss nicht sein, es kann aber sein, dass andere erkennen: »Da ist etwas zum Leuchten gekommen, was vorher nicht so geleuchtet hat.« Jedes Bekehrungsgeschehen ist ein typisches Krisengeschehen, die Wandlung des Saulus zum Paulus hatte beispielsweise einen sehr großen, weit ausstrahlenden »Haloeffekt«.

5. Ein weiterer guter Grund für die Beschäftigung mit dem Passionsweg ist: seine Stationen schließen *alle typischen Krisensituationen* ein, und zwar so vollständig und umfassend, dass sie für jede Situation genau das richtige Heilmittel anbieten. Es kann ja sein, dass ihr zwar gute Menschen an eurer Seite habt, dass sie euch aber nicht genau das vermitteln können, was ihr gerade braucht. Der Passionsweg bietet – und das ist das Wunderbare an ihm – jedem Menschen in jeder Krisensituation immer das angemessene, individuell passende Heilmittel an.

6. Und es gibt noch einen guten Grund, den Passionsweg als Heilsweg zu Hilfe zu nehmen: Der Herr hat ihn in der *Außenwelt* durchlebt – mit Menschen, Straßen, Plätzen usw. Das ist wichtig, denn eure Krise ist zwar vor allem ein inneres Geschehen, hat aber auch ihre Außenweltbedingungen: Straßen, Räume, Menschen, Plätze, nicht

gerade Kreuze, aber vielleicht Personalakten, die eine vergleichbare Rolle spielen. Was also wäre besser, als jemanden zu Hilfe zu nehmen, der die Krise in der Außenwelt vorgelebt hat, der aber auch in eurer Innenwelt wohnt, der euch von außen, aber auch von innen zur Seite steht.

Wenn ihr den Herrn zu Hilfe nehmt, habt ihr einen Begleiter, der ganz real neben euch geht, mit all seinen himmlischen Helfern. Er wird dabei sein, wenn ihr den nächsten Brief schreibt, wenn ihr den Raum betretet, auf den es ankommt, wenn ein entscheidendes Gespräch ansteht, wenn ihr schweren Herzens die Treppe hinaufschreitet, dem Chef entgegen, oder was immer es sein mag. Er geht sozusagen in der Außenwelt mit. Aber er geht auch in der Innenwelt mit. Er ist da, wenn ihr euch schlafen legt. Er ist da, während ihr schlaft. Er schreitet mit euch diesen Krisenweg entlang, während ihr keinen klaren Gedanken fassen, keine Entscheidung treffen könnt, einfach nur dasitzt und nicht wisst, was ihr tun werdet – er geht mit. Und wenn ihr ihn darum bittet, kann er ganz konkret raten und helfen.

7. Den Weg mit dem Herrn zu gehen braucht keinerlei Vorbedingungen! Es braucht keine theologischen oder wie auch immer gearteten Vorkenntnisse. Es braucht auch keinerlei finanzielle Mittel, kein Sichanschließen an irgendwas oder irgendwen, keine außergewöhnlichen Leistungen oder Fähigkeiten. Es braucht nur eines: dass man sich der Möglichkeit, er könnte ein Helfer sein, bewusst wird und sich sagt: »Das möchte ich jetzt ausprobieren.« Wenn ihr ihn dann bittet, ist er da.

Der Passionsweg ist also kein »Aufarbeitungs«-Weg in eurer Sicht der Dinge. Da geht es nicht darum, nach hinten zu schauen und sich zu überlegen, wer warum wie schuld sein könnte oder welcher Umstand die jetzige Situation ausgelöst hat. Es geht um eine lösungsorientierte Betrachtungsweise: Was tue ich, um einen Schritt weiterzukommen, und zwar möglichst licht, sicher und zügig? Was ist eigentlich das Ziel?

Das Ziel ist für euch nicht: »In deine Hände befehle ich meinen Geist«, sondern

*erstens:* »In deiner Nähe weiß ich mich«,
*zweitens:* »Es ist vollbracht« (im Sinne eines abgeschlossenen Kapitels, nicht des Lebens),
*drittens* eventuell: »Hinabgestiegen in das Reich des Dunkels«, und das bedeutet: meine Erfahrungen, Erlebnisse, meisterlichen Leistungen und Haltungen haben einen »Haloeffekt«, strahlen also aus.

# II.
# WIE MAN MIT DEM KREUZWEG UMGEHT

*Nachdem uns nun gute Gründe genannt wurden, warum der Kreuzweg das Mittel der Wahl in der Krise ist, stellt sich die Frage: Wie gehe ich damit um?*

Elion: Versetze dich in die damalige Zeit und den Ort des Geschehens. Du kannst Malereien zu Hilfe nehmen, Bilder von Kreuzwegstationen, die dir bekannt sind oder die du in Kirchen findest, oder aber Beschreibungen, die es ja auch gibt. Stelle es dir so vor, als wärest du Zuschauer in einem von Station zu Station führenden Buntfilm, der die Szenen klar und deutlich zeigt, der auch den Kameraschwenk einbezieht: Mal zeigt er Jesus, mal die Soldaten, mal das Volk, mal einzelne Gesichter. Du hörst, was da so geschrien wird, die Geräusche usw.

Entwickle mit der Zeit das Gefühl: Du bist selbst in diesem Film. Wie kühl ist es, wird es wärmer? Wie windig ist es? Wie riecht es da? Jemand rempelt dich an, jemand tritt dir auf den Fuß, jemand schreit laut neben deinem Ohr, so dass es in deinem Inneren noch dröhnt. Dann musst du hochspringen, um über die Köpfe hinwegzusehen. Kurz: du bist selber mitten in diesem Geschehen, von Station zu Station.

Diese Grundübung ist sinnvoll, damit du eine innere Beziehung zu diesem Heilmittel aufbauen kannst. Ein Heilmittel wirkt dann heilsam, wenn das Heilmittel mit dir agieren kann und du mit ihm.

Dann suchst du den Weg deiner Wahl aus. Den des Luminathron als ersten zu betrachten ist sinnvoll, weil er dir zeigt: Wo sind die Gefahren, und wo sind die rettenden oder heilsamen Methoden und Verfahrensweisen? Was kann dir jetzt auf dem Weg durch die Krise drohen, und wie verhältst du dich bestmöglich? Er ist ein Lehrweg, zugleich aber auch ein Stärkungsmittel.

Du liest jeweils eine Station, rufst dir diese Sequenz deines Films vor Augen und gewöhnst dir an, jeweils auf das zu schauen, was als besonders kennzeichnende Aktion des Herrn in dieser Station zu sehen ist. Es ist wichtig, dass du den Film anschaust, bis du siehst: Aha, jetzt macht der Herr das, worauf mit dem Stichwort »*das Zeichen*« hingewiesen wird. Das ist z.B. in der ersten Station der Blick zum Himmel, dann ist es der Seufzer, dann ist es die Träne etc.

Wenn du das wahrnimmst, bedeutet das: Jetzt ist die Beziehung zwischen dem Herrn und mir auch von meiner Seite aus wirklich hergestellt. Ich habe es erkannt, ich bin auf ihn eingestellt, ich schaue ihn wirklich an, bin wirklich dabei. *Seine* Beziehung zu dir ist sowieso immer da, aber *deine* Beziehung zu ihm bedarf dieses Hilfezeichens, das dir sagt: Ja, ich habe genau genug hingeschaut. Ich bin wirklich richtig dabei. Wenn dir das nicht gleich gelingt, spule den Film zurück und versuche es erneut.

»Das Zeichen« ist eine Kleinigkeit, die die meisten, die beim Geschehen dabei waren, übersehen haben. Du achtest darauf, und das heißt, du bist ganz und gar konzentriert auf deinen Heiland, den Herrn. Er ist ja das Heilmittel, also brauchst du eine Hinführung. Das ist eine didaktische und therapeutische Konzentrationshilfe.

Dann kommt die jeweilige Formel und dann vielleicht noch eine Erklärung oder Ausführung zu dieser Station. Die werden, wenn irgend möglich, laut gesprochen, wenn es nicht anders geht, dann in Gedanken. Auch die Gebete sprichst du an der jeweils angegebenen Stelle möglichst mit lauter Stimme.

Dann gehst du zur nächsten Station, stellst sie dir vor, schaust genau hin, achtest auf »das Zeichen« des Herrn. Du siehst es, du erkennst es und weißt: »Jawohl, ich bin wirklich ganz und gar dabei.« Dann kommt wieder die Formel, dann wieder die Erklärung. Du betest wieder laut. Dann kommt die dritte Station usw. Wenn dir etwas nicht gelingen sollte – wiederhole die Szene und sage dir noch einmal: Jetzt will ich genau hinschauen und vor allem dieses »Zeichen« sehen. So schreitest du den ganzen Kreuzweg ab. Ich würde dir empfehlen, Folgendes zu tun:

1. Bete einen solchen Kreuzweg – wenn es dir irgendwie gelingt – einmal am Morgen und einmal am Abend, nicht immer, aber in der Krisenzeit. Wenn dir das zu viel sein sollte, einmal täglich.
2. Du wirst spüren, dass die eine oder andere der Stationen dich ganz besonders anspricht: »Da könnte ich heulen. Das erinnert mich so sehr an meine eigene Situation. So geht es mir selber. Da finde ich mich ganz besonders wieder.« Welche Station das ist, kann sich von Tag zu Tag ändern. Es kann sich aber auch über eine gewisse Zeit immer wiederholen: »Genau das ist mein Leid, meine Not, mein Schmerz, meine Qual im Moment.« Dieser Station, wo du besonders einhakst, wo du so betroffen bist, entnimmst du die Formel als Wort des Tages und wiederholst sie so oft wie möglich: »Davon brauche ich jetzt den ganzen Tag über.« Du brauchst dann nicht immer die ganze Station noch mal durchzuspielen, sondern nimmst einfach nur die Formel und das, was zu dieser Station gesagt wird. Das wiederholst du immerzu: im Auto, im Supermarkt usw. – immer wieder, immer wieder, still und leise vor dich hin. Abends betest du dann den Weg und schaust wieder: Ist diese Betroffenheit, diese Wunde schon ein bisschen erträglicher geworden, oder braucht das noch ein paar Tage?

Hast du das Gefühl, jetzt könntest du, wenn du in Not wärst, damit umgehen?

*Ja, natürlich. Ich denke nur im Moment bei aller Befürwortung der Krise: ich will da lieber nicht rein.*

Du sollst sie ja auch nicht herbeiwünschen. Das wäre genauso wenig sinnvoll, wie sich Leid und Unglück zu wünschen. Nur ist es realistisch zu wissen: Menschliches Leben ohne Krise gibt es nicht. Also kannst du davon ausgehen, dass irgendwann mal eine kommt. Und wenn sie dann kommt, dann schlage nicht die Hände über dem Kopf zusammen, werde nicht panisch oder häng dich am nächstbesten Baum auf, laufe auch nicht schreiend davon, sondern sage dir: »So, jetzt weiß ich, was zu tun ist.« Es gibt einige Dinge im Äußeren zu tun. Vor allem heißt es, Ruhe zu bewahren: »Jetzt geht es um einen ziemlich aufreibenden, schmerzlichen, aber auch sinnvollen, Heil bringenden Prozess. Und es gibt Hilfe im Durchmachen dieses Prozesses, und diese nehme ich jetzt in Anspruch.«

Natürlich kannst du in der Krise meinen, du brauchst nicht eine dich von innen her heilende, stabilisierende Hilfe, sondern Problemlösungen in der Außenwelt: den Arbeitsplatz, die neue Wohnung, ein neues Auto, eine andere Frau, dann ist alles gut. Das stimmt aber nicht. Die neue Situation, wenn sie denn kommt, wird dich mit denselben inneren Problematiken wiederfinden. Du wirst wieder nicht glücklich sein, und die Situation wird wiederum unsicher und gefährdet sein. Deswegen unterschätze nicht die Hilfe durch diese inneren Maßnahmen. Und du kannst diesen Passionsweg auch für andere Menschen beten, auch für Tiere, für die Natur, für ganze Erdteile und Völker, ja für die Welt.

Noch etwas. Wenn du für dich selber diesen Passionsweg gehst, kannst du dir eine *Gemeinschaft* um dich herum vorstellen. Dazu gehören z.B. dein Namenspatron, Menschen, von denen du weißt, dass sie einer solchen Arbeit gegenüber aufgeschlossen wären, die aber nicht da sind, vielleicht auch nicht mehr auf Erden leben. Die bittest du, um dich herum zu sein, dazu alle Engel, die dir lieb sind. So betest du den Kreuzweg nicht alleine, sondern in Gemeinschaft.

Während du den Kreuzweg betest, solltest du die *Hände falten*, nicht etwa, weil das Tradition ist oder damit du nichts anderes mit den Händen tust oder damit du weißt, wo sie hingehören, sondern weil du damit eine Art von Grundgemeinschaft schaffst.

Denn den Kreuzweg als Heilmittel anwenden bedeutet immer, sich in Gemeinschaft begeben. Du begibst dich in die Gemeinschaft mit dem Herrn. Du gehst seinen Kreuzweg mit, er geht deinen Kreuzweg mit, ihr geht gemeinsam. Wenn du die Hände faltest, dann fügst du die beiden Orte zusammen, an denen dein Vater und deine Mutter in deinem Körper wohnen und wo deshalb auch der himmlische Vater und die himmlische Mutter sich finden. Du schließt dich in einen Kreis ein mit Vater und Mutter im besten Sinne des Wortes, mit dem Väterlichen und dem Mütterlichen als Idealvorstellungen auf der Welt und mit dem himmlischen Vater und der himmlischen Mutter, die über allem stehen. Und du stehst in Gemeinschaft mit all den Millionen Menschen, die sich schon vor dir in ihrer Not und Verzweiflung am Kreuzweg des Herrn aufgerichtet haben und die das künftig tun werden.

*Faltet man die Hände auf die evangelische Art, oder legt man sie auf die katholische Art aneinander?*

Das kannst du machen, wie du es gewohnt bist. Es ist beides richtig. Wichtig ist nur, den Sinn des Händefaltens zu verstehen. In vielen buddhistischen Richtungen faltet man die Hände nicht oder sehr selten, man hält sie im Gegenteil zum Himmel geöffnet, aber jede einzeln. Das gab es auch in den Urgemeinden. Das ist auch sehr schön, betont aber nicht so sehr: »Ich bin in Gemeinschaft mit dem Himmel«, sondern eher: »Ich stehe vor dir«, auf der einen Seite bin ich und auf der anderen Seite bist du, Gott: Ich hier auf der Welt mit meinem eigenen Erlösungsweg zum göttlichen Licht hin – du dort.

Wenn du die Hände faltest, dann betonst du: Mich alleine gibt es gar nicht, ich bin in Gemeinschaft. Einer ist gegangen, ich gehe dessen Weg mit, und er geht meinen mit. Damit ist die Urgemeinschaft deines Bruders Christus und dir ja schon hergestellt. Dann bist du logischerweise ein Kind eurer gemeinsamen Eltern, also gehören natürlich die himmlischen Eltern zur Gemeinschaft dazu.

Die Krise hat stets damit zu tun, dass etwas zu Ende geht, es hört auf, ändert sich, geht so nicht weiter, löst sich auf. Das heißt noch nicht, dass es sich erlöst. Wenn du das Empfinden hast, du seist jetzt allein übrig geblieben, dann wird es schwierig, dann stimmt etwas nicht, dann bedarf es einer Umorientierung. Dann ist etwas zu Ende gegangen, aber nicht erlöst: du hast dich von dem Verlorenen nicht losgelöst, es ist noch nicht erlöst und integriert in dir. Um es zu erlösen, bedarfst du der Gemeinschaft.

Es gilt, das Grundübel an der Wurzel zu packen, nämlich das Gefühl, du seist alleine. Das Heilmittel ist, dir eindeutig und sofort klar zu machen: Du bist nicht alleine. Es gibt einen, der die Krise voll und ganz erlebt hat, in Fleisch und Blut: den Menschensohn, deinen Bruder. Er hat sie sogar in noch größerem Ausmaß erlebt als du. Du kannst seinen Weg mitgehen. Er wird deinen Weg mitgehen. Und du hast auch noch Vater und Mutter, die mit dir sind und dich in keinem Fall alleine lassen.

Sich dies bewusst zu machen ist der erste und wichtigste Schritt, der dich wieder aus der Lähmung herausführt, aus diesem Gefühl: »Es ist alles aus, alle haben mich fallen lassen. Jetzt bin ich verloren und verlassen, es ist alles kaputt. Es wird sich auch nichts mehr ändern, es bleibt so bis ans Ende der Tage.« Jetzt ist diese Lähmung überwunden: »Nein, ich bin nicht alleine! Weder lassen mich Zeit und Raum alleine, noch lassen mich die Menschen alleine, noch lässt mich der Himmel alleine. Im Gegenteil: Ich habe eine Gemeinschaft, die geht mit, und zusammen schaffen wir das!« Das ist der Grundschritt, der zu tun ist.

Ferner: Wenn du in der Krise bist und das Gefühl hast, niemandem geht es so schlecht wie dir, dann ist immer wichtig, auch einmal einen *Fürbitt*-Kreuzweg zu beten, wenn du dir eine Freude daraus machen kannst. Zünde eine Kerze an, schaffe eine feierliche Stimmung und bete einen Kreuzweg z.B. für die Hungergebiete in Afrika, für die Kriegsopfer, für die Flüchtlinge, für alle allein gelassenen Kinder, für alle HIV-Positiven, für das Schlachtvieh, für den Regenwald oder wer oder was sonst noch in größerer Not ist als du. Nimm ein Kind stellvertretend für alle und stelle dir vor, es kniete vor dir, oder das Tier stünde neben dir in deinem Zimmer. Du faltest die Hände, gehst Station für Station durch und betest diesen Weg mit lauter Stimme für die anderen, die ihre Art von Leid und Not und Krise erleben.

Also, viel brauchst du nicht. Du brauchst die Kenntnis der Kreuzwegstationen, einen Stuhl, vielleicht eine Kerze, das ist alles. Diese Zeit ist keine vertane Zeit, nicht eine Art Weltflucht, sondern im Gegenteil: Es ist Arbeit, die dich Schritt für Schritt voranbringt und dich durch die Krise hindurch in sehr heilsamer Weise zu etwas Neuem führt.

# III.
# DER LEHRWEG
# LUMINATHRONS

Luminathron (der Engel des Lichts, durch den die Seele beim Sterben hindurchgeht wie durch ein Tor zum Himmel[12]): Es geht darum, den Kreuzweg als Lichtweg verstehen zu lernen. Er ist ja, menschlich gesehen, ein Weg der Schmerzen, der Schmach, der Niederlage. Er ist aber in Wirklichkeit ein Weg der Erlösung, des Heils, des Sieges. Das Mysterium des Kreuzes ist auf den ersten Blick ein Paradox. Der Anblick des Kreuzes müsste eigentlich Entsetzen, Zweifel und Verzweiflung auslösen. In Wirklichkeit berührt er das Herz der Menschen tief, ruft Andacht und Anbetung wach. Nur so ist zu verstehen, dass das Kruzifix zum Symbol des christlichen Glaubens wurde, dass ihr es überall in den Kirchen, im »Herrgottswinkel« der Bauernstuben, in den Landschaften findet, dass der Karfreitag mit einer besonders eindrucksvollen Liturgie gefeiert wird und in der evangelischen Kirche sogar als höchster Feiertag des Jahres gilt.

Der Grund dafür ist nicht nur, dass auf das Sterben am Kreuz die Auferstehung des Herrn folgte und man weiß: die Niederlage war nur eine scheinbare und vorübergehende. Es ist zwar richtig: der Herr ist tatsächlich auferstanden, er wandelte im Auferstehungsleib unter seinen Jüngern[13]. Wer die Auferstehung nicht ernst nimmt, hat das We-

---

12 *Wie im Himmel, so auf Erden,* Bd. II, S. 202, 332
13 *Wie im Himmel, so auf Erden,«* Bd. III, S. 102–119

sen Christi und des christlichen Glaubens nicht verstanden und kann dann natürlich den Sinn des Kreuzwegs nicht verstehen.

Doch der Sieg des Lichten über das Dunkle liegt nicht erst in der Auferstehung, sondern bereits darin, dass und wie der Herr den Kreuzweg bis zum Ende gegangen ist. Es hätte durchaus in seiner Macht gelegen, diesen Leidensweg nicht zu gehen, er ist ihn freiwillig gegangen.[14]

*Das heißt, der Herr hätte die Möglichkeit gehabt, jederzeit die Sache abzubrechen?*

Ja, selbstverständlich. Es ist doch wohl nicht stimmig, von einem, der Wasser in Wein, Fische in viele Fische, Brot in noch mehr Brot wandeln, Tote auferwecken, Gelähmte heilen, alle Wunder dieser Welt vollbringen kann, anzunehmen, er hätte diesen Weg nicht auch ändern können, wenn er das gewollt hätte. Aber er hat es nicht getan.

Das ist nur zu begreifen, wenn man weiß, dass es nicht nur die lichten Hierarchien von den Engeln bis hinauf zu den Seraphim gibt, sondern auch die dunklen, die so genannten Hierarchien zur Linken, die ursprünglich lichte Wesen waren, die aber von ihrer Freiheit einen irrigen Gebrauch gemacht haben und gefallen sind[15]. Diese haben die Angriffe auf den Herrn arrangiert, weil sie meinten, ihn in Versuchung führen und dazu provozieren zu können, einen Schritt in ihre Richtung zu tun, sich mit ihren Methoden zur Wehr zu setzen.

Dass er dem widerstehen würde, dass er sich sogar ans Kreuz nageln ließ, hielten sie nicht für möglich. Es hat sie in fassungsloses Staunen versetzt, hat manchen die Augen geöffnet und bei vielen Heimweh nach der Welt des Lichtes aufkeimen lassen. Sie begannen, wenn auch zögernd, an die Möglichkeit der Heimkehr zu denken und sich nach ihr zu sehnen. Einige sind damals tatsächlich heimgekehrt, und seither folgen ihnen – Jahr für Jahr – andere nach. Die Passion des Herrn gehört so zentral zu seinem Erlösungswerk, weil sie diese

---

14 *Wie im Himmel, so auf Erden*, Bd. IV, S. 98f.
15 *Die Engel geben Antwort auf Fragen nach dem Sinn des Lebens*, S. 33ff.

Möglichkeit eröffnet und grundgelegt hat. Ja, sie hat zur Gewissheit gemacht, dass sie alle am Ende heimkehren werden. Wenn ihr das nachvollzieht, werdet ihr besser verstehen, worauf die geheimnisvolle Wirkung des Kreuzes beruht und was sie im Zusammenhang mit der Erlösungstat Christi bedeutet[16].

Ihr lernt dann, was Nachfolge des Herrn bedeutet. Nicht dass euch eine vergleichbar schmerzvolle Erfahrung bevorstünde. Es gibt aber in jedem menschlichen Leben das Unvermeidliche: Ort und Zeit der Geburt, die Lebensstufen bis zum Sterben und meist auch leidvolle Erfahrungen, die euch in Lebenskrisen stürzen. Dann gilt es, sich in Gottergebenheit dareinzuschicken, ohne an Gott zu zweifeln oder zu verzweifeln.

Hat man einmal erfahren, dass der Kreuzweg nicht nur ein Schmerzensweg, sondern auch ein Heilsweg ist, dann erschließt sich von selbst der Sinn auch der anderen Varianten des Kreuzwegs, die euch im Weiteren gegeben werden. Die Gebete werden euer Verständnis für das Mysterium Christi vertiefen und euch mit Glaube, Hoffnung und Liebe erfüllen.

Indem sie das tun, werden sie hilfreiche Wirkung in euren Lebenskrisen entfalten. Es geht bei jeder Station um die Gratwanderung zwischen einem Schritt in die Richtung der dunklen Hierarchien und dem Verbleiben im Licht. Ein falscher Schritt hätte den dunklen Hierarchien eine Möglichkeit zu Macht und Einfluss gegeben, ihnen sogar einen gewissen Triumph beschert. Deswegen ist die Betrachtung des Kreuzweges ein Weg des Lichts und ins Licht. Darauf kommt es in der Lebenskrise in erster Linie an. Alles andere folgt dann von allein, wie ihr sehen werdet.

Nun lasst uns beginnen.

---

16 *Wie im Himmel, so auf Erden*, Bd. II, S. 337 ff., Bd. III, S. 97

## 1. Station:

Zu Beginn jeder Station des Kreuzwegs spricht:

»Herr, Du hast den Himmel geöffnet.
Herr, Du hast den Weg bereitet.
Öffne unser Herz, bereite uns!«

**Jesus wird zum Tode verurteilt.**

Das Zeichen: Er tut einen tiefen Atemzug.[17]

Er schweigt. Warum? Man hätte ihn schon wegen des Lärms nicht gehört, vor allem aber wollte man ihn nicht hören, er hätte die Herzen nicht erreicht. Dann aber wären seine Worte Futter für die dunklen Mächte gewesen. So hat er sie walten lassen, ohne sie anzugreifen.

Nun sprecht mit mir:
»Herr, Du hast dem Dunkel standgehalten, ohne anzugreifen. Du hast die Verurteilung durchgestanden, ohne Dich in die Hände des Dunkels zu begeben. Du hast Dich verspotten und verhöhnen lassen, ohne den Blick dunkel werden zu lassen.«

Das heißt: Keine Provokation hat Wirkung gezeigt. Keine Versuchung war so stark, dass der Herr ihr nachgegeben hätte. Er hat allen Anwürfen, allen Versuchungen, allen Fallen, die ihm von der dunklen Seite her gestellt wurden, widerstanden. Kein Schatten ist auf ihn gefallen. Er hat kein Wort gesagt, keinen Blick geworfen, keinen Gedanken gedacht, nichts getan, was ihn auch nur in die Nähe der dunklen Hierarchien gebracht und ihn in irgendeiner Weise für sie handhabbar gemacht hätte.

Das heißt für euch, vor allem auch in Lebenskrisen: licht bleiben im Moment, in dem ihr vom Dunkel angegriffen werdet.

---

17 Zur Bedeutung des »Zeichens« s. o. S. 124

## 2. Station:

Herr, Du hast den Himmel geöffnet,
Herr, Du hast den Weg bereitet.
Öffne unser Herz, bereite uns.

**Jesus nimmt das Kreuz auf sich und küsst es dreimal.**

Das Zeichen: Er erhebt die Augen zum Himmel.

Er erschrickt vor dem Anblick des Kreuzes; er weiß, was auf ihn zukommt. Aber er denkt nicht an sich, sondern an andere. Er blickt zuerst auf den Boden und denkt an die Wesen der Erde, dann nimmt er die Menschen in den Blick, dann nimmt er den Querbalken auf seine Schulter, ihn mit beiden Händen umfassend. Während er das tut, blickt er zum Himmel und bittet um die Kraft, die Last tragen zu können. Er sagt nicht: »Das ist zu schwer, das schaffe ich nicht!« Er trägt das Kreuz, ohne zu murren. Er wählt eine Verhaltensweise, in der er ganz und gar licht bleiben kann.

Sprecht mit mir:
»Herr, Du hast die Last auf Dich genommen, Du hast die Ungerechtigkeit ohne Murren getragen, Du hast sie dankbar angenommen. Damit hast Du uns den Himmel geöffnet und uns den Weg bereitet.«

## 3. Station:

Herr, Du hast den Himmel geöffnet.
Herr, Du hast den Weg bereitet,
öffne unser Herz, bereite uns.

**Jesus fällt das erste Mal unter dem Kreuz.**

Das Zeichen: Er küsst die Erde und spricht ihr zu.

Er fällt nicht, weil er keine Kraft mehr hat, sondern weil die Erde unter seinen Füßen nachgibt. Die Natur ist erschüttert und kann es nicht fassen. Sie will für ihn einstehen, so gut sie eben kann. Sie will irgendetwas tun, sie weigert sich, der Weg zu sein, der den Herrn ans Kreuz führt. Es soll ein Stolpern gewesen sein. Nun ja, der Herr ist gestolpert, weil die Erde unter ihm nachgegeben hat, weil sie das nicht tragen wollte.

Er hat nicht etwa geschimpft: »So etwas Dummes, jetzt bin ich auch noch gefallen« oder: »So ein schlechter Weg!« oder: »So ein verquerer Stein!«, sondern er hat den Wesen der Erde Mut zugesprochen und sie getröstet: »Ich verstehe, was ihr wollt, aber bitte vertraut darauf, dass das seinen Sinn hat!«

Sprecht mit mir:
»Herr, Du hast der Erde, die Dich zum Fallen brachte, keinen Vorwurf gemacht. Du hast Dich niederbegeben, um die Situation zu erklären. Du warst geduldig, großzügig, bereit, in dieser Situation noch Trost und Hoffnung zu spenden.«

4. Station:

Herr, Du hast den Himmel geöffnet,
Herr, Du hast den Weg bereitet,
öffne unser Herz, bereite uns.

**Jesus begegnet seiner Mutter.**

Das Zeichen: Beide blicken sich in die Augen.

Das Treffen ist sehr kurz und wirkt für Außenstehende fast kühl. Sie sagt: »Mein Sohn!« Er sagt: »Meine Mutter!« Mehr nicht. Es gibt kein Niederstürzen, kein Händeringen, keine Umarmung, keinen Kuss, keine Träne. Es herrscht bei diesen Worten eine Stille, so dicht und intensiv, dass sogar das Volk betroffen wirkt. Die Soldaten gehen nicht weiter, das Schreien und Johlen hört für einen Moment auf, als stünde die Zeit still, so als hieltet ihr einen Film an. Dann unterbricht einer der Soldaten das Schweigen:. »Weiter!« und »Vorwärts!« Dann bricht der Zug wieder auf, lärmend und johlend.

Die allerwesentlichsten Begegnungen im Leben, die Momente der größten Erschütterung sind Momente der Stille. Das Erschütterndste ist die Stille, ein Moment der Ewigkeit mitten in eurer Zeit, ein Moment des Nicht-mehr-Atmens mitten in eurem Ein und Aus und Hin und Her. Erschütterung im lichten Sinne zeigt sich nicht in der großen Aktion, in der pathetischen Geste, in der aufgelöst wirkenden Theatralik, sondern in einer ganz kühlen, fast sachlich wirkenden, mit ganz wenig Gestik ausgestatteten Stille, so dass der Betrachter fast meint, es passiere gar nichts.

Also auch hier wählen beide den lichten Weg. Keiner zeigt eine Verhaltensweise, die zu den Hierarchien zur Linken verweisen könnte. Keiner bricht aus in eine großartige Aufwallung. Keiner gerät außer sich, zetert, jammert, zeigt Schwächen. Beide weilen fast kühl, ganz zentriert, ganz ruhig in himmlischer Erschütterung. Für diese Sekunde begegnen sich die himmlische Mutter und der himmlische Sohn und tauschen Blicke, wie sie sie im Himmel zu tauschen pflegen: königlich. Das ist der lichteste Moment überhaupt, weil sich die beiden himmlischen Lichter begegnen. Da entsteht himmlische Erschütterung in einem Moment völliger Stille.

Sprecht mit mir:
Herr, Du bist Deiner Mutter in königlicher Haltung begegnet. Ihr beide habt euren Abschiedsblick in Stille ausgetauscht, der ganze Himmel war in Erschütterung dabei.

## 5. Station:

Herr, Du hast den Himmel geöffnet,
Herr, Du hast den Weg bereitet,
öffne unser Herz, bereite uns.

**Jesus strauchelt etwas, und Simon von Cyrene wird herbeigerufen. Er hilft Jesus das Kreuz tragen.**

Das Zeichen: Jesus nimmt den Balken erneut auf die Schulter, fasst nach, hält ihn fest.

Jesus strauchelt also, Simon kommt daher und wird von den Soldaten gezwungen, hinter Jesus herzugehen und ihm beim Tragen des Querbalkens zu helfen. Er weiß nicht, um wen und worum es geht, er kann Jesus nicht ins Gesicht schauen, so wenig wie Jesus ihm. Dann merkt er, dass Jesus in Gedanken ein Gespräch mit ihm aufnimmt. Er fragt – in Gedanken – zurück: »Ja, also wer bist du denn? Warum weißt du das über mich? Wie kannst du so etwas sagen?« Dann antwortet ihm der Herr, und Simon beginnt zu verstehen, was geschieht. Man kann also mit dem Herrn kommunizieren, indem man einfach hinter ihm hergeht. Das ist an sich schon ganz berührend: Er stärkt dem Herrn den Rücken. Wer wollte als Mensch dem Gottessohn den Rücken stärken?

Wie oft geschieht es, dass jemand euch hilft, und ihr wisst es nicht, ihr seht es nicht, ihr kennt ihn nicht: es mag ein Engel sein, ein Heiliger, ein anderer Mensch, der gebeten wird, hinter euch herzugehen, euch eure Last tragen zu helfen, euren Rücken zu stärken, und ihr merkt das anfangs kaum.

Für Menschen ist Hilfe angebracht, für den Herrn aber ist sie eigentlich eine Demütigung. Wäre er ein König im irdischen Sinne, hätte er auch nur einen Funken Eitelkeit, dann würde er sich das innerlich verbitten: »Das habe ich nicht nötig! Wer bin ich, wer bist du überhaupt? Das passiert mir nicht! Ich bin hier derjenige, der das Werk vollbringt!« Das wäre eine Haltung, die ihn für die Hierarchien zur Linken öffnen würde.

Er wird aber auch nicht klein, nicht devot vor Simon, sondern er spricht ganz still mit ihm. So nimmt er die Hilfe, die nicht adäquat scheint, an, ohne seine Würde zu verlieren. Damit zeigt er die einzige Haltung, die licht ist in diesem Moment. Er nimmt den, der hinter ihm gehen muss, ernst als einen Gesprächspartner. Insofern ist Simon einer der ersten wirklichen Christen: Er folgt Jesus in dieser sehr direkten Weise nach und tritt mit ihm in Kommunikation.

*Es heißt, Simon von Cyrene kam dann zu den Jüngern.*

Er ist nicht in den Kreis der zwölf aufgenommen worden, er hat auch keine Missionsarbeit geleistet wie die Apostel. Sein Leben war später eher das eines Einsiedlers. Er lebte bis an sein Lebensende fort in diesem stillen Gespräch. Er hat von der Nachfolge Christi vielleicht sogar mehr verstanden als mancher Jünger. Denn er wusste, was es heißt, den Herrn zu lieben, ohne ihn zu kennen, ohne ihm ins Gesicht zu schauen, ohne ein Auserwählter zu sein. Er ist einfach so hineingestolpert, dann aber sehend geworden. Sein Leben lang hat er sich an diesen Weg, den er mit dem Herrn gegangen ist, erinnert, immer wieder, jeden Tag, und hat sein stilles Gespräch mit dem Herrn weitergeführt. Man konnte zu ihm kommen, er hat Kinder getröstet, er hat Kranke geheilt, er hat sehr viele Tiere geheilt, aber still als Einsiedler.

Es ist ja eigenartig, dass sie beide Simon heißen: Petrus und der von Cyrene. Sie repräsentieren zwei Formen von Nachfolge: Petrus eine öffentliche, Simon von Cyrene eine sehr stille, aber auch sehr wirksame.

Sprecht mit mir:
Herr, Du hast die Hilfe Simons in Demut angenommen und ihn zu einem Deiner ersten Nachfolger gemacht.

## 6. Station:

Herr, Du hast den Himmel geöffnet.
Herr, Du hast den Weg bereitet.
Öffne unser Herz, mache uns bereit.

**Veronika reicht Jesus das Schweißtuch.**

Das Zeichen: Jesus streicht dem Kind über den Kopf.

Inwiefern hat der Herr in dieser Situation den Himmel geöffnet und das Herz bereitet? Nun, diese Frau hat eine Entscheidung getroffen, ist tätig geworden und hat Mut bewiesen. Sie ist das Urbild einer emanzipierten Frau. Sie wagt, schlicht und einfach ihren Weg zu gehen, ohne bösartig oder aggressiv zu sein. Sie geht direkt auf den Herrn zu, mitten in den Zug hinein. Sie schreitet hoch erhobenen Hauptes, stolz und sicher. Sie tut, was sie für richtig hält, und zwar im

Angesicht all der Soldaten, im Angesicht der Gefahr, nur um dem Herrn behilflich zu sein.

Zwar ist die Hilfe vergleichsweise gering. Aber es kommt nicht darauf an, ob sie adäquat ist. Es ist das Angebot einer unerschrockenen Hilfe im Rahmen ihrer Möglichkeiten, aus eigenem Entschluss und mutig.

So wie Simon ein Gespräch, die Erde eine Erklärung erhält, so erhält Veronika einen Abdruck des Gesichts des Herrn zum Andenken. Das ist zugleich ein Zeichen, dass auch er an sie denken wird. Veronika hat an den Herrn gedacht, sie erhält ein Andenken und damit zugleich das Versprechen, dass er an sie denken wird. Das heißt Andenken!

Die lichte Reaktion des Herrn ist, anzunehmen und hundertfach zu geben. Angesichts seiner Situation hätte jeder verstanden, wenn er Hilfe annimmt, ohne zu geben. Aber annehmen und nichts geben würde ihn für die Hierarchien zur Linken öffnen. Die lichte Haltung ist: annehmen und geben.

Ihr dürft Geschenke – wenn sie von Herzen kommen – annehmen, ohne unmittelbar etwas zurückzugeben, das gehört zur Freundschaft. Ihr seid nicht der Herr. Aber ihr solltet einen Menschen, der auch etwas schenkt, im Herzen bedenken. Das braucht der andere nicht einmal zu wissen. Ihr solltet nicht aufhören, dankbar zu sein, und nicht bloß sagen: »Danke«, und damit ist die Sache erledigt. Wenn euch jemand etwas gibt, nehmt es gerne an, sagt »danke«, aber das Gespräch geht weiter, indem ihr einen solchen Menschen zum Beispiel dem Himmel besonders anempfehlt, in Gebeten besonders bedenkt, ihn einfach im Herzen tragt und euch auch noch ein Jahr später erinnert, dass er euch beschenkt hat. Wenn Dankbarkeit nimmer aufhörte, dann ginge es unter den Menschen sehr viel menschlicher zu, und ihr würdet eine tragfähige Lichthaftigkeit erreichen.

Wer aufhört dankbar zu sein, ist niemals dankbar gewesen. Ihr könnt euch vorstellen, was Veronika mit dem Tuch getan hat! Sie hat es bewacht wie ihren Augapfel, sie hat es geschätzt, nicht mehr vom Herzen genommen, Tag für Tag – ihr ganzes Leben lang. Sie wusste: Sie konnte jederzeit den Herrn anschauen, und er schaut sie aus diesem Tuch an. Als sie starb, wusste sie: Ich denke an den Herrn, und der Herr denkt auch an mich – er schaut mich an. Auf dem Tuch erschien nicht eine Hand, sondern das Gesicht, weil der Blick darin eingefangen war.

Nun noch ein Wort zu dem Kind mit dem Trinkgefäß, das dann zu schüchtern war, es Jesus zu geben. Natürlich hat der Herr auch das Kind bedacht. Kinder brauchen überhaupt nichts zu geben. Ein Kind ist eine Gabe an sich, weil seine Seele den Mut hatte, zu inkarnieren, weil es Zukunft verheißt und damit auch das Fortführen des Lebens des Herrn in einem menschlichen Wesen auf der Erde. Die bloße Präsenz des Kindes bringt zum Ausdruck: »Ich lebe weiter in deinem Blick, in deinem Angesicht, in deinem Namen.« Dass das Kind nicht dazu kam, etwas zu tun, war ganz richtig: Es sollte nicht dazu kommen, weil es das nicht nötig hat. Bei Kindern kommt es nur auf die gute Absicht an. Erst wenn sie erwachsen werden, reicht die Absicht allein nicht aus. Indem Jesus dem Kind mit der freien Hand über den Kopf streicht, verspricht er ihm, seiner zu gedenken.

Sprecht mit mir:
Herr, Du hast die mutige Tat der Veronika gewürdigt und ihr hundertfach gedankt. Und du hast auch dem Kind gedankt.

## 7. Station:

Herr, Du hast den Himmel geöffnet,
Herr, Du hast den Weg bereitet.
Öffne unser Herz, bereite uns.

**Jesus fällt das zweite Mal am Tor von Jerusalem.**

Das Zeichen: Er weint lautlos eine Träne.

Ihr kennt doch den Brauch, sich zur Begrüßung oder zum Abschied zum Boden zu neigen oder sogar den Boden zu küssen. Sein Sturz ermöglicht ihm diesen Abschied und diesen Gruß. Er verlässt nun endgültig die Stadt, die ihm eigentlich Geborgenheit hätte geben sollen. Auch den Schutz, den er ihr früher geboten hatte, wird es nicht mehr geben. Was vor ihm liegt, ist der Aufstieg zum Kreuzigungsberg. Er fällt, damit er dem Boden nahe kommt und sagt damit: »Ich verabschiede mich von dieser Stadt, und ich begrüße den Weg, der vor mir liegt.«

Wenn er sagt: »Wehe, wehe Jerusalem! Wie ein Küchlein habe ich dich geliebt«, so ist das keine Anklage, kein Vorwurf, keine Drohung. Es ist eine Klage, aber nicht um sich, sondern um das Schicksal der Stadt: »Mein Gott, was wird dir jetzt geschehen! Jetzt tue ich meinen letzten Schritt aus dieser Stadt, jetzt kann ich sie nicht mehr schützen, ich kann sie nicht mehr erleuchten, ich kann nichts mehr für sie tun!«

»Ich habe dich so geliebt!« heißt also: »Ich habe dich geschützt, in meinen Armen gehalten, in meinen Gedanken, in meinem Herzen. Jetzt verlass ich dich, jetzt bist du auch verlassen, schutzlos in's Leben entlassen.«

Ein Schritt in die dunkle Richtung wäre eine Anklage, etwa: »Das geschieht dir recht! Das hast du nun davon!«, ein Durchschreiten des Tores hoch erhobenen Hauptes. Also, der Fall ist notwendig, um auf dem lichten Weg zu bleiben. Er gibt ihm die Gelegenheit, in Würde und liebevoll aus dieser Stadt zu gehen, sie zum Abschied noch einmal zu küssen.

Er ist auch ganz Mensch: kläglich, geschlagen, zermartert, aber er hat jetzt das Schicksal der Stadt vor Augen. Dieses ist zwar nicht endgültig festgelegt, aber eines ist klar: Diese Stadt wird in eine Zerreißprobe geraten, und zwar deswegen, weil ein sehr lichter Weg durch diese Stadt gegangen wurde und sich dennoch eine sehr schattige Welt dort einnisten und manifestieren konnte. Diese Diskrepanz von Licht und Schatten bringt natürlich das entsprechende Schicksal über eine Stadt.

Sprecht mit mir:
Herr, Du hast Dich von Jerusalem mit einem Kuss verabschiedet und der Stadt, aus der Du gestoßen wurdest, Deine Liebe und Deine Dankbarkeit bezeugt.

## 8. Station:

Herr, Du hast den Himmel geöffnet.
Herr, Du hast den Weg bereitet.
Öffne unser Herz und bereite uns.

**Jesus spricht zu den weinenden Frauen von Jerusalem.**

Das Zeichen: Er öffnet den Mund, um zu sprechen.

Er sagt: »Ihr Töchter von Jerusalem, weinet nicht über mich, weinet über euch und eure Kinder« (Lk. 23, 28). Seine Erläuterung ist in der Bibel nur verkürzt wiedergegeben: »Klagt nicht über mich, sondern achtet auf euch! Verderbt nicht! Lasst euch nicht in die schattigen Welten ziehen! Lasst euch nicht in Trostlosigkeit, Trauer, Gram und Bitternis hineinziehen, die euch dunkel machen. Wenn überhaupt, dann klagt über euch selbst, weil ihr keinen Meister mehr habt, den ihr direkt fragen, dem ihr zuhören könnt, der euch Unterricht erteilt, der euch so nahe ist, wie ich es war. Das mögt ihr beklagen, aber verfallt nicht in eine endlose Klage über mich und meinen Weggang.«

Er kündigt ja furchtbares Unglück an: »Selig die Unfruchtbaren und Brüste, die nicht gesäugt haben. Zu den Bergen werdet ihr sagen: Fallet über uns und bedeckt uns, denn wenn das am grünen Holz geschieht, was wird dann erst am dürrem Holz geschehen!« Das solltet ihr nicht missverstehen als Wut oder Unheilsankündigung mit erhobenem Zeigefinger. Es ist vielmehr eine Warnung aus echter Sorge: Es steht euch noch so viel Schwieriges bevor.

Er sagt ihnen aber noch mehr. Das wird nicht überliefert, nur angedeutet. Er fährt nämlich fort: »Es wird zwar schwere Zeiten geben, es wird Furchtbares geschehen, aber geratet nicht außer euch! Da ich nicht mehr in der Nähe bin, werdet ihr vielleicht klagen, weinen, zetern. Doch fallt nicht in Verzweiflung, Hoffnungslosigkeit, Verbitterung.« Dieser zweite Teil ist eigentlich eine Predigt gewesen, ein Aufruf: »Tut das nicht!«

Er hat gesagt: »Weint nicht über mich, ihr könnt es nicht ändern, ich gehe jetzt, ich bin nicht in irdischer Gestalt bei euch, wenn euch

Schlimmes widerfährt. Ihr könnt dann leicht außer euch geraten. Tut es nicht, sondern wendet euch an mich. Das könnt ihr so und so tun.«

Dazu gab er noch einige Anweisungen, wie man mit ihm in Kontakt bleiben kann. Er war ja gehalten, in kurzer Zeit Anweisungen zu geben, die diese Frauen verstehen konnten und die für ihre Zeit machbar waren. Er konnte ihnen z. B. nicht die ganze Innenraumlehre erklären, das war unmöglich. Er musste ganz rasch Mittel nennen, die es möglich machen, mit ihm in Kontakt zu kommen.

Es ist missverständlich, dass nur der erste Teil berichtet wird, der zweite aber nicht. Da könnte man meinen, er hätte diese Frauen etwas brüsk angesprochen. Das hat er nicht getan. Er hat ihnen angeraten: »Haltet euch an die Mutter!« Und: »Geht diesen Kreuzweg nach, weil er ein Lichtweg ist. Während ihr geht auf diesem Weg, könnt ihr mich sprechen und hören.« Ferner: »Auch wenn ihr nicht den Kreuzweg nachgeht, ist es leichter, mich zu treffen, wenn ihr überhaupt geht. Denn ich bin mein Leben lang immer unterwegs gewesen. Wer geht, kann anfangen, mit mir zu sprechen, es muss nicht der Kreuzweg sein.« Dann riet er ihnen noch: »Besucht den Garten, wo meine Grabkammer sein wird, weil ich auch dort eine Lichtspur hinterlassen werde.«

Sprecht mit mir:
Herr, Du warst in der Stunde der größten menschlichen Not noch einmal der Meister Deiner Freundinnen und Schülerinnen. Du hast sie getröstet und gelehrt.

## 9. Station:

Herr Du hast den Himmel geöffnet.
Herr, Du hast den Weg bereitet.
Öffne unser Herz, bereite uns.

**Jesus fällt das dritte Mal auf dem Kalvarienberg.**
Das Zeichen: Ein langes, hörbares Ausatmen.

Er fällt vor Schwäche und Erschöpfung. Aber zugleich verneigt er sich vor dem Berg. Man hat den Herrn nicht in einen Sumpf geführt, in ein Tal, in eine Senke: Man hat ihn aufsteigen lassen zu seiner Kreuzigung. Das war aus Sicht des Himmels das einzig Adäquate. Denn zur Kreuzigung zu gelangen, ist zwar nicht für den Menschen, aber für den Herrn ein Aufstieg, der letzte Aufstieg seines Erdenlebens.

Also, er verneigt sich vor diesem Berg und damit zugleich vor den letzten Schritten, die noch vor ihm liegen. Er nimmt auch sie damit liebevoll an, fast sogar zärtlich, und besiegt damit Angst und Hoffnungslosigkeit, die ihn für Einflüsse der Hierarchien zur Linken öffnen würden.

Er hat also dreimal den Boden berührt, die Erde besänftigt, den Weg geküsst und liebevoll angenommen. Diese Dreimaligkeit hat ihre Bedeutung. Was dreimal geschieht, wird in besonderer Weise wirksam, öffnet euch den Himmel und bereitet euch den Weg. Er küsst ja stellvertretend für euch dreimal den Boden. Der Weg ist für euch gegangen, wirklich wirksam bis ans Ende der Zeit. Hätte er den dritten Fall, den dritten Kuss ausgelassen, wäre die Wirksamkeit sehr eingeschränkt gewesen. Zudem hätte es eine Leerstelle gegeben, ein Vakuum, in das sich die dunklen Hierarchien hätten einnisten können. Indem er die Annahme des Weges dreimal bekräftigte, blieb kein Platz für das Dunkel.

Auch dass es drei Kreuze sind, ist bedeutsam, so furchtbar es ist. Noch zwei Menschen werden dort gekreuzigt. Damit ist sichergestellt, dass da keine Leerstelle bleibt, die vom Dunkel besetzt werden kann. Dass es drei Kreuze sind, ist wichtig für die Wirksamkeit des mittleren Kreuzes.

Es heißt zwar, dass sich nur ein Schächer an Jesus wendet. Der andere tut das nicht. Trotzdem nimmt der Herr auch diese Seele mit in den Himmel. Glaubt doch nicht, dass neben dem Herrn jemand sterben könnte, und seine Seele würde vom Herrn nicht ins Licht geführt! Das ist eine absurde Vorstellung. Es gibt Menschen, die bekennen sich rechtzeitig vor dem Sterben zum Licht, und es gibt Menschen, die schaffen diesen Schritt nicht. Wichtig für euch ist: Beide Seelen gelangen ins Licht! Alle beide sind selbstverständlich an der Hand des Herrn in den Himmel aufgestiegen.

Sprecht mit mir:
Herr, Du hast den Aufstieg liebevoll bedankt, und Du hast das Ende des Weges liebevoll angenommen. Du hast durch den dritten Fall den Weg wirksam gemacht und damit den Weg für die Menschen wirksam bereitet.

## 10. Station:

Herr, Du hast den Himmel geöffnet.
Herr, Du hast den Weg bereitet.
Öffne unser Herz, bereite uns.

**Jesus wird seiner Kleider beraubt.**

Das Zeichen: Er blickt zu seinen Füßen hinunter.

Man reißt ihm jetzt alles vom Leib, drückt ihm die Dornenkrone erneut auf das Haupt und reißt damit die Wunden wieder auf. Alles, was man ihm überhaupt noch nehmen kann, das Letzte wird ihm genommen in der Erwartung: »Damit nehmen wir ihm seine Würde und seine Identität.« Das ist also ein Versuch, ihn auf verschiedenen Ebenen nackt zu machen. Gleichzeitig merken sie, sie können es nicht, deswegen sind sie so wütend. Er ist zwar körperlich gebrochen, nicht aber als Charakter, nicht als Person. Würde er zum Beispiel um Gnade flehen, wären sie nicht so wütend. Sie spüren: Wir können machen, was wir wollen, er bleibt einfach königlich. Wir schaffen es nicht, ihn zu zerbrechen!

Das bringt die Hierarchien zur Linken und die von ihnen beeinflussten Schergen zur Weißglut. In ihrer Hilflosigkeit reißen sie ihm die Dornenkrone ab und setzen sie ihm schmerzhaft wieder auf, weil sie gar nicht mehr wissen, was sie noch machen sollen, um ihn zu zerstören. Sie sind wie wild geworden.

Doch letztlich ist sie die Krone, mag sie aus Dornen sein, aus Blumen oder aus Gold und Silber. Er ist und bleibt der Gekrönte. Er ist und bleibt der König, der dort ans Kreuz geschlagen wird. Das können sie nicht verhindern. Und in ihrer Wut tun sie genau das Ver-

kehrte oder eigentlich das Richtige: Sie bezeugen selbst in ihrer Wut noch, dass er der König ist!
 Er hält das schweigend aus. Sie laufen wie Wellen gegen einen Felsen. Da können die Wellen noch so tosend und wild dranschlagen, der Fels steht einfach da. Diese Felsenhaftigkeit ist die einzig lichte Verhaltensweise in einem solchen Moment. Weder wird er ohnmächtig noch wütend, noch lamentös. Er fleht nicht um Gnade. Nein, er tut gar nichts. Und damit bricht sich die Wut an ihm und wirft sich auf die, die ihn angreifen, zurück.

Sprecht mit mir:
Herr, Du hast die Würde des Menschen unantastbar gemacht, selbst angesichts gröbster Verletzungen.

## 11. Station:

Herr, Du hast den Himmel geöffnet,
Herr, Du hast den Weg bereitet.
Öffne unser Herz, bereite uns.

**Jesus wird ans Kreuz genagelt und auf demselben erhöht.**

Das Zeichen: Er nimmt Abschied von allen.

Es ist nicht sinnvoll, eine Beschreibung dessen zu geben, was da geschieht. Man kann nur erschüttert schweigen.
 Die Hierarchien zur Linken sind sprachlos, während ihnen sonst immer etwas einfällt, sie immer etwas zu sagen wissen. Hier ist Stille, sie halten den Atem an: Es geschieht, was sie bis zum Schluss verhindern wollten und nicht für möglich gehalten haben. Sie schweigen sozusagen mit offenem Mund und staunen.

Sprecht mit mir:
»Herr, Du hast Dich in diesen Stunden am Kreuz denen zugewandt, die dir am übelsten gesinnt sind, den Hierarchien des Dunkels! Und Du hast Dich den Menschen zugewandt.«

*Bei der 12. bis 14. Station kann man den Aspekt, wie er der Versuchung der Hierarchien zur Linken standgehalten hat, nicht mehr in den Vordergrund stellen.*

Die belasst ihr so, wie ihr sie kennt, als einfache Beschreibung des Vorgangs. Diese Szenen werden dann eine wichtige Rolle spielen, wenn es um die Sicht der Mutter und anderer geht.

Ich freue mich, dass ich das mitteilen durfte.

# IV.
# ERLÄUTERUNGEN
# DES HOHELEHRERS

Der Hohelehrer: Ich möchte euch den praktischen Nutzen, den ihr aus der Betrachtung des Kreuzwegs ziehen könnt, noch etwas erläutern. Eine Krise meistert man, indem man lernt, sich an Jesus Christus zu orientieren, an der Art und Weise, wie er auf die Herausforderungen der 21 Passionsstufen geantwortet hat – auf die sieben des Vorabends und die 14 des Kreuzweges. Die 22. Stufe ist für ihn die Auferstehung, für euch ein neues Weihnachtsgeschehen.

Die Orientierung an der Passion soll euch nicht erschrecken. Ihr habt ja im Allgemeinen nicht etwas derart Schlimmes zu erleiden wie der Herr. Aber was ihr durchmacht, ist schlimm genug: Ihr findet es in der einen oder anderen Passionsstufe oder auch in zweien oder dreien wieder. Ihr erleidet z. B. Ungerechtigkeit, Verrat, menschliche Enttäuschung, Hilflosigkeit, Verstoßenwerden aus einer Geborgenheit, Demütigung oder das Gefühl der Gottverlassenheit. Der äußere Anlass ist meist ganz anders, als er bei Jesus war. Aber wenn ihr das innere Geschehen auf seinen Kern reduziert, findet ihr es in den 21 Passionsstufen wieder. Jesus hat in ihnen alle dunklen Varianten der Krise selbst erfahren und euch den zielführenden Umgang mit ihnen vorgelebt.

Nicht alle Passionsstufen werden euch in gleichem Maße berühren, aber bei der einen oder anderen hakt ihr erschüttert ein: »So geht es mir auch, da könnte ich weinen. Das ist meine Wunde, das Dunkel, das ich immer wieder erfahre.« Dann nehmt euch Jesus zum Lehrer und Meister und wisst zugleich: Er geht euren Weg als euer Freund

und Bruder mit euch. Und er garantiert euch ein segensreiches Ende, d.h. den Anfang eines neuen Lebensabschnitts, den ihr stimmiger zu euch selbst leben werdet.

Ihr durchschreitet die 21 Passionsstufen nicht, damit ihr euch erneut in das Leiden versenkt, sondern damit ihr euch die positive Konsequenz jeder Stufe vor Augen führt. Die bloße Betrachtung des Leidens würde euch schwächen: Es geht aber darum, dass euch der meisterliche Umgang mit der jeweiligen Herausforderung in eurem eigenen Sein bestärkt, d.h., dass euch der dreifache Dialog – mit euch selbst, dem Himmel und der Welt – wirklich glückt. Das gelingt euch, indem ihr das Versprechen ablegt, die Herausforderungen der euch jeweils betreffenden Passionsstufen siegreich zu bestehen

Schreitet die Passionsstufen wirklich im Gehen ab. Entweder verteilt die 21 Stationen auf eurem Spazierweg oder tut 21 Schritte im Zimmer. Vergegenwärtigt euch das jeweilige Drama im Leben Jesu und zugleich in eurer Lebenssituation. Begegnet den Herausforderungen innerlich und äußerlich aufgerichtet, geradeaus in die Welt blickend. Dann versprecht, dass ihr der Herausforderung meisterlich beggnen wollt und werdet.

Wenn ihr z.B. in der ersten Station, dem letzten Abendmahl, die nicht mehr intakte Gemeinschaft zwischen Jesus und allen zwölf Jüngern vor Augen habt, denkt an eure eigenen Gemeinschaften, z.B. die Familie oder den Mitarbeiterkreis und versprecht, dass durch euch eine gelingende Gemeinschaft in die Welt kommen wird. Dann fügt hinzu »Amen«, d.h. »So sei es, ich mache das, ich verspreche es«. Wem das nicht allzu fromm erscheint, der mag noch hinzufügen: »Mit des Himmels Hilfe zu Gottes Ehre.«

Ihr könnt die ganze Passion »durchgehen« oder euch auf Abschnitte, z.B. auf jeweils sieben Stufen, beschränken oder auch eine oder mehrere Stationen immer wiederholen, je nachdem wie euch zumute ist. Ihr könnt auch die Versprechen variieren, wie es euch angemessen erscheint. Ich mache euch beispielhafte Vorschläge: Bei der Betrachtung des Vorabends könnt ihr z.B. sagen:

1. Das letzte Abendmahl: »*Gelingende Gemeinschaft* kommt durch mich in die Welt. Amen.«

2. Der Verrat des Judas: »*Verlässliche Treue* kommt durch mich in die Welt. Amen.«
3. Die Jünger schlafen: »*Aufmerksame Wachheit* kommt durch mich in die Welt. Amen.«
4. Der Moment der Klarheit: »*Mut zur Klarheit* kommt durch mich in die Welt. Amen.«
5. Die Entscheidung: »*Kraft zur Entscheidung* kommt durch mich in die Welt. Amen.«
6. Dein Wille geschehe: »*Demut* kommt durch mich in die Welt. Amen.«
7. Die Gegenwehr: »*Friedfertigkeit* kommt durch mich in die Welt. Amen.«

Auch für die 14 Stationen des Kreuzwegs mache ich euch Vorschläge, möchte aber zunächst einiges Erläuternde dazu sagen. Ihr wisst, dass ihr Schritte auf dem Heimweg zum Vater tut und dazu beitragt, schlussendlich die ganze Schöpfung heimzuführen. Ihr wisst, die Not und der Schmerz eurer Krise sind nicht von Gott gewollt, sie sind weder Strafe noch Erziehungsmittel, sondern durch die gefallenen Mächte herbeigeführt. Wenn ihr sie aber meisterlich besteht, verleiht der Himmel ihnen einen Sinn: sie führen euch in eine Neuwerdung, in eine größere Stimmigkeit.

Dazu gebe ich euch ein »Schlüsselwort« zu jeder Station und knüpfe daran einige Erläuterungen an. Auch stehe ich euch für Fragen zur Verfügung.

## 1. Station:

**Jesus wird zum Tode verurteilt.**

Das Schlüsselwort: »Ich schweige.«

Ihr sollt natürlich nicht schweigen, wenn ein ungerechtfertigter Verdacht auf euch fällt oder wenn ihr von Richtern oder Ermittlungsbeamten vernommen werdet, sei es als Verdächtiger, sei es als Zeuge. Das ist nicht gemeint! Es ist auch nicht etwa gemeint, dass ihr im Falle eines unrechtmäßigen Verwaltungsakts oder einer ungerechtfertigten Kündigung auf die Rechtsmittel verzichten solltet, die der Rechtsstaat euch zur Verfügung stellt. Ihr sollt nicht Fristen versäumen oder euch sonst unnötig in eine Situation bringen, in der ihr Unrecht erleidet.

Und wenn ihr etwas Unrechtes getan habt, dann ist es zwar menschlich verständlich, wenn ihr von eurem Recht zu schweigen Gebrauch macht, aber im Sinne des Himmels wäre es, das zu offenbaren und dann zu schweigen.

Das Schweigen wird nur wirksam, wenn der Gerechte schweigt. Jesus wurde zu Unrecht verurteilt. Das wussten auch alle Beteiligten. Und es stand ihm keine zweite Instanz zur Verfügung. Es gab nichts praktisch Sinnvolles zu sagen oder zu tun.

Ihr könnt immer wieder in eine vergleichbare Situation geraten. Ihr werdet z. B. mit Verleumdung oder übler Nachrede überzogen, es werden euch Handlungen oder Handlungsmotive unterstellt, ihr erfahrt Neid oder Bosheit oder die Agitation eines Konkurrenten, eines fanatischen Eiferers, eines rachsüchtigen oder misstrauischen und verständnislosen Menschen, sei es in der Öffentlichkeit, sei es in der Familie oder im Kreis der »Freunde« und Nachbarn. Häufig löst so etwas eine innere Krise aus.

Dann werden die dunklen Mächte versuchen, euch zu sinnlosen Wortgefechten zu verführen: zu Vorwürfen, Rechtfertigungen, emotional beladenen Diskussionen. Ihr werdet böse, nachtragend, verstrickt euch in Zank und Streit.

Jesus lebt euch die meisterliche Reaktion vor: Er schweigt.

Selbst wenn ihr direkt angesprochen werdet, solltet ihr allenfalls eine Frage mit einer Gegenfrage beantworten, ansonsten aber schweigen. So könnt ihr wie Jesus den Angriff der dunklen Mächte abwehren und licht bleiben.

*Es ist doch normal, sich zu verteidigen und zu sagen: »Der Vorwurf ist nicht gerechtfertigt?«*

Ja, natürlich, aber auch dann ist es nicht gut, selber in eine Diskussion einzutreten. Besser ist, einen Freund oder einen Anwalt zu haben, der das für euch tut. Für den anderen eintreten ist etwas Lichtes. Damals wäre es ideal gewesen, wenn das Volk für den Herrn eingestanden wäre. Das lässt sich nicht dadurch ersetzen, dass der Herr selber eine Rede hält oder gar Wundertaten vollbringt, z. B. die Ketten in Blumen verwandelt. Das hätte er tun können, es wäre auch nichts Böses gewesen, aber auch nicht vollkommen licht, denn es hätte ihn angreifbar gemacht für die dunklen Mächte.

Licht wäre gewesen, wenn das Volk gesagt hätte: »Den wollen wir nicht gekreuzigt sehen! Er hat uns nichts getan.« Nikodemus war der Einzige, der sich für ihn eingesetzt hatte vor dem Hohen Rat, aber die Jünger, die engen Freunde allesamt nicht. Es tut zwar nicht gut, die Wut hinunterzuschlucken. Es ist sinnvoll, Wut zu äußern, wenn dadurch Kräfte befreit werden, die etwas zu ändern vermögen. Im Moment des Unvermeidlichen aber stärkt jede solche Äußerung nur die Ohnmacht, und daran haben die dunklen Wesen ihre Freude.

Euer **Versprechen:** »*Gerechtes Urteil* kommt durch mich in die Welt. Amen.«


## 2. Station:

**Jesus nimmt das Kreuz auf sich.**

Das Schlüsselwort: »Ich bin bereit.«

Das Kreuz, das ihr zu tragen habt, kann z. B. eine Behinderung sein, pflegebedürftige Angehörige, schwierige Kinder, unleidlich gewordene Ehepartner, ein tyrannischer Chef, launische Mitarbeiter, garstige Nachbarn, eine gerichtliche Strafe, ein verdorbener Ruf, Verlust aller Habe, gesellschaftliche Isolation. Vielleicht habt ihr das eine oder andere selbst verschuldet, würdet das damalige Tun gern rückgängig machen, aber das geht nicht, ihr habt jetzt die Folgen zu tragen. Oder die Last liegt, wie bei Jesus, ohne jedes eigene Verschulden auf euren Schultern.

Die dunklen Mächte werden zweierlei versuchen: *Erstens* flüstern sie euch ein: »Wirf das Kreuz ab, begib dich gar nicht erst darunter! Entziehe dich deiner familiären oder beruflichen Verantwortung, verlasse deine Familie und ziehe davon, werde zum Querulanten, lege die Hände in den Schoß und tue gar nichts, nimm dir das Leben.« *Zweitens*, wenn das nicht geht: »Trage das Kreuz, aber mit Murren und Schimpfen, mit Schuldzuweisungen gegen andere, mit überzogenen Ansprüchen an deine Umwelt oder an die Gesellschaft, mit Vorwürfen gegen den Himmel, der dir dieses Schicksal gnadenlos eingebrockt hat, mit Hohn und Spott über die Religion, mit Übellaunigkeit, Menschenverachtung.«

Jesus lebt euch die meisterliche Reaktion vor: Erstens nimmt er das Kreuz auf seine Schulter, ohne sich zwingen zu lassen. Zweitens trägt er es ohne Murren. Er ist bereit, sein Kreuz zu tragen.

Tut es ihm nach, schickt euch in das Unvermeidliche.

*Was ist der Unterschied zwischen der ersten und der zweiten Station? In beiden Fällen ist es das Nicht-Widerstehen, Sich-nicht-provozieren-Lassen.*

In der ersten Station wäre der Weg ins Dunkel gewesen, sich in eine Diskussion einzulassen, zu argumentieren, sich zu rechtfertigen, auf der intellektuellen Ebene einzusteigen.

In der zweiten Station wäre es ein Handeln oder Sichwehren gewesen, z. B. diesen Balken abzuwerfen oder sich nicht freiwillig darunter zu begeben, so dass man ihn hätte zwingen müssen, ihn zu tragen. In Gedanken wäre es ein inneres Murren gewesen: »Ich tue es zwar, weil ich muss, aber eigentlich ist es ungerecht!«

Wenn ihr euch gegen Unrecht nicht zur Wehr setzen könnt, dann ist es sinnvoll, sich an den Herrn zu erinnern und zu sagen: »Du hast es für mich mitgetragen! Dann werde auch ich es schaffen und nicht murren!« Diese Haltung des Herrn macht unangreifbar für die dunklen Hierarchien. Murren mag gerechtfertigt sein, es macht aber angreifbar. Hätte der Herr z. B. Vorwürfe gemacht oder versucht, diesen Balken abzuwerfen, und still vor sich hin geschimpft, dann hätte die Hierarchie zur Linken triumphiert.

Euer **Versprechen:** »*Standfestigkeit* kommt durch mich in die Welt. Amen.«

## 3. Station:
**Jesus fällt das erste Mal unter dem Kreuz.**

Das Schlüsselwort: »Ich beruhige mich und euch.«

Ihr werdet Freunde finden, die sich über das Schicksal, das ihr zu tragen habt, empören und die es nicht in Ordnung finden, wenn ihr euch einfach so fügt. Sie versprechen euch Hilfe, wenn ihr euch dagegen auflehnt und euch zu empörten Aktionen entschließt.
Die dunklen Mächten werden euch einflüstern: »Sie haben Recht! Gemeinsam seid ihr stark! Lasst der Empörung freien Lauf, werdet aufbrausend und aggressiv.«
Jesus lebt euch die meisterliche Reaktion vor: Er beugt sich zu den Freunden, den Wesen der Erde, hinab, zeigt Verständnis für ihre Reaktion, tröstet sie und erklärt ihnen, warum er sich so entschieden hat.
Tut es ihm gleich, beruhigt nicht nur euch selbst, sondern auch eure Freunde.

Das **Versprechen:** »*Hinwendung zur Natur* kommt durch mich in die Welt. Amen.«

## 4. Station:
**Jesus begegnet seiner Mutter.**

Das Schlüsselwort: »Ich bleibe treu.«

In dieser Szene begegnen sich nicht nur Jesus und seine irdische Mutter, sondern zugleich der Gottessohn und die himmlische Mutter. Die Ewigkeit bricht für einen Moment in die Zeitlichkeit ein. Ihr empfindet einen Abglanz davon, wenn ihr erlebt, dass Momente der größten Erschütterung solche der Stille sind: Ihr erfahrt dann die Gegenwart des Himmels auf der Erde.
Auf irdischer Ebene liegt die Meinung nahe, ihr könntet euer Schicksal euren Angehörigen – Mutter, Vater, Gatten, Kindern, Freunden – nicht zumuten. Aus Pflichtgefühl, Mitleid, Sorge für die anderen

wollt ihr euch eurem Schicksal entziehen und eurer Entscheidung untreu werden. Für die anderen liegt die Versuchung nahe zu sagen: »Was tust du mir an! Gehe nicht weiter, verlasse deinen Weg um meinetwillen!«

Die dunklen Mächte werden euch einzureden versuchen, Nachgiebigkeit sei ein Gebot der Treue zu den Angehörigen.

Jesus lebt euch die lichte Reaktion vor: Es geht in erster Linie um die Treue zum Himmel und zu eurer Entscheidung: Nicht mein, nicht unser Wünschen und Trachten, sondern: »Dein Wille geschehe. Ich bleibe treu.«

Das **Versprechen:** »*Verstehen ohne Worte* kommt durch mich in die Welt. Amen.«

## 5. Station:

### Simon von Cyrene hilft Jesus das Kreuz tragen.

Das Schlüsselwort: »Ich fordere keine Hilfe, aber ich lasse mir helfen, wenn sie kommt.«

Es ist gar nicht immer leicht, auf Hilfe angewiesen zu sein. Man erlebt die Hilfe nicht nur mit Freude und Dankbarkeit, sondern oft auch mit mürrischen Gefühlen wie: Gedemütigt sein, Verbitterung: »Ich schaffe das alleine« oder auch: »Es ist nicht Hilfe genug«. Die dunklen Mächte werden versuchen, solche gemischten Gefühle in euch zu wecken.

Jesus lebt euch die lichte Reaktion vor: Er nimmt die Hilfe dankbar an, er nimmt den Helfer ernst.

Tut es ihm gleich, wenn ihr in eine vergleichbare Situation kommt. Und wisst: Es wird immer Hilfe kommen.

Das **Versprechen:** »*Hilfe* kommt durch mich in die Welt. Amen.«

## 6. Station:

**Veronika reicht Jesus das Schweißtuch.**

Das Schlüsselwort: »Ich nehme und gebe.«

Seid ihr in Not, dann ist es menschlich, jede erdenkliche Hilfe wie eine Selbstverständlichkeit anzunehmen und darüber den Dank zu vergessen. Ihr seid bedürftig, und ihr seid vielleicht gar nicht in der Lage, etwas zu geben, schon gar nicht etwas Gleichwertiges.

Die dunklen Mächte werden immer versuchen, euch in diesem Sinn zu beeinflussen. Sie wollen aus leidenden Menschen möglichst lieblose, undankbare Egoisten machen.

Jesus lebt euch die lichte Reaktion vor: Er nimmt auch die bescheidenste Hilfe dankbar an, und er gibt hundertfach zurück. Tut es ihm gleich!

Das **Versprechen**: »*Trost* kommt durch mich in die Welt. Amen.«


## 7. Station:

**Jesus fällt das zweite Mal am Stadttor von Jerusalem.**

Das Schlüsselwort: »Der Weg aus der Geborgenheit heraus schreckt mich nicht, ich gehe weiter.«

Ihr verliert eure gewohnte Geborgenheit, vielleicht eure Liebe, eure Familie, eure Wohnung, euren Arbeitsplatz, euer Amt, eure Gesundheit, euer Vermögen – kurz eure »Stadt«. Dann liegt die Versuchung nahe, euren Weg abzubrechen: Da ist zu wenig Heimat, zu viel Freiheit, zu viel des Neuen, Unbekannten, Unsicheren, vielleicht Schrecklichen: »Ich gebe auf.«

Die dunklen Mächte werden versuchen, euch möglichst lange, wenn's geht für immer, dabei festzuhalten: Ihr sollt am Bisherigen klammern, euch dem Neuen, Unbekannten, das auf euch zukommt, nicht öffnen.

Jesus lebt euch die lichte Reaktion vor: Er verabschiedet sich von der Stadt mit einem liebevollen Kuss und begrüßt das Neue, geht tapfer darauf zu. Tut es ihm gleich.

Das **Versprechen:** »*Liebevolles Loslassen* kommt durch mich in die Welt. Amen.«

## 8. Station:
### Jesus spricht zu den weinenden Frauen von Jerusalem.
Das Schlüsselwort: »Ich bleibe bei euch.«

Jesus hätte angesichts der klagenden Frauen Anlass zu Enttäuschung gehabt: »Habe ich denn als Lehrer und Meister so versagt? Haben meine Schülerinnen so wenig von dem verstanden, was ich ihnen gesagt habe?«

Wenn ihr euren Krisenweg bis hierhin halbwegs meisterlich gegangen seid, werdet ihr sicherlich über das Unverständnis vieler Menschen in eurer Umgebung erstaunt sein: Sie fassen nicht, warum ihr das so macht, sie zetern oder schimpfen oder machen euch allerlei Alternativvorschläge.

Die dunklen Mächte werden erstens versuchen, euch in Ungeduld und Unmut gegen diese Menschen zu treiben, einen inneren Gegensatz gegen sie aufzubauen, so dass ihr Ansprüche an sie stellt, denen sie nicht genügen können. Sie werden zweitens versuchen, euch in Selbstzweifel und Resignation zu führen.

Jesus lebt euch die meisterliche Reaktion vor: Er unterrichtet wie immer, erklärt, tröstet, beruhigt, weist Wege. Und er bleibt in der inneren Sicherheit, dass er es so gut macht, wie es eben möglich ist. Tut es ihm gleich!

Das **Versprechen:** »*Kluger Rat* kommt durch mich in die Welt. Amen.«

## 9. Station:

**Jesus fällt zum dritten Mal auf dem Kalvarienberg.**

Das Schlüsselwort: »Ich bleibe geduldig.«

Jesus hätte jetzt vor lauter Schwäche aufgeben können: »Ich kann nicht mehr und will auch nicht mehr. Ich will jetzt hier sterben. Ich nehme mit dem vorlieb, was ich bis jetzt geschafft habe, und lasse das Ziel einfach los, es ist mir egal.«

Ihr werdet auf eurem Krisenweg zum Neuen hin immer wieder mal in eine vergleichbare Stimmungslage geraten. Die dunklen Mächte werden alles tun, um euch darin zu bestärken und festzuhalten.

Jesus lebt euch die meisterliche Reaktion vor. Er rappelt sich auf und geht weiter. Tut es ihm gleich!

Das **Versprechen**: »*Eingestehen der eigenen Grenzen* kommt durch mich in die Welt. Amen.«


## 10. Station:

**Jesus wird seiner Kleider beraubt.**

Das Schlüsselwort: »Ich erinnere mich an das Wort des Vaters, der mich schuf.«

Man wird euch zwar nicht eurer Kleider berauben. Aber ihr könnt in Situationen kommen, in denen man eure Menschenwürde verletzt: Man stellt euch bloß, macht euch lächerlich, stellt euch als Versager hin: Ihr passt nicht in die moderne Welt, seid kein »heutiger Mensch«, seid antiquiert, habt nichts Vernünftiges zu sagen, seid ein Mensch zweiter Klasse, fast schon ein Tier.

Die dunklen Mächte werden alles tun, damit ihr den Angreifern innerlich Recht gebt: »Es stimmt ja, ich bin tatsächlich ein Wurm, ein Wicht, ein Nichts.« Hört ihr darauf, so geratet ihr in tief greifende Selbstzweifel, verliert euer Selbstverständnis und eure Selbstachtung.

Jesus hat euch die lichte Antwort vorgelebt: Ihr seid, wie er, ein Kind des Vaters, der euch liebt und ehrt, Jesus ist euer Bruder. »Der Vater hat dich und nur dich gemeint, als er dich schuf, er hat zu dir ein Wort gesagt, und das bist du! Deine Würde ist unantastbar und dir durch nichts zu nehmen!« Behaltet das im Bewusstsein!

Das **Versprechen:** »*Achtung vor der Menschenwürde* kommt durch mich in die Welt. Amen.«

11. Station:

**Jesus wird ans Kreuz genagelt.**

Das Schlüsselwort: »Ich lasse nur ein vernünftiges Maß an Angst zu.«

Etwas derart Schlimmes wie eine Kreuzigung steht euch gewiss nicht bevor, aber was kommt, ist schmerzhaft genug. Es wird noch schlimmer durch die Angst vor dem Schmerz und durch die Angst vor der Angst. Angst und Schmerz trüben das Bewusstsein. Man versucht reflexartig zu fliehen, wird vielleicht ohnmächtig. Jesus wusste, dass der Schmerz sein Ende im Sterben findet. Ihr wisst: Er findet sein Ende in einem heilsamen Neuen, ähnlich wie eine schmerzhafte Zahnoperation, die ihr Ende in einem gesunden, schmerzfreien Zustand findet.

Die dunklen Mächte werden immer versuchen, die Angst über das vernünftige, sachlich gerechtfertigte Maß hinaus zur Panik zu steigern, so dass ihr nicht mehr wohl überlegt handeln könnt, wie ein Kind, das beim Zahnarzt davonläuft. Jesus hat euch die lichte Reaktion vorgelebt: Er ließ nicht zu, dass die Angst das klare Bewusstsein trübt.

*Wollten die dunklen Mächte Jesus dazu bringen, dass er etwas unternimmt, um der Kreuzigung zu entgehen? Wollten sie verhindern, dass er ans Kreuz kommt?*

Ja! Anfangs wollten sie, dass er ans Kreuz kommt. Als sie aber sahen, welchen Sinn die Passion hat und was damit geschieht, hätten sie es lieber verhindert.

*Das heißt, sie haben jetzt begriffen, dass es eigentlich der Sieg über die Finsternis ist?*

Ja, genau! Und jetzt ist es zu spät, es ist geschehen. Jetzt sind sie geschlagen: Das wird ihnen jetzt klar. Etwas, was sie erst herbeiführen wollten, weil sie meinten, das wäre ihr Sieg, ist nun zum Zeichen ihres Besiegtseins geworden. Es wird ihnen jetzt klar, dass sie das als Allerletztes wollten. Jetzt fragen sie sich, wie sie das hätten verhindern können. Jetzt wäre es ihnen lieber gewesen, er hätte noch 30 Jahre gelebt.

*Es gibt eine ganze Reihe von Theorien, denen zufolge Jesus tatsächlich weitergelebt habe und nicht zu diesem Zeitpunkt gestorben sei. Es gibt sie in verschiedenen Varianten. Sind die inspiriert von den dunklen Hierarchien?*

Ja! Es bereitet den Hierarchien zur Linken Vergnügen, den Kreuzestod Jesu möglichst ungeschehen zu machen, also zu sagen: »Das ist alles nur Illusion, das war alles nicht so!«, damit die Menschen von ihrer Niederlage nichts mehr wissen. Wäre Jesus nicht gekreuzigt worden oder nicht am Kreuz gestorben, dann hätten die Hierarchien zur Linken einen Sieg davongetragen!

Sie wollen nicht, dass der Kreuzestod Jesu geglaubt und ernst genommen wird, weil alles, was es darüber zu wissen gibt, eine Schmach für sie ist. Das empfinden sie auch so. Nochmal zeigen, wie besiegt sie sind, ist für sie eine neue Niederlage. Jedes Gespräch darüber macht sie wütend. Sie wollen am liebsten, dass alle Menschen das vergessen und dass Theorien die Oberhand gewinnen, nach denen dieser Kreuzestod nicht stattgefunden habe.

*Ist also dieser Sieg des Lichts nicht erst in der Auferstehung gegeben, sondern bereits darin, dass Jesus den Kreuzweg erlitten hat? Kannst du uns das erläutern?*

Sein Sieg liegt darin, dass er den Passionsweg wirklich bis zum Ende durchgestanden und auf keiner Station auch nur einen Schritt in eine falsche Richtung getan hat. Er hat den dunklen Hierarchien keinerlei Handhabe gegeben, nichts, woran sie sich hätten festmachen können. Er ist unberührt von ihnen durchgeschritten und hat es bis zu Ende geschafft. Er hat es tatsächlich getan!

Das ist für die Hierarchien zur Linken niederschmetternd. Im Moment der Kreuzigung haben sie erkannt: »Dieser ist für uns unbesiegbar! Wenn er nicht von uns besiegt werden kann, dann besiegt er uns, logischerweise. Er ist der Stärkere.«

*Es ist ja sehr merkwürdig, dass das Kruzifix in allen christlichen Häusern hängt und die Menschen in diesem Sinne beeindruckt. Es ist ja eigentlich ein Symbol der Schmach und nicht des Sieges.*

Nein, es ist ein Symbol des Sieges! Bitte befreit euch doch von einer rein menschlichen Anschauung! Natürlich ist es ein Symbol unendlichen Leids, furchtbarer Pein, der Schmach, der Entwürdigung, der Marter, der Schmerzen. Das ist richtig aus menschlicher Sicht. Aber es war nicht irgendjemand, der da hing. Es war der Menschensohn und auch der Gottessohn. Es ging hier um mehr als um einen Körper, der leidet, es ging darum, Klarheit zu schaffen: Wer besiegt wen? Wer hat Macht über wen und in wessen Hände werden die Menschen schlussendlich kommen?

Insofern ist das Kruzifix das Zeichen des Sieges. Es bezeichnet den Moment, in dem die Hierarchien zur Linken geradezu erschrocken zurückweichen, mit offenem Mund hinstarren und sagen: »Das kann nicht wahr sein! Er hat es wirklich gemacht!« In diesem Moment ist ihnen klar: »Jetzt haben wir verloren!«

Nicht der wichtigste, aber ein wichtiger Aspekt ist der unbedingte Gehorsam der übernommenen Aufgabe gegenüber. Genau das ist es ja, worin die Hierarchien zur Linken versagt hatten. Der nicht unbedingte Gehorsam ist durch den unbedingten Gehorsam besiegt worden. Hätte er den Weg abgebrochen, wäre er seiner eigenen Aufgabe gegenüber ungehorsam geworden. Dass er seinem Vorsatz treu blieb, dass es nichts gab, was ihm wert war, dafür ungehorsam zu werden – das ist, was die Hierarchien zur Linken kaum verkraften können, denn genau das ist ja ihr Fehler.

Also nicht erst der Auferstandene, sondern schon der Gekreuzigte ist der Siegreiche, seine Kreuzigung ist der Augenblick des Sieges und der insofern großartige Höhepunkt. Befreit euch mal von der menschlichen Ebene, nehmt einen Moment von der Qual und dem Leid Abstand, und versucht zu verstehen: Das war der Moment des Sieges.

*Das ist sehr schwierig zu begreifen. Aber in Tiroler oder bayerischen oder sizilianischen Bauernstuben, da ist klar, dass das Kruzifix ein Symbol des Gottessohnes und des Sieges ist.*

Sonst würde es auch nicht stärken, sonst würde es ja nur schwächen und Leid bringen. Aber das tut es nicht, es ist wirklich ein Siegeszeichen! Am sinnvollsten ist ein Bild des Gekreuzigten, auf dem der Herr nicht so sehr in der Menschlichkeit gezeigt wird, also mit verkrampften Fingern, den Sehnen und den Muskeln und dem leidenden Gesicht. Das ist zwar auch ein wichtiger Aspekt: Er hat ja immerhin alles Leid empfunden, mehr noch als jeder Mensch. Aber es gibt auch die Ikonen und andere etwas stilisierte, etwas strengere Darstellungen, wo das körperliche Element zurücktritt und das Element des Herrn am Kreuz stärker hervortritt. Nehmt euch so ein Kreuz vor Augen.

*Man gibt ihm Myrrhewein zum Trinken. Er wendet schweigend das Haupt und lehnt ab.*

Diesen Becher mit Myrrhewein lehnt er ab, weil seine Annahme ein Zugeständnis wäre. Den reicht ja nicht ein liebevoller Freund, sondern einer, der hinterher Freude an der Schwäche empfinden möchte. Er hat es beleidigend gemeint: »Damit du das überhaupt aushältst, trink das halt!« Das hat nicht einen gutherzigen, sondern eher einen schmählichen Hintergrund, auch wenn der Trunk an sich schmerzlindernd ist. Aber er kommt aus der falschen Hand und wird vom verkehrten Herzen gereicht. Hätte er's getrunken, die Hierarchien zur Linken hätten triumphiert, denn er hätte alle schlechten Wünsche, den Hohn, die Beleidigung mitgetrunken.

*Da sind noch die Worte am Kreuz. Was sagst du dazu?*

Er war zur äußeren Unbeweglichkeit gezwungen, aber innerlich äußerst tätig. Er hat zunächst den Hierarchien zur Linken eine Predigt gehalten, während er dort hing. Diese konnte man natürlich mit menschlichen Ohren nicht hören. Er hat das Staunen und die Starrheit in ihren Gesichtern gesehen und hat versucht, ihnen liebevoll klar zu machen, dass es sinnvoller und schöner ist, sich dem Licht zuzuwenden.

Und er hat letzte Dinge geregelt, Menschen angeschaut, ihnen noch einiges gesagt und ein Vermächtnis gegeben. Er hat z. B. Johannes und Maria in bestimmter Weise zusammengeführt. Er hat sich auch Menschen zugewandt, die ihm übel gesinnt waren, auch Menschen, die gar nichts verstanden, die keine Ahnung hatten, wer er ist: den Schächern, den Wachleuten, die überhaupt nicht interessiert waren, denen, die außer sich waren vor Leid wie Maria Magdalena, und denen, die bloß hilflos waren. Er hat sie angeblickt, ihnen sozusagen Mut zugeblickt.

*Da gab es diesen römischen Hauptmann, der ihn aufmerksam anschaute und zu ahnen begann: »Wahrlich, dieser ist Gottes Sohn gewesen.« Hat Jesus auch mit ihm innerlich gesprochen?*

Ja! Er hat mit allen gesprochen, die er überhaupt nur erreichen konnte von seinem Hügel aus. Er hat sich von seinen Jüngern verabschiedet, er hat seiner Mutter zugesprochen, er hat seiner Freundin, der Maria Magdalena, zugesprochen, er hat den Zweifelnden zugesprochen, er hat unablässig mit Menschen innerliche Gespräche geführt, solange er das noch konnte.

*Er rief aus: »Mein Gott, warum hast Du mich verlassen?«*

Ja, er war nicht nur der Gottessohn, sondern zugleich Mensch – mit allen Konsequenzen, sogar der Verzweiflung. Aber dann sagte er: »Es ist vollbracht« (Joh. 19, 30) und »Vater, in deine Hände befehle ich meinen Geist« (Lk. 23, 46).

*Sagt er damit: »Es ist der Sieg über die Finsternis?«*

Ja! Er sagt nicht: »Mein Leben ist vollbracht!« Das wäre zu kurz gesehen, denn sein Leben wäret ewig. »Es ist vollbracht« heißt: »Die Tat ist getan, das Lebenswerk ist gelungen. Es ist klar gemacht, wer schlussendlich die Oberhand behält!«

Das **Versprechen:** »*Bekennender Glaube* kommt durch mich in die Welt. Amen.«

*Die 12.–14. Station gehörten nicht mehr zum Lehrweg des Luminathron, weil es nicht mehr darum geht, wie Jesus eine Herausforderung durch die dunklen Mächte meisterlich abwehrt. Sie enthalten aber gleichwohl Lehren, die ihr euch zu Herzen nehmen solltet.*

## 12. Station:

**Jesus stirbt am Kreuz.**

Das Schlüsselwort: »Es ist nie zu spät.«

Wer vom Leben nach dem Sterben nichts weiß, wird meinen: Nun kann der Christus nichts mehr bewirken. Was die nachfolgenden Generationen von ihm lernen können, ist nur eins: Wer seinem Wege nachfolgt, endet in Niederlage und Tod. Seine Ankläger hofften, ihn endgültig besiegt zu haben: Der ist erledigt. Und seine Freunde fürchteten anfangs, die könnten Recht haben.

Ihr wisst aber: Er ist hinabgestiegen ins Reich des Dunkels, hat das schlummernde Heimweh bestärkt, schon manch eines der dort wohnenden Wesen zur Umkehr bewogen und die schlussendliche Heimkehr aller grundgelegt.[18]

---

18 s. *Wie im Himmel, so auf Erden*, Bd. II, S. 337 ff., Bd. III, S. 97 f.

Ihr wisst ferner: Er ist auferstanden und hat im Auferstehungsleib unter seinen Jüngern gelebt.[19] Und er ist zum Himmel aufgefahren und entfaltet seine Wirksamkeit von seinem ursprünglichen Ort aus.[20]

Ihr wisst ferner: Er wohnt in euch, und er begleitet euer Leben als euer Bruder und Freund.[21]

Und ihr wisst schließlich: Wer im Dunkeln stirbt, in Unwissenheit, ohne Reue und Umkehr, ist deshalb nicht verloren. Er wird das Lichte auch im Himmel noch entdecken, wenn er nur die Augen öffnet – wie der ungläubige Schächer, der neben Jesus am Kreuz gestorben ist. Er wird sein inneres Wachstum auch in neuen Erdenleben wieder fortsetzen. Und er wird an der schlussendlichen Heimkehr der gesamten Schöpfung teilhaben. Es ist nie zu spät.

Das **Versprechen**: »*Hoffender Glaube* kommt durch mich in die Welt. Amen.«


13. Station:

**Jesus wird vom Kreuz genommen und der Mutter in den Schoß gelegt.**

Das Schlüsselwort: »Ich vergebe.«

Hier geht es um die Versuchung der Mutter durch die dunklen Mächte: Sie möchten, dass die Mutter in Schmerz und Trauer verbleibt und dass diese Emotionen sie zu Wut, bittern Anschuldigungen und Vergeltungsgedanken verleiten. Doch ihre meisterliche Reaktion ist, sich in den Zustand der Vergebung zu begeben: »Ich vergebe, denn ihr wusstet nicht, was ihr tatet.« Tut es ihr gleich.

Das **Versprechen**: »*Liebender Glaube* kommt durch mich in die Welt. Amen.«

---

19 s. *Wie im Himmel, so auf Erden*, Bd. II, S. 102 ff.
20 s. *Wie im Himmel, so auf Erden*, Bd. IV, S. 152 ff.
21 s. *Wie im Himmel, so auf Erden*, Bd. I, S. 73 f.

14. Station:
## Der Leichnam des Herrn wird ins Grab gelegt.
Das Schlüsselwort: »Das Leben geht weiter.«

Ihr werdet angesichts des Verlustes, der euch in die Krise geführt hat, geneigt sein, zu meinen: Alles Lebenswerte ist verloren. Das Leben hat keinen Sinn und Wert mehr. Darin werden euch die dunklen Mächte immer zu bestärken versuchen, so dass ihr mit dem Leben nicht mehr zurechtkommt.

Ihr wisst aber: Es folgt wieder Weihnachten, ihr werdet wieder jung und neu. Fangt damit an, die kleinen, alltäglichen Dinge zu erledigen, steckt euch neue Ziele und geht mutig und vertrauensvoll auf sie zu: »Ich und das Leben – wir gehen weiter.«

Das **Versprechen:** »*Wissender Glaube* kommt durch mich in die Welt. Amen.« Und wenn euch die Erfahrung der Heilwerdung mit so viel Gottvertrauen und Dankbarkeit erfüllt haben sollte, dass euch danach zumute ist, dann könnt ihr hinzufügen: »Mit des Himmels Hilfe zu Gottes Ehre.«

# V.
# DER KREUZWEG
# MARIA MAGDALENAS

Der Kreuzweg Jesu aus der Sicht der Maria Magdalena zeigt die Krise der liebenden Freundin, die also nicht nur ihren Meister und Lehrer, sondern auch ihren Gefährten und Freund verliert. Sie ist so betroffen wie jemand, der in eine Beziehungskrise gerät, dessen Ehe auseinander geht, dem die große Liebe zerbricht. Wenn eure Situation ähnlich ist, dann wäre es sinnvoll, diesen Weg zu gehen und zu sagen: »Ich erkenne mich in Maria Magdalena ein bisschen wieder. Auch bei mir geht es jetzt z. B. darum, den geliebten Menschen loslassen zu müssen.«

(Wir haben die heilige Maria Magdalena gebeten, uns zu erzählen, wie sie den Passionsweg des Herrn erlebt hat. Es ist, als säße sie wie ein Gast in unserem Kreis.)

Maria Magdalena: Es ist vielleicht schön für euch zu wissen, dass es eine sehr innige Beziehung gab zwischen dem Herrn und mir. Wir pflegten eine Art Ritual, wenn wir einander begegneten, egal, ob wir allein oder ob andere Menschen dabei waren. Das war sozusagen ohne Worte abgesprochen. Dieses Ritual bietet sich als Gebetsformel für diesen Kreuzweg an, wenn ihr das möchtet.

Der Herr und ich haben zunächst einander angeblickt und dazu gesprochen:

*»Mein Blick zu Deinem Blick.«*

Wenn ihr das betet, nehmt ihr meine Stelle ein. »Mein Blick« meint dann euren. Stellt euch dabei vor, der Herr käme auf euch zu oder ihr auf ihn. Ihr könnt das übrigens auch bei anderen Anlässen sagen, immer wenn ihr euren Blick zum Himmel richtet und das Gefühl habt, der Herr ist ziemlich weit entfernt. Dann sagt innerlich: *»Mein Blick zu Deinem Blick.«* Ihr werdet dann die Empfindung haben, dass er euren Blick erwidert.

Das Zweite war, dass wir uns die Hände gaben, und zwar nicht über Kreuz, wie ihr das macht, sondern meine Rechte und seine Linke oder meine Linke und seine Rechte. Das Wort dazu war:

*»Meine Hand in Deine Hand.«*

Ich bitte euch herzlich, das nachzuempfinden. Die Hand des Herrn war nicht ausgesprochen männlich, doch immer so, dass man das Gefühl hatte: sie umfasst die ganze Hand mit einem spürbaren Griff, der sicher ist und fest und warm und gut, einfach gut. Ihr solltet wirklich das Gefühl haben, ihr legt eure Hand in die Hand des Herrn.

Das Dritte: Es war mir – wie Johannes – erlaubt, mich anzulehnen an seine Brust. Das war nicht eine körperlich-sinnliche Geste, sondern eher so, wie wenn ein Kind sich an die Brust eines Erwachsenen lehnt, also mit dem Kopf in die Halskuhle und mit dem Körper einfach so an die Schulter. Und dazu gehört die Zeile:

*»Mein Herz an Deinem Herzen.«*

Die vierte Zeile bedeutet, dass das Leben mit diesen Dimensionen erst möglich wird, wenn man sich dem Herrn ganz in die Hand und an das Herz gibt:

*»Mein Leben durch Dein Leben.«*

Das Leben wird anders, wenn ihr den Herrn für euch ernst nehmt, ihn zum Freund und Führer und Gefährten und Meister erklärt. *»Mein Leben durch Dein Leben«* heißt für euch, dass euer Leben immer durchwoben ist von einem Faden aus dem Leben des Herrn.

Ihr solltet versuchen, euch alles so vorzustellen, dass ihr den Herrn als einen sehr Nahen empfindet.

*Wenn wir diesen Kreuzweg beten, gehst du, heilige Maria Magdalena, dann mit uns auf diesem Weg?*

Ihr nehmt dann meine Stelle ein, ich trete zurück. Ihr geht diesen Weg an meiner Statt. Ich bleibe in der Nähe, aber das ist dann euer Platz. Der Platz an der Brust des Herrn steht jedem zu, der ihn einzunehmen wünscht, da gibt es keine Auserwählten, »Besonderen«. Wer es möchte, darf es tun, ich lasse ihm dann den Vortritt. Jeder, der den Herrn so liebt, ist von Herzen willkommen. Liebe erhebt keinen Besitz- oder Exklusivitätsanspruch, im Gegenteil: Sie wünscht sich zu vermehren. Je mehr wir sind, desto schöner wird es. Man nimmt mir damit nichts weg, sondern gibt mir dazu.

Also, ihr geht diesen Weg nicht mit mir, sondern seid in diesem Moment Maria Magdalena – nicht ganz, aber halbwegs. Die Beziehung zwischen dem Herrn und euch ist dann eine von Du auf Du, nur zwischen euch zweien, so sollte euer Empfinden sein! Das ist fast wie eine Liebesbeziehung, wenn ihr einmal die sexuelle Komponente weglassen könnt. Es ist eine ganz intime, innige und liebevolle Zweierbeziehung. Was er sagt, solltet ihr so empfinden, als sagte er es speziell für euch. Dann ist es von der Stimmung her richtig.

Jetzt wollen wir das einmal miteinander üben.

## 1. Station:

**Jesus wird zum Tod verurteilt.**

Das Zeichen: Er nimmt einen tiefen Atemzug.

Haltet euch die Situation vor Augen, als wäre es ein Film, in den ihr aber mit hineingeratet. Ihr seht den Herrn, wie er dasteht und verurteilt wird. Werft ihm über die Menschenmenge euren Blick zu und fangt seinen Blick auf und betet dazu:

»*Mein Blick zu Deinem Blick.*«

Dann nähert ihr euch dem Herrn, ganz gleich, wer euch da abhalten mag, ob es schwierig, mühselig, gefährlich erscheint. Bahnt euch den Weg, bis ihr so nah seid, dass ihr die Hand des Herrn berühren könntet, wenn es denn möglich ist. Es wird ja Stationen geben, wo das nicht so ist, dann solltet ihr aber versuchen, auf Armeslänge in seine Nähe zu kommen. Sprecht dazu:

»*Meine Hand in Deine Hand.*«

Dann solltet ihr noch ein Stückchen näher gehen:

»*Mein Herz an Deinem Herzen.*«

Empfindet diese Nähe so, dass ihr mit der Zeit das Herz des Herrn schlagen hört. Vielleicht hört ihr auch das eure, voller Angst oder voller Zorn und sehr schnell, weil ihr euch habt anstrengen müssen – oder ihr hört das seine sehr schnell. Vielleicht gelingt es euch irgendwann, im Einklang miteinander die Herzen schlagen zu lassen. Dazu betet:

»*Mein Leben durch Dein Leben.*«

Das heißt: »Mein Leben wird erst durch das Deine, deswegen stehe ich für Dich ein.« Das braucht ihr nicht laut auszusprechen. Sagt es nicht als bloße Formel! Es kommt darauf an, dass ihr das Gefühl habt, ihr würdet jetzt, wenn der Herr euch bitten würde oder wenn es Not täte, mit ihm zusammen seinen Weg mitgehen: Ihr seid ihm so nah, er ist euch so lieb, so wichtig, dass ihr alles tun würdet, um an seiner Seite dasselbe zu erleben, was er jetzt zu erleben hat.

Ihr habt ja die Sicherheit, dass er es nicht von euch verlangen wird. Aber ihr solltet versuchen, euch eine solche Nähe, Freundschaft, Verehrung und Liebe vorzustellen, dass ihr es tun würdet.

Dann kommt etwas sehr Schönes: Der Herr flüstert euch ganz leise ein Wort zu. Das hören die anderen nicht, die drumherum stehen, er spricht nur zu euch, nur für den, der sich so an seine Halskuhle lehnt, ganz intim. Er wendet euch den Kopf so ein bisschen zu.

Er hat eine angenehm tiefe männliche Stimme, vom Ton her wie Altgold, auch wenn er leise spricht: sehr wohlklingend, tragend, deutlich und wohltuend, einfach gut.

Stellt euch also dieses Bild vor: Ihr habt euch durch die Menschenmenge durchgearbeitet bis zu ihm, der angepöbelt und ungerecht verurteilt wird. Ihr habt euch so an seine Brust gelehnt, und er kann sich ein bisschen zu euch wenden.

Seine Sätze beginnen immer mit: »Liebe ist ...« oder »Lieben heißt ...«. Auf der ersten Station des Kreuzwegs sagt der Herr:

»*Lieben heißt, darüber hinweghören.*«

Damit ist Folgendes gemeint: Wenn ihr Menschen hört, die euch beleidigen, die laut werden und ungehalten sind, die euch ungerecht angreifen, dann richtet euren Blick und eure Ohren über sie hinweg zu ihrem Sonnenengel oder ihrem Schutzengel. Hört jedenfalls *nicht* auf ihren Mund, durch den ihr Doppelgänger spricht. Schaut über ihre momentane Verfassung hinweg auf das, was der Mensch in Wirklichkeit ist, was sein ewiges Wesen ausmacht.

Der Anspruch dieser Sätze ist sehr hoch. Aber der Herr sagt sie, damit man es versucht, auch wenn es nicht gleich gelingt.

Also »*Lieben heißt, darüber hinweghören*« bedeutet: Schau auf das, was der Mensch ewig ist, was an Lichtem und Himmlischem in ihm ist, und nicht auf seine ausfälligen, aggressiven Worte. Ihr solltet das künftig wirklich versuchen!

2. Station:

**Jesus nimmt das Kreuz auf sich.**

Das Zeichen: Er erhebt die Augen zum Himmel.

Nähert euch ihm wieder Schritt für Schritt an und sprecht dazu:

*Mein Blick zu Deinem Blick,*
*meine Hand in Deine Hand,*
*mein Herz an Deinem Herzen,*
*mein Leben durch Dein Leben.*

In dieser Situation kann euch der Herr die Hand natürlich nicht geben. Aber ihr könntet eine seiner Hände streicheln oder kurz berühren oder wenigstens eure Hand in diese Richtung ausstrecken. Und ihr solltet euch kurz seiner Brust nähern, soweit es geht.

Dann hört ihr wieder dieses leise Wort, und das heißt diesmal:

»*Lieben heißt, unter aller Last gerade zu stehen.*«

Damit ist dreierlei gemeint:

1. Die Last, die du zu tragen hast, sollst du in Liebe tragen.
2. Wie schwer sie dich auch drücken mag, bleibe aufrecht. Denn als Mensch bist du geboren, aufrecht zu gehen. Lass das nicht fahren, werde nicht zu einem Tier oder zu einem gebrochenen Wesen, sondern bleib in deiner Liebe zum Menschsein aufrecht.
3. Richte auch unter aller Last die Augen in Liebe zum Himmel.

## 3. Station:

**Jesus fällt das erste Mal.**

Das Zeichen: Er nützt die Gelegenheit, um die Erde zu berühren, zu küssen, zu kräftigen, zu würdigen und zu belehren.

Ihr wisst ja, warum er fällt. Er fällt, weil die Erde es nicht begreifen kann, weil die Erde es nicht zulassen will, weil die Natur sich wehrt gegen diesen ungerechten Vorgang und ihn aufhalten will. Und ihr wisst ja auch, dass der Herr in diesem Moment, wo er der Erde nahe ist, die Wesen der Erde tröstet, sie belehrt und ihnen gut zuredet.

Also hier wäre eure Rolle, ihm in die Augen zu schauen, kurz bevor er fällt: *Mein Blick zu Deinem Blick.* Dann kommt ihr näher und berührt seine Hand: *Meine Hand in Deine Hand.* Dann könnt ihr auf die Knie gehen und versuchen, ihm ein bisschen aufzuhelfen und ihn zu stützen. So kommt ihr in die Nähe der Brust des Herrn: »*Mein Herz an Deinem Herzen.*« In dem Moment, wo er wieder Luft holt und sich aufrichtet, könnt ihr einen Moment an dieser Kuhle ruhen und sagen: »*Mein Leben durch Dein Leben.*« Es ist, als teiltet ihr mit ihm die Mühsal, hinzufallen und wieder aufzustehen.

In diesem Moment hört ihr das Wort:

»*Lieben heißt, die Kleinen nicht zu vergessen.*«

Damit sind nicht Kinder gemeint, sondern die Naturwesen, all das, was nach eurer Schöpfungsvorstellung geringer einzustufen ist als ihr Menschen. Also die Tiere, die Pflanzen, die Naturgeister, die Natur insgesamt, wovon gesagt ist, ihr dürft es euch untertan machen. Die sollt ihr nicht gering schätzen, die sollt ihr nicht übergehen! Die sollt ihr nicht uninformiert und nicht ohne Zuspruch lassen! Darum sollt ihr euch kümmern!

## 4. Station:
**Jesus begegnet seiner Mutter.**

Das Zeichen: Beide blicken einander in die Augen.

Sie schauen sich an und sagen nichts als »Mein Sohn« – »Meine Mutter«. Alles wird still, als würde die Luft angehalten. Alles hält inne, nichts geht weiter, nichts bewegt sich. Einen Moment lang steht die Zeit still.

Es ist in diesem Zusammenhang vielleicht wichtig, wie das Verhältnis zwischen Maria und mir war. Es war ein sehr angenehmes und liebenswürdiges. Ihr sollt nicht meinen, es hätte irgendwelche Schwierigkeiten, Zwistigkeiten, Konkurrenzkämpfe oder Eifersüchteleien oder so etwas gegeben, weder zwischen uns beiden, noch überhaupt zwischen den Frauen, die um Jesus waren – und das waren viele. Wir waren freundschaftlich verbunden und freuten uns, jede auf ihre Weise, vom Herrn anerkannt, verehrt, zum Teil mit Aufgaben betraut zu sein. Die Mutter Maria hat in mir fast eine Art Tochter gesehen, und sie war für mich so etwas wie eine junge Mutter.

Wieder gilt für euch dasselbe: Zuerst der Blick, dann in die Nähe gehen und die Hand ergreifen. Die Mutter wird das mit Wohlwollen betrachten, sie wird nicht sagen: »Das ist *mein* Moment!«, sondern sie wird sich zurückhalten und euch den Vortritt lassen. Das heißt, ihr nähert euch, bis ihr an der Brust des Herrn zu ruhen kommt:

*Mein Blick zu Deinem Blick,
meine Hand in Deine Hand,
mein Herz an Deinem Herzen,
mein Leben durch Dein Leben.*

Dann sagt der Herr leise:

*»Liebe ist Ewigkeit in jedem Moment.«*

Denn Liebe ist die Kraft, die euch ermöglicht, in jedem Moment den Fluss der Zeit zu verlassen, ihn einen Moment lang auszuschalten, indem die Kraft der Vertikalen des Himmels zur Erde hin und der Erde zum Himmel hin wirksam wird. Also die starke Wirksamkeit der Vertikalen hebt diesen Fluss in der Horizontalen für einen Moment auf.

Immer dann, wenn ihr jemandem in dieser himmlischen, in dieser sehr intensiven Liebe begegnet, steht die Zeit still, hört einfach auf, und die Begegnung bekommt den Raum, den sie braucht. Das kann ein Moment sein, in dem ihr euch begrüßt oder verabschiedet oder etwas ganz Wichtiges einander zu vermitteln habt. Dann wird ein Moment zur Ewigkeit, die Ewigkeit fällt in einen Moment hinein und wird wirksam. Wer diesen Passionsweg betet, erlernt die Kunst, in dieser Art und Weise zu lieben.

## 5. Station:

**Simon von Cyrene hilft Jesus das Kreuz tragen.**

Der Querbalken des Kreuzes wird von der Querlage in die Längslage gebracht. Simon steht hinter Jesus.

Das Zeichen: Jesus ergreift das Kreuz neu, fasst zu.

Ihr macht wieder dasselbe. Ihr nähert euch also dem Herrn. Auch hier berührt ihr eher seine Hand, als dass er die eure nehmen könnte. Vielleicht kann er das auch, kurz bevor er den Balken noch fasst, das werdet ihr sehen. Jedenfalls könnt ihr euch an die Seite, wo der Balken nicht liegt, anlehnen.

*Mein Blick zu Deinem Blick,*
*meine Hand in Deine Hand,*
*mein Herz an Deinem Herzen,*
*mein Leben durch Dein Leben.*

Dann wendet er euch wieder das Gesicht zu und spricht ganz leise:

»*Liebe ist, Hilfe dankbar annehmen zu können.*«

Das klingt so schlicht, denn ihr mögt sagen: »Das ist doch klar, dass man immer dankbar ist, wenn einem geholfen wird.« Aber dem ist nicht so. In Wirklichkeit ist das Annehmen von Hilfe wesentlich schwieriger als das Helfen, weil das Annehmen von Hilfe in eine Position der Abhängigkeit versetzt, in der man sich schwächer, hilfloser, kleiner fühlen mag als der, der hilft. Dieser scheint in diesem Moment der Stärkere, über mehr Mittel Verfügende zu sein. Die Position der Unterlegenheit löst normalerweise nicht Dankbarkeit aus, sondern eher Scham, Aggression, Groll, wenn auch vielleicht unbewusst. Es gehören innere Gelassenheit, Souveränität und eine sehr große Liebe dazu, Hilfe dankbar annehmen zu können! Bittet um diese Liebe, man wird euch helfen, sie zu entwickeln.

Wenn einer euch hilft, ist das auch Hilfe für ihn! Und so sind beide gleichzeitig in dieser Gegebenheit: Der, der Hilfe bekommt, und der, der hilft. Der Hilfesuchende hilft dem Helfer, eine Hilfsmöglichkeit zu finden und sich darin zu bestätigen. Das Spiel kann sich sehr schnell umdrehen. Also lernt, Hilfe dankbar anzunehmen!

## 6. Station:

**Veronika reicht Jesus das Schweißtuch.**

Jesus gibt es ihr mit seinem Abbild zurück.

Das Zeichen: Er streichelt dem Kind, das Veronika begleitet und ihm zu trinken geben möchte, zärtlich über den Kopf.

Ihr seid in der Position von Veronika, schaut den Herrn an, geht auf ihn zu, berührt seine Hand und legt euch an seine Schulter. Veronika wird euch den Vortritt lassen. Ihr sagt dazu:

*Mein Blick zu Deinem Blick,*
*meine Hand in Deine Hand,*
*mein Herz an Deinem Herzen,*
*mein Leben durch Dein Leben.*

Dann nimmt er dieses Schweißtuch und drückt es an sein Gesicht. Er tut es auch für euch, ihr seid mit einbezogen. Der Herr nimmt eure Hand und legt das Tuch für einen Moment darüber.

Ihr seid noch bei ihm, wenn das Kind ihm etwas zu trinken geben will. Das geht aber nicht, es wird abgedrängt. So wie der Herr schaut auch ihr ihm entgegen und müsst trotz allem ein wenig lächeln über dieses Kind, das ein bisschen ängstlich versucht, ihm dieses Gefäß irgendwie zu geben, und dann nicht weiß, soll es jetzt dableiben oder weglaufen; es wird nicht fertig mit der Situation. Der Herr streicht ihm über das Köpfchen. In dem Moment sagt der Herr einen Satz, so leise, dass nur das Kind und ihr ihn hören könnt. Es ist fast, als wäret ihr für eine Sekunde eine kleine Familie. Denkt euch alle anderen Gegebenheiten weg: da ist der Herr, da seid ihr, Veronika und das Kind. Ihr lächelt auf dieses Kind hinunter, und das guckt zu euch hoch. Der Herr sagt mehr zu dem Kind als zu euch, aber er meint auch euch damit:

*»Liebe ist, es immer wieder zu versuchen.«*

Damit möchte er das Kind trösten: »Macht nichts! Schau, wenn du das nächste Mal helfen willst, dann wird es besser gelingen.«

Es immer wieder versuchen bedeutet:

1. Gebt die Hoffnung nicht auf!
2. Gebt euch selbst nicht auf! Gebt euch eine neue Chance! Gesteht euch zu, dass ihr es immer wieder versuchen könnt. Seid sicher, dass der Himmel euch immer wieder neue Möglichkeiten bieten wird!
3. Vergesst nicht, verdrängt nicht, was ihr eigentlich tun wolltet! Verliert den Gedanken, die Idee, das Ideal, das Ziel, das euch wichtig ist, nicht aus dem Kopf, nicht aus dem Herzen, nicht aus dem

Blick. Das ist etwas, was euch dem Kinde ähnlich macht und euch euer ganzes Leben lang immer wieder ein Kindhaftsein gestattet: Gebt nicht auf! Hört nicht auf, an etwas festzuhalten, etwas verwirklichen zu wollen! Wenn ihr aufhört, lasst ihr das Kind in euch hinter euch.

## 7. Station:

**Jesus fällt das zweite Mal – beim Stadttor – unter der Last des Kreuzes.**

Das Zeichen: Der Herr weint lautlos eine Träne.

Er küsst den Boden. Ihr wisst ja, dass der Herr weint, weil er die Stadt endgültig hinter sich lassen wird. Er nimmt Abschied von etwas, was ihn umgeben hat, was er sehr geliebt hat, was ihm eine gewisse Geborgenheit gab, wie das eben eine Stadt so tut, auch ein Raum oder ein Haus oder eine bestimmte Gegebenheit, in der ihr lebt, an die ihr euch gewöhnt habt.

Jede Situation, in der ihr das Gefühl habt, zu Hause zu sein, geschützt zu sein, geborgen zu sein, ist so eine Art von »Stadt«. Immer wieder kann es euch im Leben passieren – und wird euch passieren –, dass ihr aus einer »Stadt« gejagt werdet oder hinaustretet, vielleicht auf Nimmerwiedersehen. Ihr verlasst vielleicht eine Beziehung, einen Arbeitsplatz, einen Wohnort und wisst: Diese Art von Geborgenheit kommt so nicht wieder.

Auch hier geht mit ihm auf die Knie, wenn er den Boden küsst, helft ihm wieder hoch und stützt ihn ab, so dass er sich leichter tut. Achtet auch auf seine Träne, und dann legt den Kopf wieder in diese Beuge.

*Mein Blick zu Deinem Blick,*
*meine Hand in Deine Hand,*
*mein Herz an Deinem Herzen,*
*mein Leben durch Dein Leben.*

Dann sagt der Herr still zu euch:

»*Lieben heißt, hinter sich zu lassen.*«

Damit ist nicht nur »Lebewohl« gemeint, sondern etwas in Frieden hinter sich lassen können. Wenn ihr aus einer »Stadt« weggeht, vielleicht sogar gejagt werdet, dann geht nicht im Groll, nicht in Wut und Zorn (es sei denn, es ist ein »Heiliger Zorn« aus bestimmten Gründen). Geht nicht im Bösen, sondern begreift, dass – wie auch immer die äußeren Umstände sein mögen – die Liebe die Kraft ist, etwas hinter sich zu lassen, mit einer Träne für euren weiteren Weg und einer Träne für das, was ihr zurücklasst. Geht in Frieden. Dreht euch nicht mehr um! Hebt nicht die Faust zum Himmel! Schwört nicht Rache oder Vernichtung! Sagt nicht: »Ich komme wieder!« Klammert euch nicht an das, was ihr verlassen wollt oder verlassen müsst, sondern lasst es im Guten hinter euch und zieht eures Weges.

Etwas im Guten hinter sich lassen, gelingt dann, wenn ihr weinen könnt. Denn dann könnt ihr auch lächeln. Wer das Weinen durchgestanden hat, beendet es im Lächeln und weint um sich, aber auch um das, was er verlässt. Das solltet ihr bedenken! Wenn ihr weint, weint um euch, das ist in Ordnung, aber auch um das, was ihr verlasst. Das gibt euch Souveränität und die notwendige liebevolle Haltung. Es geht hier nicht um die Frage, wie gerecht es ist, dass ihr gehen sollt oder vielleicht sogar müsst, oder ob die Art und Weise, wie ihr da gehen sollt oder müsst, gerechtfertigt ist. Hier geht es um die stimmige Position: Findet ihr die innere Haltung der Liebe oder nicht?

## 8. Station:

**Jesus tröstet die weinenden Frauen von Jerusalem.**

Der Herr wendet sich den Frauen zu, die Menge wird still. Er will etwas sagen.

Das Zeichen: Er öffnet den Mund, um zu sprechen.

Hier könnt ihr wunderschön so an seiner Brust ruhen. Er steht ja einen Moment still. Er kann die eine Hand vielleicht frei machen, so dass ihr eure in die seine legen könnt. Er ist diesen Frauen zugewandt, und ihr ruht in dieser Kuhle, mit eurem Herzen am Herzen des Herrn.

*Mein Blick zu Deinem Blick,*
*meine Hand in Deine Hand,*
*mein Herz an Deinem Herzen,*
*mein Leben durch Dein Leben.*

Ihr seid jetzt in einer Mittler-Position zwischen ihm und den Frauen. Was er euch sagt, sagt er auch den Frauen. Er flüstert es zuerst euch zu, die ihr diesen Weg gerade betet:

»*Liebe ist, sich trösten zu lassen.*«

Er sagt *nicht:* »Liebe heißt trösten können.« Das wäre etwas anderes. Ein noch viel größeres Zeichen von Liebe ist es, sich in einer traurigen, schweren, vielleicht ausweglosen Situation trösten *zu lassen!* Tröstbar zu sein bedeutet, dass man die Hoffnung nicht aufgibt, den Weg nicht abbricht, durch die härtesten Schläge des Schicksals nicht gebrochen wird. Tröstbar zu sein bedeutet auch, dass man – wie die Frauen in dieser Situation – auf den Herrn hört, also nicht Augen, Ohren, Herz und Verstand verschließt, sondern dem Herrn die Chance gibt, einem etwas sagen zu können.

In welcher Gestalt sich der Herr euch dann nähert, ist nicht gewiss. Es mag ein Buch sein, ein Mensch, ein Musikstück, eine Blume, ein Kind oder ein Tier, das auf euch zukommt und euch trösten möchte. Nehmt es an als Wort des Herrn, vermittelt durch irgendjemand oder irgendetwas. Das möchte euch offen vorfinden. Untröstbar sein heißt auch, verschlossen sein für den Herrn, den Himmel zurückweisen.

Derjenige, der tröstet, ist in diesem Moment nicht in der Situation, zu hadern mit dem Himmel oder verschlossen zu sein. Er ist der Stärkere mit dem Himmel im Rücken. Das schwerere Los hat der, der zu trösten ist, nicht der, der tröstet. Trösten zu können ist auch eine Kunst, aber die größere Kunst ist, sich trösten zu lassen, nicht untröstlich zu sein.

## 9. Station:
### Jesus fällt das dritte Mal unter dem Kreuz.

Er fällt bergauf, kurz vor dem Erreichen des Hügels von Golgotha. Diesmal fällt er aus Schwäche und Erschöpfung.

Das Zeichen: Ein langes, hörbares Ausatmen.

Da macht ihr's wieder so: Ihr fallt oder kniet gemeinsam mit ihm hin und helft dem Herrn dann auf. So kommt ihr ihm nahe, er ist euch dankbar. Ihr betet:

*Mein Blick zu Deinem Blick,*
*meine Hand in Deine Hand,*
*mein Herz an Deinem Herzen,*
*mein Leben durch Dein Leben.*

Er flüstert euch zu:

»*Lieben ist, mit den Schwachen zu sein.*«

Der Herr sagt *nicht:* »Lieben heißt die Schwachen lieben.« Das wäre wiederum etwas anderes. Dann wäre da ein Gefälle: Ihr seid oben, die Schwachen sind unten. Sie knien, sitzen oder liegen, und ihr steht. Ihr verteilt vielleicht Almosen, redet liebe Dinge, lächelt ihnen zu. Ihr liebt zwar, aber von oben herab, verharrt in einer gewissen Distanz, liebt als ein Starker die Schwachen. Das ist nicht gemeint. Der Herr ist in diesem Moment nicht ein Starker. Er ist schwach, er stolpert, er fällt, er kann nicht mehr, er ist am Ende seiner Kräfte und seines Durchhaltevermögens. Er braucht alle himmlische Hilfe, um diese letzten Schritte zu gehen. Er ist der Schwache, dem ihr helft, sich aufzurappeln.

Ihr sollt nicht die Schwachen lieben aus der Stärke heraus, sondern liebt, indem ihr mit den Schwachen seid, euch unter sie mischt, unerkennbar unter ihnen seid, einer von ihnen, ohne das unbedingt zu sein. Das heißt natürlich nicht, ihr müsstet drogenabhängig werden, wenn ihr Drogenabhängigen, oder behindert, wenn ihr Behinderten, oder ausgegrenzt, wenn ihr Ausgegrenzten helfen wollt. Das nicht! Aber ihr sollt euch unter sie begeben, ihr sollt versuchen, sie zu verstehen, indem ihr mit ihnen geht, mit ihnen lebt. Hört, was sie zu sagen haben, versucht, so zu sprechen wie sie, euch einmal in ihr Gedanken- und Weltbild hineinzuversetzen und zu sehen: Wie sieht das aus ihrer Sicht aus? Wie sieht die Welt aus, welche Perspektiven hat man, wenn man gestolpert ist und am Boden liegt?

Verständnis haben heißt, für den anderen einzustehen. Was ihr in dieser ganzen Passion eigentlich tut, ist, in Würde für den Herrn einzustehen: »Ich versuche, Deinen Weg und auch Dein Stolpern zu verstehen. Ich versuche es nicht großmütig, sondern ich versuche, aus Deiner Sicht die Welt zu sehen, Deine Schwäche wirklich mitzuempfinden. Ich könnte sogar für Deinen Hader mit dem Himmel einstehen, für Deine Hoffnungslosigkeit, Deine Verlorenheit, Deine Bitterkeit, Deine Wut!« Diesen Passionsweg beten heißt, um solche Art von Liebe oder Liebesfähigkeit zu bitten. Es geht darum, diese Fähigkeit auszubilden, bewusst zu machen, zu stärken, zu trainieren, leben zu lernen.

Der Himmel macht das genauso. Alle himmlischen Wesen sind mit euch, wenn ihr stolpert, taumelt, verzagt, strauchelt, zögert, hinfallt, wenn ihr euch für das wenig Lichte entscheidet. Ihr sagt zwar, dass der Himmel »oben« sei. Das ist auch hübsch, denn damit habt ihr eine Blickrichtung gewählt, die euch gegen die Schwerkraft aufrichtet. Das heißt aber nicht, dass der Himmel mit einem etwas pejorativen Unterton auf euch herabblickt.

## 10. Station:

**Jesus wird seiner Kleider beraubt.**

Man kann ihm nichts mehr wegnehmen.

Das Zeichen: Er blickt auf seine Füße hinunter.

Hier, wo alle wüten und zürnen und sich wie wild gebärden, wartet ihr diesen Moment ab, wo der Herr den Blick senkt. Dann richtet er ihn auf euch, und ihr sagt wieder: »*Mein Blick zu Deinem Blick.*« Dann nähert ihr euch ihm und sagt: »*Meine Hand in Deine Hand.*« Dann ruht ihr wieder so an ihm und sagt: »*Mein Herz an Deinem*

*Herzen.«* Er ist in diesem Moment der ganz Alleinige, der ganz Geschlagene, der ganz und gar Entblößte. Trotzdem wird er die Gelegenheit nutzen. Vielleicht legt er so ein bisschen den Arm um euch, so dass ihr das Gefühl habt, für einen Moment bleibt die Zeit stehen und kehrt Ruhe ein. Der Herr senkt den Kopf etwas und ist müde, traurig über diese Entwürdigung, die die Menschen ja in Wirklichkeit sich selbst antun, sie stellen ihr Menschsein und damit das Wesentliche in Frage. Ihr aber sagt: *»Mein Leben durch Dein Leben.«*

Dann hört ihr, wie er ganz leise sagt:

*»Liebe ist durchhalten.«*

Also, Liebe heißt: nicht aufgeben, nicht das Wesentliche aus dem Blick verlieren, sich nicht aus der Orientierung oder der Zentrierung bringen lassen, sondern schlicht und einfach durchhalten.

Ihr seht den Herrn hier als einen, der nichts tut, der einfach dasteht und noch nicht einmal etwas sagt. Das ist doch verwunderlich. In diesem Moment möchtet ihr vielleicht eingreifen, den Soldaten die Kleider entreißen, den Herrn wieder bekleiden oder sonst irgendetwas unternehmen. Vielleicht spürt ihr dann einen sanften Druck, womit der Herr euch zu verstehen gibt: »Bleibt hier, rührt euch nicht!« Einfach nur durchhalten heißt: still bleiben, nichts tun, nicht den Angriff mit Angriff erwidern! Nicht hektisch werden, nicht Widerworte finden, keine Aktionen starten, sondern sich auf das Wesentliche besinnen und wissen, dass das Wesentliche nicht zu nehmen ist. Ich weiß, dass das schwer ist.

Damit ist euch ein wesentliches Element der Liebe gezeigt, das sehr schwer klingen mag. Ihr sollt das ja auch nicht in der Perfektion leben, sondern nur wissen: So ist es! Lieben heißt durchhalten. Das ist nicht die Position der irdischen Kämpfer für Recht und Gerechtigkeit. Es ist aber die Position der himmlischen Liebe!

*Es ist aber doch richtig, den Verfolgten zu Hilfe zu kommen?*

Ja, selbstverständlich! Aber hier geht es nicht um das Durchsetzen von Recht und Gerechtigkeit auf der irdischen Ebene, nicht um das

Klären von Positionen, nicht um das Einhaltgebieten. Das ist auch wichtig und richtig und stimmig. Aber mir, Maria Magdalena, ist das im Moment nicht möglich. Hier würden in diesem Moment andere gefordert sein, die sagen: »Jetzt lasst ihn in Frieden!« oder »Das geht zu weit!«. Das kann in dieser Situation nur ein Außenstehender, z. B. einer der Soldaten, Erfolg versprechend tun, nicht der Herr selbst oder wer unmittelbar zu ihm gehört. Für euch, die ihr in der Position der Maria Magdalena seid, geht es darum, durchzuhalten.

Die Liebeskraft, die man auch braucht, um aktiv zu werden, entsteht dadurch, dass man durchhält. Das Zentrum der Kraft, die Vertikale, bildet sich dort, wo Ruhe herrscht, wo einer stehen bleibt, ganz zentriert, ganz still, ganz ruhig, und das Wesentliche im Blick behält. Um diesen Ruhepol herum können die anderen kämpfen, verteidigen, alles Mögliche unternehmen. Er bildet das Kraftzentrum des Geschehens dadurch, dass er nicht tätig wird. Das Zentrum bleibt ruhig. Wenn immer ihr in einem Kampfe Kraft sucht, nehmt Zuflucht zu diesem Zentrum, das nichts tut, als einfach da zu sein und das Wesentliche zu repräsentieren.

Was heißt das für euch? Ihr habt den Christus ja in euch, jeder von euch trägt den Herrn in sich. Wenn ihr also angegriffen werdet und euch das Wesentliche geraubt werden soll, dann könnt ihr zwar eure Engel, auch eure Füße und Hände bitten, tätig zu werden, ihr könnt im Kopf Pläne ersinnen, euch Gedanken machen, den Mund aufmachen und reden. Aber im Inneren, in eurem Herzen, bleibt ruhig, bleibt still und seid sicher, dass euch das Wesentliche, nämlich das Innere, das euch ausmacht, nicht genommen werden kann.

Wenn ihr diese innere Zentriertheit und Ruhe bewahrt, könnt ihr im Äußeren so tätig sein, wie ihr wollt. Wenn nicht, habt ihr verloren. Dann geratet ihr außer euch, dann werden eure Aktionen kraftlos, dann werdet ihr aufgerieben, dann vergeht ihr wie der Sand im Wind, dann ist es vorbei. Deswegen sagt euch der Herr in dieser Situation: »Durchhalten! Versucht wenigstens in eurem Interesse durchzuhalten!«

Dann ist noch eines wichtig: Wenn ihr eine Gruppe bildet, die für andere Menschen in Bedrängnis kämpft, achtet darauf, dass mindestens einer ein Zentrum darstellt, das nichts tut, sondern die Zentrierung erhält. Also, ihr solltet dann die Rollen verteilen, einer aber sollte ganz ruhig bleiben und immer wieder alle daran erinnern: »Das Wesentliche bleibt unangetastet. Verliert die Ruhe nicht! Haltet die Hoffnung durch! Bleibt zentriert! Lasst euch nicht hinreißen zu übertriebenem Aktionismus!« Einer von euch darf nicht an die Front und sich nicht in den Kampf verwickeln. Kämpfer für eine gute Sache brauchen solch ein Zentrum.

*Deswegen braucht der Kämpfer eine Frau an der Seite?*

Ja, zum Beispiel. Ihr braucht das Zentrum auch deswegen, weil der Kampf einmal vorübergehen wird. Wer soll dann die versöhnlichen Worte sprechen? Jeder Kampf, da könnt ihr sicher sein, geht vorüber, wenn nicht in eurem jetzigen Leben, spätestens im nächsten oder übernächsten. Irgendwann wird der Kampf vorbei sein. Wer soll dann lächeln, wenn alle gekämpft haben? Also, bewahrt immer ein Zentrum! Eines der Zentren, das ihr mit Sicherheit habt, ist der Herr.

## 11. Station:

**Jesus wird ans Kreuz genagelt.**

Das Zeichen: Der Herr verabschiedet sich von allen Lebewesen der Erde.

Also hier könnt ihr natürlich die Hand nicht mehr ergreifen und nicht mehr so direkt an seiner Brust ruhen, aber ihr könnt wenigstens in seine Nähe kommen und trotzdem sagen:

*Mein Blick zu Deinem Blick,*
*meine Hand in Deine Hand,*
*mein Herz an Deinem Herzen,*
*mein Leben durch Dein Leben.*

Ab jetzt kann der Herr auch kaum noch direkt zu euch sprechen, aber er kann euch etwas ›zudenken‹, das ihr mit den inneren Ohren hören könnt. Wichtig ist, dass ihr die Ruhe bewahrt, auch wenn ihr euch vergegenwärtigt, was für eine Ungeheuerlichkeit da geschieht, sonst hört ihr die Stimme nicht. Also versucht, die Fassung nicht zu verlieren, nicht außer euch zu geraten vor Trauer, Kummer, Erschütterung und Schmerz, wenn ihr diesen Passionsweg wirklich nacherleben wollt.

Was der Herr euch dort ›zudenkt‹, ist:

*»Liebe ist Nähe in aller Ferne.«*

Also: meint nicht, wir könnten nicht beieinander sein, nur weil wir nicht mehr zueinander können. Liebe ist die Kraft, die nicht nur Ewigkeit in die Zeit bringt, sondern auch jeden Raum überwindet. Sie ist die Kraft, die immer Nähe schafft, mag die Entfernung noch so groß sein. Mit Entfernung ist hier nicht nur die räumliche gemeint, sondern auch die von einer Lebenswelt, einer gedanklichen Welt, einer Lebenshaltung zu einer anderen. Wie oft scheint es euch, dass Menschen sich weit von euch entfernen oder ihr euch von ihnen, wie oft habt ihr das Gefühl, mit dem anderen könnt ihr gar nicht mehr reden. Ihr denkt und fühlt verschieden, lebt in verschiedenen Welten. Der Zutritt zur Welt des anderen scheint euch fast völlig verwehrt, z. B. zur Welt eines Menschen aus einer anderen Generation, Kultur oder Religion, mit einer Behinderung, mit dem anderen Geschlecht. Die himmlische Liebe hilft, diese Entfernung zu überwinden, und schafft Nähe.

Ferne gehört mit zum Schmerzlichsten für einen Menschen. Die Angst vor Entfernung, die Angst, dass jemand, den ihr liebt, in die Ferne rückt – sogar so weit, dass man ihn verlieren könnte –, auch die Angst, dass sich Gesundheit, Hoffnung, der Himmel, die Zukunft oder auch glückliche Vergangenheiten für immer entfernen, ist manchmal kaum zu ertragen.

Das Dunkel wird immer versuchen, zu entfernen, zu isolieren, zu entfremden, in eine Welt des Alleinseins hineinzuführen – fern von anderen Menschen, fern von allem, was wichtig scheint, fern vom Himmel. Hingegen wird der Himmel, das Lichte, immer versuchen, Nähe zu vermitteln. Das ist etwas, was der Herr auf wunderbare Weise konnte. Auch als er festgenagelt wurde ans Kreuz, konnte er doch Nähe vermitteln. Er gibt euch die Sicherheit, dass er immer neben euch steht.

*Hast du, heilige Maria Magdalena, wie überliefert wird, an der Rückseite des Kreuzes angelehnt gestanden und die Hände gerungen?*

Um ehrlich zu sein, meine Rolle war insofern nicht ganz rühmlich, als ich die Ruhe damals nicht so perfekt bewahrt habe, wie ich euch das jetzt vorschlage. Ich habe es versucht, aber es ist nur in Maßen gelungen. Deswegen ist es mir so wichtig, euch das zu sagen. Man verliert unendlich viel, wenn man aus der Ruhe gerät. Es ist menschlich und verständlich, aber schade! Und deswegen bitte ich so sehr: Versucht, die Ruhe zu bewahren! Das gilt auch im Leben. Wann immer ihr in Situationen kommt, wo ihr in Erschütterung geratet, bewahrt trotzdem die Ruhe!

## 12. Station:

**Jesus stirbt am Kreuz.**

Das Zeichen: Er spricht zuvor: »Es ist vollbracht – Vater, in Deine Hände empfehle ich meinen Geist.«

Hier scheint ihr nun diese unmittelbare Nähe endgültig verloren zu haben. Doch auch hier gilt: Nicht die Ruhe verlieren! Geratet nicht außer euch! Hört weiter zu! Versucht, den Moment der tiefsten Erschütterung als einen Moment der größten Ruhe zu erleben. Bleibt innerlich still und ruhig, so dass nicht alle Gefühle durcheinander reden und der Körper sich einmischt. Wenn es euch möglich ist, erlebt eine ganz geordnete Erschütterung, die sich durch große Ruhe auszeichnet. Dann könnt ihr innerlich sein Wort vernehmen.

*»Liebe ist, erwartet zu werden.«*

Das heißt zweierlei:

1. Der Herr gibt euch das Versprechen, dass der Himmel euch stets erwartet, dass ihr immer willkommen seid, dass ihr jederzeit heimkommen könnt, dass es immer eine offene Tür gibt, dass ihr niemals verloren sein werdet, es sei denn, ihr wollt das selber so. Liebe

ist also zu wissen, dass der Himmel euch stets erwartet. Das heißt auch, dass er euch nicht drängt, sondern immer Zeit hat und abwartet. Verankert also das Gefühl in euch: Der Himmel erwartet mich!

Leben ist eine Art Wandern auf das Zuhause zu. Geboren werden ist der Beginn, von da an wandert ihr nach Hause. Sterben bedeutet, zu Hause wieder ankommen. Das heißt nicht, dass ihr den Lebensweg immer mit dem Blick auf das Zuhause gehen sollt. Das tut ihr ja beim Wandern auch nicht, sondern ihr genießt die Wanderung, die schöne Aussicht, das Meistern schwieriger Passagen, alles, was euch da begegnet. Aber ihr wisst: auf Umwegen kommt ihr wieder zu Hause an.

2. Gebt anderen Menschen, denen ihr begegnet, das Gefühl, sie werden von euch erwartet, sind gern gesehen, die Tür ist offen! Also nicht: »Du kommst zu früh, zu spät, ungelegen, unpassend, bist mir eine Belastung, bist mir zu viel, bist mir fremd und übrig.« Gebt ihm im Gespräch das Gefühl: Seine Frage, seine Bitte, vielleicht auch sein Dank wurden erwartet. Das gehört auch dazu! Seid offen und freundlich, wehrt ihn nicht ab, auch nicht, wenn jemand sagt: »Das hast du gut gemacht!« oder: »Danke, dass du das für mich getan hast!«. Zu sagen: »Nicht der Rede wert!« heißt, Türen zumachen, den Dank nicht annehmen. Das ist unangenehm! Nehmt den Dank so freudig an wie jede Bitte! Gebt jedem das Gefühl, erwartet zu sein!

## 13. Station:

**Der Leichnam wird Maria in den Schoß gelegt.**

Andere Frauen waren anwesend, auch ich natürlich, ich habe mich hinzugekniet. Wir haben dann angefangen, diesen Körper zu reinigen und ...

Also, die 13. und 14. Station zu beten ist etwas schwierig. Es ist sehr schwer, »mein Blick zu Deinem Blick« zu sagen und in die gebrochenen Augen zu schauen oder sich an den Leichnam zu lehnen und zu sagen: »Mein Herz an Deinem Herzen«. Das ist sehr, sehr viel verlangt. Ich würde es an eurer Stelle lieber nicht tun. Und ich möchte es euch auch nicht abverlangen, diesen Weg noch mitzugehen.

*Beten wir diesen Kreuzweg auch als Erlösungsarbeit und als Fürbitte-Arbeit?*

Diesen Kreuzweg betet man am besten für sich selber. Wenn ihr das ein bisschen geübt habt, dann könnt ihr unter Umständen bitten, dass ihr jemand mitnehmen dürft wie einen guten Freund.

*Auch ohne dass er das ausdrücklich will?*

Den Weg der Liebe darf man für jeden gehen, ob der das weiß oder nicht. Aber dann nehmt ihn wirklich richtig mit!

Wenn ihr in der ersten Szene über die Menschenmenge hinschaut zum Herrn, wie er da so angepöbelt wird, denkt ihm zu: »Ich habe einen guten Freund oder ein Kind oder einen Kranken oder ein Elternteil mit dabei, geht das?« Dann wirst du sehen, wie er zurückblickt und wahrscheinlich lächelnd mit dem Kopf nickt. Dieser Wunsch wird wahrscheinlich nie abgelehnt werden. Aber es gehört sich zu fragen!

Diesen Weg wird man am ehesten mit Menschen in großer Not gehen, mit Menschen, die am Verzweifeln sind, oder mit einem ganz lieben Freund, der in Schwierigkeiten ist, oder mit jemandem, bei dem sich ein sehr großer Mangel an Liebe zeigt.

*Auch mit jemandem, der sich für's Dunkle entschieden hat, um ihn aufzuknacken?*

Wenn schon, dann um ihn aufzuweichen.

*Kann das auch eine verlorene Seele oder ein gefallener Engel sein?*

Wenn du eine so innige Beziehung hast zu einer solchen Seele oder einem grauen Wesen, ja. Du wirst es sonst nicht tun oder du müsstest schon sehr weit fortgeschritten sein in deiner Beschäftigung mit dem Passionsweg.

Für größere Gruppen gibt es andere Passionswege. Dieser hier ist ein ganz inniger und intimer. Deswegen beschränkt er sich natürlicherweise auch auf eine kleine Zahl.

Ich hab' euch gesagt, was ich euch sagen konnte. Ich hoffe, dass ihr das vielleicht das eine oder andere Mal anwendet.

*Wir danken Dir.*

# VI.
# DER KREUZWEG
# DER MUTTER MARIA

Ein Engel der Mutter (er wirkt fast gotisch und wie auf einer Mondsichel stehend, nicht mütterlich, sondern eher schlank, gekleidet in sehr helles Blau bis Weiß): Der Kreuzweg aus der Sicht der Maria ist nicht nur der Weg der Mutter, die ihr Kind verliert, sondern der Weg jedes liebenden Menschen, der sich um einen anderen mit mütterlichen oder väterlichen Gefühlen gesorgt und gekümmert hat: »Etwas, was ich getragen, geschützt und gehütet habe, was unter meinen Augen herangewachsen und aufgeblüht ist, das soll jetzt weggehen!« Das gilt auch, wenn ihr einen Freund oder Kameraden verliert und wisst: »Ich werde ihn nie vergessen«, vielleicht sogar: »Mein Leben besteht nun darin, seiner zu gedenken.« Den Kreuzweg der Mutter nachzuvollziehen ist auch dem anzuraten, der nicht einen Menschen zu begraben hat, sondern eine Aufgabe, der er sein Leben gewidmet hat: ein künstlerisches oder wissenschaftliches Werk, eine humanitäre Idee, vielleicht auch ein Unternehmen, an dem sein Herz hing und das er wie sein Kind hegte und pflegte.

Die Mutter Maria hat den Kreuzweg Jesu nicht nur unmittelbar miterlebt, sie ist ihn am nächsten Morgen noch einmal abgeschritten und hat Station für Station nachvollzogen. Ich bitte euch, sie dabei zu begleiten.

## 1. Station:

**Jesus wird zum Tode verurteilt.**

Das Zeichen: ein tiefer Atemzug des Herrn.

Habt zunächst die Situation vor Augen: den Herrn, die Wachen und all die Menschen, die johlen und durcheinander schreien. Jetzt vergegenwärtigt euch die Situation im Dämmerlicht am Morgen, das Licht noch wie unwirklich zwischen Nacht und Tag, die Szene menschenleer. Ihr seht dieselben Gebäude, habt noch den Lärm vom Vortag im Ohr, aber jetzt gibt es keine Wachen, keine Volksmenge mehr. Alles ist still. Es ist wichtig, dass ihr diesen Kontrast erlebt: zuerst diese Situation voller Leben und dann den Ort in Stille, den Platz, die Treppenstufen, die Mauer usw. Das alles atmet Zeugenschaft und Trauer aus.

Am Anfang jeder Station sprecht mit der Mutter:

»Mein Herr und mein Sohn ...«

Das könnt ihr natürlich nicht für euch selber sagen, aber stellt euch vor: Vor euch seht ihr eine Frauengestalt mit einem Kopftuch, das die Haare verdeckt. Sie blickt auf diesen Platz, wo alles geschah. Jetzt liegt alles in Ruhe da, trauert und atmet noch etwas dem Geschehen nach. Ihr seht diese Gestalt von hinten und denkt oder sprecht einfach mit ihr.

Nachdem sie gesagt hat:

»Mein Herr und mein Sohn ...«

fügt sie in der ersten Station hinzu:

»Vergib ihnen, denn sie wussten nicht, was sie wünschten.«

Damit spielt sie auf die Forderung des Volkes an: »Der soll sterben.« Dieser ganze Kreuzweg ist eine Bitte um Vergebung.
 Wenn ihr das sagt, dann fügt vielleicht, wenn euch danach zumute ist, dasselbe noch einmal in Ich-Form hinzu und bezieht das auf euer bisheriges Leben:

> *»Und vergib mir, denn ich wusste nicht, was ich wünschte.«*

wie ein Echo, das ihr noch nachklingen lasst.

Vielleicht fallen euch Situationen aus eurem Leben dazu ein, wo ihr Wünsche hattet, die – wie ihr später gemerkt habt – euch falsch orientiert, in eine unstimmige Richtung gebracht, euch gehindert hätten auf eurem Weg, wo ihr aber dem Himmel übel genommen habt, dass sich nicht erfüllte, was ihr wünschtet, oder jedenfalls nicht so schnell oder nicht in der Art und Weise, wie ihr euch das vorgestellt habt. Jetzt im Nachhinein erkennt ihr: »Ich wusste wirklich nicht, was ich damit angerichtet hätte für mich oder für andere. Bitte vergib mir.«

## 2. Station:

**Jesus nimmt das Kreuz auf sich.**

Er nimmt den Querbalken quer auf seine Schulter.

Das Zeichen: Er erhebt die Augen zum Himmel.

Geht erst wieder die Szene mit dem Herrn durch, der diesen Blick tut. Dann seht ihr die Szene noch einmal: den Platz, wo der Balken lag, die Fußspuren usw. Ihr erinnert euch an das Gejohle, an die Befehle und an das Gezerre. Jetzt herrscht aber Stille. Diese ganze Unruhe ist nur noch in der Ruhe sichtbar. Vor euch seht ihr den Hinterkopf der Mutter.

Sie spricht – und ihr mit ihr:

> »Mein Herr und mein Sohn, vergib ihnen, denn sie tragen ihre Last nicht.«

Also, der Herr nimmt diesen Kreuzbalken auf sich. Die anderen schauen zu. Sie tragen nicht die Last des Herrn. Sie tragen auch ihre eigene Last nicht, sondern bürden sie dem Herrn auf. Er soll sie für sie tragen.

Wenn euch danach zumute ist, und nicht, weil ihr es etwa tun müsst, könnt ihr hinzufügen:

*»... vergib mir, dass ich meine Last nicht immer getragen habe.«*

Habt ihr eure Last immer getragen oder sie mitunter dem Herrn aufgebürdet?

## 3. Station:

**Jesus fällt das erste Mal unter der Last des Kreuzes.**

Das Zeichen: Er nützt die Gelegenheit, um die Erde zu berühren, zu küssen, zu kräftigen und zu würdigen.

Auch hier seht ihr wieder die Szene vor euch: Ihr hört den Lärm, den Aufschrei, das Raunen, das durch die Menge geht, ihr seht die Stelle, wo die Erde vor Entsetzen nachgegeben hat, weil sie nicht verstanden hat, was dort geschieht und deswegen auch nicht einverstanden war. Jetzt liegt dieses Stückchen Erde in Ruhe da, als dächte es immer noch über das nach, was ihr der Herr erklärt hat.

Sprecht mit der Mutter:

»Mein Herr und mein Sohn vergib ihr – und das heißt: der Erde –, denn sie hatte nicht verstanden.«

Und falls es euch danach zumute ist, fügt hinzu:

*»... vergib mir, dass ich nicht immer alles verstand.«*

Erinnert euch an Situationen eures Lebens, wo ihr einer Extraerklärung durch das Schicksal, durch das Leben bedurftet: einer nochmaligen und noch deutlicheren Darstellung, bis ihr verstanden habt.

## 4. Station:

**Jesus begegnet seiner Mutter.**

Das Zeichen: Sie schauen sich in die Augen.

Sie sagen nur: »Mein Sohn!« und »Meine Mutter!«. Es findet ein inneres Gespräch zwischen der himmlischen Mutter und dem himmlischen Sohn statt.

Seht zunächst wieder die Situation mit Leben, Lärm und der bewegten Kulisse bis zu dem Moment, wo die Mutter und der Sohn sich anblicken und Stille herrscht, alles verstummt, alles aufhört, die Zeit anhält. Genau in diesem Moment schaltet ihr um in die Szene am nächsten Morgen. Die Mutter steht wieder genauso da, guckt genauso. Aber da ist nicht mehr der Sohn, da sind auch nicht mehr die anderen Leute, es ist niemand da. Der Weg, die Häuserfronten sind noch genauso, aber in Stille.

Ihr seht wieder diese Gestalt der Mutter vor euch und sprecht mit ihr:

»Mein Herr und mein Sohn, vergib uns, dass wir nicht alles erblickt und gesagt haben.«

Sie sagt: »Vergib uns«, weil sie nicht nur für sich spricht, sondern auch für alle anderen, denen es in dieser Situation ebenso ging.

Dann könnt ihr wieder hinzufügen:

*»Vergib mir, dass ich nicht alles erblickt und gesagt habe.«*

Wenn ihr euch einmal genau Rechenschaft darüber ablegt, wie intensiv und vollständig ihr die Situationen eures Lebens erlebt habt, dann werdet ihr zu dem Schluss kommen, dass ihr es in relativ geringem Maße getan habt. Was euch das Leben geboten hat, habt ihr oft gar nicht wahrgenommen oder euch nicht bewusst gemacht.

Gesetzt den Fall, ihr begegnet einem Menschen und erfahrt einen Tag später, dass dieser Mensch nicht mehr lebt. Dann würdet ihr wahrscheinlich zurückdenken an diese letzte Begegnung, und es würde euch auffallen, wie viel ungesagt blieb, nicht gesehen, nicht bedacht wurde. In Momenten des Abschieds oder sonst großer emotionaler Beteiligung habt künftig das Gefühl: »Ich will diesen Moment ganz und gar festhalten. Ich will alles, aber auch alles in Erinnerung behalten: das Licht, die Stimmen, die Temperatur, den Duft, alles, was gesagt wird, alles, was in mir vorgeht. Ich will nichts davon übersehen. Ich will nichts ungesagt lassen.« Um diese Intensität des Erlebens geht es hier. Bittet um Vergebung für die nicht so hundertprozentige Intensität oder Vollständigkeit des Erlebens.

Es ist eine sehr häufig anzutreffende menschliche Art oder vielmehr Unart, dass ihr nur teilweise dort seid, wo ihr seid. Ihr seid mit dem Körper da, aber in Gedanken woanders, oder zwar in Gedanken da, aber mit euren Gefühlen woanders, oder zwar jetzt noch da, aber ihr denkt schon an den Heimweg, an die nächste Stunde, an morgen oder die nächste Woche. Das heißt, ihr seid nicht vollständig, sondern nur halbwegs dort, wo ihr seid. Dann erlebt ihr den Moment auch nur halbwegs. Es geht darum, immer wieder Phasen des bewussten Erlebens herbeizuführen, in denen ihr wenigstens für eine Sekunde, vielleicht mit viel Training auch mal für eine Minute wirklich ganz da seid. Das ist am Anfang ermüdend und erfordert viel Übung. Es ist aber einer der besten Wege zu dem, was ihr »Erleuchtung« nennt.

5. Station:

**Simon von Cyrene hilft Jesus das Kreuz tragen.**

Das Zeichen: Der Querbalken des Kreuzes wird von der Querlage in die Längslage gebracht. Jesus fasst nach.

Also: Simon kommt daher und wird ziemlich unfreundlich aufgefordert zu helfen. Er murmelt etwas und tritt unwillig hinter den Herrn. Ihr seht diese ganze Szene. Und dann seht ihr noch einmal mit dem Blick der Mutter die Stelle, wo das geschah, und wisst: Hier war es, wo jemand geholfen hat. Es ist, als hallte es von den Häuserwänden noch nach: »Gott sei Dank!« oder »Wie gut, dass er des Weges kam«.

Dann seht ihr wieder diese Frauengestalt vor euch und sprecht mit ihr zusammen:

»Mein Herr und mein Sohn, vergib ihnen, denn sie haben nicht geholfen.«

Ihr richtet euren Blick auf die vielen, die herumstanden, die auch hätten helfen können, es aber nicht getan haben.

Und ihr könnt hinzufügen, wenn ihr das wollt:

»... *vergib mir, dass ich nicht geholfen habe oder nicht immer überall oder nicht so.*«

Es geht hier aber nicht darum, euch ein schlechtes Gewissen zu machen, Schuldgefühle zu züchten oder zu verstärken. Das ist nicht der Sinn! Die Bitte, der Herr möge euch vergeben, hat Bedeutung für eure Zukunft: »Ich möchte ein bisschen aufmerksamer sein, wenn unter Umständen meine Hilfe gebraucht wird!« Damit sind nicht nur die großen Dinge gemeint. Es geht auch um die ganz kleinen, z. B. die Schnecke, die man an den Wegrand setzt, damit nicht ein unachtsamer Fuß sie zertritt, den Regenwurm, dem man aus der Not hilft, die Blume, die abgeknickt über dem Zaun hängt und die man ein bisschen aufrichtet und vielleicht schnell festbindet. Es geht um die Situationen, in denen man nicht hilft, nicht weil man ein böser Mensch oder nicht hilfsbereit wäre, sondern weil die Aufmerksamkeit fehlt, oder weil man meint, es fehle die Zeit, manchmal auch, weil man ein bisschen träge ist und sich herausredet: »Nein, das muss jetzt nicht auch noch sein. Schließlich regnet es!« oder »Es ist vielleicht gar nicht so wichtig« oder »Ich hab jetzt anderes vor«. Darum geht es und nicht etwa – das betone ich noch einmal – darum, dass ihr euch mit dieser Bitte in ein Schuldgefühl hineinmanövriert.

### 6. Station:

**Veronika reicht Jesus das Schweißtuch.**
Jesus gibt es ihr mit seinem Abbild zurück.
Das Zeichen: Er streichelt dem kleinen Kind zärtlich über den Kopf.

Auch hier seht ihr wieder die lebendige Szene und dann den still daliegenden Ort: Das Tor, aus dem die beiden gekommen waren und wohin sie wieder verschwunden sind, ist jetzt geschlossen, der Platz ist leer.
Dann seht ihr wieder diese Frauengestalt mit dem Kopftuch vor euch und sagt mit ihr:

»Mein Herr und mein Sohn, vergib ihnen, denn sie haben nicht gewagt.«

Ihr denkt dabei nicht an Veronika und das Kind, sondern an die anderen, die nicht gewagt haben, aus der Menge herauszutreten und sich so zu exponieren. Sie werden vom Blick des Herrn zwar gestreift, aber nicht so genau angeschaut wie Veronika und das Kind. Veronika bekam eine Stütze, um an den Herrn zu denken. Das ist aber nur eine Facette des Geschehens. Die andere war, dass sie wusste: »Auf mich hat der Herr ein Auge. Er denkt an mich. Sein Blick war auf mich gerichtet und bleibt auf mich gerichtet.«
Wer etwas wagt, exponiert sich natürlich. Wer nicht wagt, bleibt in der Menge, damit zwar in der Sicherheit der Gruppe, aber er wird nur als Teil der Gruppe betrachtet. Wer wagt und hervortritt, macht auf sich aufmerksam und wird ganz individuell angeblickt. Wer diesen besonderen Blick des Herrn und sein segnendes Gedenken möchte, der sollte es herausfordern, indem er etwas wagt.
Dazu kann in eurem Leben immer wieder Gelegenheit sein. Ihr wisst nicht: Ist das jetzt riskant? Ihr wagt, zu etwas zu stehen – zu einer Überzeugung, zu einem Wert, zu einem Glauben, die im Moment nicht modern, nicht üblich sind. Ihr wagt, euch lächerlich zu machen, weil ihr z.B. betet, wo andere nicht beten, oder weil ihr versonnen etwas poetisch nachempfindet, was andere ganz kühl und nur

mit Verstand und »aufgeklärtem Geiste« sehen. Ihr wagt: Damit präsentiert ihr euch dem Herrn wie Veronika und bekommt sein besonderes Andenken.

Wenn ihr das Bedürfnis habt, weil das in eurem Leben mal ein Thema war und ihr euch nicht verhalten habt wie Veronika oder das Kind, dann könnt ihr hinzufügen:

*»Vergib mir, denn ich habe nicht gewagt.«*

## 7. Station:

**Jesus fällt das zweite Mal – beim Stadttor – unter der Last des Kreuzes.**

Das Zeichen: Der Herr weint lautlos eine Träne.

Er ist traurig, dass er die Stadt verlassen muss und sie so nicht mehr sehen wird. Er lässt die Geborgenheit der Stadt hinter sich.

Ihr seht wiederum erst die Szene und dann den Ort in Stille. Dann habt ihr wieder den Kopf der Mutter Maria vor euch und sagt mit ihr:

»Mein Herr und mein Sohn, vergib ihnen, denn sie hatten keine Tränen.«

Damit sind diejenigen gemeint, die dastanden und bloß zugeschaut haben – ohne Rührung, ohne Erschütterung, ohne Tränen.

Und wenn ihr wollt, erinnert euch an bestimmte Situationen eures Lebens und fügt hinzu:

*»Vergib mir, denn ich hatte keine Tränen.«*

Damit ist nicht nur gemeint: »Ich habe nicht geweint«, sondern: »Ich habe mich von diesem Geschehen oder dieser Nachricht nicht berühren, nicht erschüttern lassen, weil ich mein Herz verschlossen hielt oder weil ich mich schnell wieder abgewandt habe, um das nicht weiter ertragen zu müssen oder um mich nicht hineinziehen zu lassen.

Ich war zu sehr verstrickt in meine eigenen Gedanken oder meine eigenen Nöte.«

Auch hier geht es nicht nur um die großen Situationen, sondern z. B. um die sterbende Biene oder das weinende Kind, und ihr gingt vorbei und dachtet nicht weiter dran. Das heißt nicht, dass ihr euch immerzu und überall von allem Leid erschüttern lassen solltet, weil ihr das als Menschen gar nicht ertragen könntet. Also, setzt euch nicht zum Ziel, das Leid der gesamten Welt auf euren Schultern zu tragen. Daran würdet ihr zerbrechen. Es ist aber wichtig, dass ihr euch der Begrenztheit eurer Fähigkeit, Anteil zu nehmen, bewusst werdet. Wenn ihr diese Bitte aussprecht, dann zählt das für den Himmel wie die entsprechende Anteilnahme. Denn ihr gebt damit die Begrenztheit eurer Fähigkeiten zu. Das ist nichts, was euch Schuldgefühle bereiten sollte. Indem ihr um Vergebung bittet dafür, dass ihr nicht immer an allem Anteil genommen habt, bittet ihr den Himmel darum, dies an eurer Statt zu tun.

## 8. Station:

**Jesus tröstet die weinenden Frauen von Jerusalem.**

Der Herr wendet sich den Frauen zu, die Menge wird still.

Das Zeichen: Er öffnet den Mund, um zu sprechen.

Vergegenwärtigt euch, wie diese Frauen weinten, klagten und wirklich erschüttert, aber auch in großer Angst und Sorge waren: »Was werden wir tun ohne unseren Meister? Dann sind wir führungslos, orientierungslos und hilflos.« Um diese innere Befindlichkeit geht es hier. Diese Frauen wissen nicht weiter, aber der Herr, der jetzt wahrlich anderes im Kopf haben könnte, nimmt sich die Zeit, ihnen zu sagen, was sie tun können.

Dann seht ihr diesen Ort, habt das alles wie einen Nachhall im Ohr, doch der Herr ist nicht mehr da. Wo ist er jetzt? Dann habt ihr wieder diese Frauengestalt vor euch und sprecht mit ihr:

»Mein Herr und mein Sohn, vergib ihnen, denn sie wussten nicht weiter.«

Das heißt: Sie waren nicht gelassen. Sie waren erschüttert, aber sie waren vor allem auch geängstigt. Ihr könnt hinzufügen:

»... vergib mir, dass ich nicht weiterwusste.«

Ihr habt im Leben manchmal diese besondere Form von Erschütterung, Hilflosigkeit und Angst. Dann sagt euch: »Der Herr wird mir schon den Weg zeigen. Es wird weitergehen, es wird eine Lösung geben. Geduld, Geduld! Man plant das Beste. Es wird sich dann schon klären, wie es weitergehen wird.«

9. Station:

**Jesus fällt das dritte Mal unter dem Kreuz.**

Das Zeichen: Ein langes, hörbares Ausatmen.

Er fällt bergauf, kurz vor dem Erreichen des Hügels von Golgotha – aus körperlicher Schwäche. Ihr hört sein Ausatmen. Die einen rufen »oh«, die anderen: »Los weiter!«

Dann erlebt ihr wieder die Stille und seht noch, wo das Gras ein bisschen geknickt ist. Dann sagt ihr gemeinsam mit der Mutter:

»Mein Herr und mein Sohn, vergib ihnen, denn sie wollten stark sein.«

Diejenigen, die das alles herbeigeführt haben, wähnten sich als die Starken, die die Macht, die Autorität und das Recht haben, das zu tun. Ja, einige meinten darüber hinaus, sie täten tatsächlich das Richtige und Gute. Es ist eine sehr häufige menschliche Gegebenheit, dass sich jemand aus irgendeiner Verflechtung des Schicksals heraus stark und im Recht wähnt und nicht merkt, dass er zum Handlanger des Bösen geworden ist. Er will es ja auch nicht merken.

Es ist sehr schwierig, mit Menschen umzugehen, die in der vollen Überzeugung, das Gute zu tun, Böses bewirken. Sie wähnen sich in der Position der Stärke und werden darin von der Gesellschaft oder vom System noch bestärkt. In Wirklichkeit sind sie eigentlich die Schwachen. Wer hingegen zu Tode gedemütigt, gepeinigt und leidend hinfällt, der kann der eigentlich Starke sein.

Auch hier könnt ihr für euch erbitten:

> *»... vergib mir, denn ich wollte stark sein.«*

Denkt an die Auseinandersetzung oder den Machtkampf in eurem Leben, wo ihr hinterher merkt: Eigentlich ging es darum, eine Position der vermeintlichen, nicht der wirklichen inneren Stärke durchzufechten.

## 10. Station:
**Jesus wird seiner Kleider beraubt.**

Das Zeichen: Er blickt auf seine Füße hinunter.

Blickt zuerst wieder auf diese Situation, wo man ihn so zu demütigen sucht, und hört das Gejohle, mit dem sie seine Kleider unter sich teilen. Jetzt ist er begraben, ebenso wie auch die anderen beiden Gekreuzigten. Es herrscht Stille. Vor euch seht ihr den Kopf der Mutter Maria, mit ihr zusammen sagt ihr:

> »Mein Herr und mein Sohn, vergib ihnen, denn sie haben genommen, was ihnen nicht bekam.«

Sie sagt nicht: »Was ihnen nicht gehörte«, sondern »was ihnen nicht bekam«. Keiner ist mit einem Stück dieses geraubten Gutes glücklich geworden. Das ist das Wichtige an dieser Situation. Hätten sie sich an seinem Blick, seinen Worten, der Berührung seiner Hände bereichert, das wäre ihnen bekömmlich gewesen und hätte ihnen weitergeholfen. Aber sie haben die Situation so schlecht genutzt wie nur möglich. Sie waren dem Herrn so nah und hätten von ihm nehmen können, aber sie haben die Chance vertan und das Unwichtigste genommen.

Überprüft euer Leben. Habt ihr euch bemüht, Dinge zu bekommen, die eigentlich nicht das Wesentliche waren, und seid am Wesentlichen vorbeigegangen? Dann fügt hinzu:

*»Vergib mir, dass ich nicht genommen habe, was mir bekömmlich ist«*, oder:
*»… dass ich genommen habe, was mir nicht bekömmlich ist«*, je nachdem, wie euch zumute ist.

Macht euch zur Gewohnheit, immer wenn ihr künftig an einen Ort, in ein Haus, irgendwo zu Menschen kommt, kurz zu denken: »Möge mir das Wesentliche gegeben werden.« Wenn ihr z. B. eine Kirche betretet, könnt ihr euch natürlich überlegen, ob das nun Blattgold ist oder eine gemalte Farbe, ob der Marmor nun aus diesem oder jenem Ort in Italien stammt usw. Aber das ist nicht das Wesentliche. Besser ist, ihr bittet: »Möge mir zukommen, was wesentlich ist.« Darauf möge sich euer Auge oder euer Ohr richten, also auf das, was euch weiterbringt und weiterhilft. Verliert euch nicht in Äußerlichkeiten oder Unwichtigkeiten, die auch hübsch sind, aber nicht das Wesentliche.

## 11. Station:

**Jesus wird ans Kreuz genagelt.**

Das Zeichen: Der Herr verabschiedet sich von allen Lebewesen der Erde.

Also zuerst ist da wieder diese Szene: Die Menschen stehen ums Kreuz herum, die einen verständnislos, die anderen erschüttert, wieder andere mit einer gewissen inneren Abscheu oder Neugier, mit allen möglichen Regungen. Mit Dankbarkeit aber standen die wenigsten da. Dann seht ihr da das Kreuz ohne den Leib des Herrn, einfach nur das Kreuz. Sprecht mit der Mutter:

»Mein Herr und mein Sohn, vergib ihnen, denn sie haben nicht gedankt.«

Dann könnt ihr hinzufügen:

> »*Vergib mir, dass ich nicht gedankt habe.*«

Auch in Erschütterung und Trauer – selbst wenn die Trauer unendlich groß ist, wie es die der Mutter war –, solltet ihr künftig immer auch daran denken, zu danken! Also dankt auch in anderen Situationen für das, was der Herr oder was ein anderer getan, bewirkt, vorgelebt hat, für alles, was euch oder anderen wichtig war. Dankt auch z. B. für den Abschiedsgruß, vielleicht für die Art und Weise des Abschieds. Richtet den Dank an Menschen, an Situationen, an Gegebenheiten geografischer Art, an Arbeitsplätze, Orte, Lebensbereiche oder auch an Lebensphasen, aus denen ihr herausschreitet, die ihr verlasst, die euch sozusagen sterben, indem ihr weiterschreitet.

## 12. Station:

### Jesus stirbt am Kreuz.

Das Zeichen: Zuvor sagt er: »Es ist vollbracht – Vater, in Deine Hände empfehle ich meinen Geist.«

Ihr betrachtet das Kreuz mit dem sterbenden Herrn. Dann seht ihr das Kreuz noch einmal ohne den Herrn, ohne das Jammern drumherum, einfach nur das leere Kreuz. Vor euch habt ihr wieder den Kopf der Mutter und sagt mit ihr zusammen:

> »Mein Herr und mein Sohn, vergib ihnen, denn sie trachten nicht zu vollbringen.«

Für diejenigen, die die Mutter hier meint, war es gar kein Thema, einen Lebensweg im Angesicht des Vaters zu gehen, der am Schluss die Frage aufwirft: »Hast du's vollbracht oder nicht?«

Jetzt kommt es darauf an, in welcher Situation ihr euch befindet. Solltet ihr im Sterben liegen, könnt ihr hinzufügen:

> »*... vergib mir, dass ich nicht alles vollbracht habe.*«

Seid ihr noch nicht am Ende eures Lebens angekommen, dann sprecht:

»... *vergib mir, dass ich nicht immer getrachtet habe zu vollbringen.*«

Es gab ja sicherlich Situationen oder ganze Phasen in eurem Leben, in denen ihr nach irdischen Kriterien gelebt habt, z.B.: wie scheint es praktisch oder vernünftig, wie ist es am kostengünstigsten usw. Ihr habt euch jedenfalls nicht die Frage gestellt: »Wie sieht mein Handeln im Angesicht des Vaters aus?« Was wäre gewesen, wenn in dieser Situation euer Leben geendet hätte, ihr hättet vor dem Herrn stehen sollen, und er hätte euch gefragt: »Na, wie ist das?« Hättet ihr dann sagen können: »Es ist vollbracht, es ist in Ordnung, es ist gut?« Diese Frage stellt euch an dieser Station. Sie soll euch kein Anlass sein, Schuldgefühle entstehen zu lassen. Es geht um die Aufforderung, wieder zum Himmel zu blicken und sich zu erinnern, dass es dort einen himmlischen Vater, eine himmlische Mutter und einen himmlischen Sohn gibt.

Dieses Mal können wir weitergehen.

## 13. Station:

**Kreuzabnahme**

Der Leichnam wird der Mutter in den Schoß gelegt. Sie hält den Leichnam so in ihren Armen, wie sie einige Jahrzehnte vorher das Kind im Arm hielt. Die Haltung ist ganz ähnlich, nur dass es eben damals das Kind war, das sein Leben vor sich hatte.

Ihr schaut euch erst wieder diesen Vorgang an und dann den leeren Ort. Ihr schaut mit der Mutter auf diesen Ort und sprecht mit ihr – jetzt kommt eine eigenartige Formulierung, die schwierig zu verstehen ist, aber ich werde sie erklären:

»Mein Herr und mein Sohn, vergib ihnen, denn sie haben dich nicht geboren.«

»Sie haben dich nicht geboren« heißt: Sie haben noch nicht entdeckt, noch nicht bewusst für sich erlebt, dass sie Dich, den Herrn, in sich tragen und dass der Sinn des Lebens darin besteht, diesen Herrn zu gebären. Nicht körperlich, sondern in der Nachfolge Christi bringt ihr ihn sozusagen zur Welt.

Die Mutter bittet hier für diejeinigen, die das noch gar nicht begriffen haben, die das gar nicht empfinden können, die gar nicht das Bewusstsein haben, dass sie den Herrn in sich tragen und dass das Leben das fortgesetzte Bemühen sein sollte, ihn zur Welt zu bringen: durch die eigenen Füße, die eigenen Hände, den eigenen Blick, die eigenen Worte, Gedanken und Gefühle.

Dann könnt ihr euch, wenn euch danach zumute ist, an Zeiten erinnern, in denen auch ihr nicht in diesem Bewusstsein gelebt und gehandelt habt. Dann fügt hinzu:

*»Vergib mir, dass ich dich nicht geboren habe.«*

Sprecht das aber nur, wenn ihr wollt! Meint ja nicht, ihr müsstet das sagen. Sagt es nur, wenn es euch ein Bedürfnis ist. Ihr seid sowieso in das Wort der Mutter mit eingeschlossen, weil sie immer für alle bittet.

## 14. Station:
### Der Leichnam Jesu wird ins Grab gelegt.

Ihr seht zuerst die Mutter am Grabe stehen und noch einmal Abschied nehmen, sich noch einmal vergewissern, dass er auch richtig liegt, dass er wohl bedeckt ist, dass alles in Ordnung ist. Als die leiblich inkarnierte Mutter meint sie in diesem Moment, dass sie Jesus zum letzten Mal sieht. Davon geht sie zumindest aus, genau wie die Jünger auch. Sie schaut ihn noch einmal an. Dann tritt sie heraus aus der Grabkammer, dreht sich um, schaut noch mal dahin, macht sich zu schaffen, um den Felsen vorzurollen. Sie betrachtet das Grab mit dem Gefühl: »Nun sehe ich ihn nie wieder.«

Nun steht sie am Grab. Sie bittet und ihr mit ihr:

»Mein Herr und mein Sohn, vergib ihnen, denn sie haben dich nicht begraben.«

Das ist auch wieder eine eigenartige Formulierung. Wer schon einmal bei einem Begräbnis Abschied von einem Menschen genommen hat, weiß um die Eigentümlichkeit des letzten Males. Es ist das letzte Mal, dass man noch einmal den Leichnam berühren kann durch die Tücher hindurch, das letzte Mal, dass man ihn sieht. Man geht mit dem Gefühl: »Jetzt ist es vorbei. Jetzt ist er endgültig in diesem Grab verschwunden, ich werde ihn nicht wiedersehen. Es ist unwiderruflich, unumkehrbar, es ist nichts mehr zu machen. Jetzt ist er begraben! Jetzt können wir uns nur noch zurückwenden, den Weg immer wieder gehen, uns erinnern an das, was er getan und gesagt hat und wie er war, an die Momente mit ihm, an die schönen Zeiten, an das Aufregende.«

Versucht einmal, euch von dieser Erschütterung, ja Verzweiflung berühren zu lassen. Das macht bereit für das Auferstehungsgeschehen! Empfindet diese innere Sehnsucht, dieses innere Heimweh nach. Der Blick geht zurück, und damit geht er auch nach innen. Dieses innere Gedenken, dieses liebevolle Erinnern ist die Vorbereitung für eure Teilhabe am Erleben der Auferstehung.

»Vergib ihnen, sie haben dich nicht begraben« heißt: Sie haben gar nicht diese innere Vorbereitung, die in dem bewussten Schritt liegt: »Wir haben den Herrn zu Grabe getragen.« Wenn es keine Auferstehung gäbe, würde das bedeuten: Wir haben das Heil der Welt zu Grabe getragen. Das wäre das Ende der Welt. Wer nicht innerlich nachvollziehen kann, was es heißt, den Herrn zu Grabe zu tragen, ist nicht vorbereitet, die Auferstehung begreifen zu können in ihrer Großartigkeit, in ihrer rettenden und heilenden Wirkung, in ihrer unabdingbaren Notwendigkeit, wenn es mit der Schöpfung weitergehen soll. Also, man sollte sich zuerst einmal die Mühe gemacht haben, den Herrn zu Grabe zu tragen, damit man überhaupt begreift, was die Auferstehung eigentlich bedeutet, nicht nur mit dem Verstand, sondern mit der Empfindung.

Was wäre, wenn es tatsächlich zu Ende wäre? Was wäre, wenn der Herr z.B. gesagt hätte: »Ich kümmere mich nicht mehr um diese

Schöpfung, nachdem die Menschen mich in dieser Art und Weise behandelt haben; ich will nicht mehr!« Was wäre dann? Das ist schon eine wichtige Frage! Die wenigsten gestatten sich, das bis auf den Grund zu erleben.

Wenn das für euch so ist, dann fügt hinzu:

»*Vergib mir, dass ich den Herrn noch nicht begraben habe.*«

Damit sagt ihr, dass euch dieser Teil der Geschichte in eurer eigenen Empfindung und Erlebenswelt bisher noch fehlt.

Ich möchte noch etwas hinzufügen. Vielleicht sagt ihr euch innerlich: »Sie ist meine Mutter, und der Herr ist ihr Sohn und damit mein Bruder. Ich gehöre mit in diese Familie, und ich gehe neben ihr diesen Weg.«

Dann könnt ihr immer sagen:

»*Mein Herr und mein Sohn, vergib ihnen ...*« usw.

und hinzufügen:

»*Mein Herr und mein Bruder, vergib mir ...*« usw.

Das solltet ihr nur dann tun, wenn ihr wirklich das Gefühl habt, es ist eine für euch stimmige Formulierung. Das heißt, dass ihr euch dann neben Maria stellt als ein Mitglied der Familie. Sonst bleibt einfach jemand, der hinter Maria steht und mit ihr diesen Weg geht.

Ich betone noch einmal: Die Bitte um Vergebung ist nicht etwas, was mit einem Schuldgefühl zu tun haben sollte, bitte nicht! Die Bitte um Vergebung ist nicht mehr und nicht weniger als das Erkennen eigener Grenzen oder eigener Schwächen. Es ist die Bitte um Hilfe, dass man diese Grenzen ein bisschen erweitern oder diese Schwächen ein bisschen ausbügeln kann. Das ist wichtig!

Das gilt natürlich auch für die anderen. »Vergib ihnen« heißt nicht: Die anderen sind böse und schuldig, sondern: auch sie haben Grenzen, Blockaden oder Schwächen, die ihnen nicht gestattet haben, das oder jenes zu empfinden, zu begreifen oder zu sehen. Ihr betet darum, dass sich die Grenzen weiten, die Schwächen ausbügeln lassen, so dass es ihnen möglich sein wird, entsprechend zu sehen, zu begreifen und zu erfahren.

# 4. Kapitel: Fallbeispiele

# Einleitung

Der Hohelehrer: Für jede Krisenerfahrung eures Lebens findet ihr ein beispielhaftes Grundmuster in den 21 Stufen – sieben des Vorabends, 14 des Kreuzwegs. Was ihr in der Krise durchmacht, hat Jesus selbst erlebt. Aber er hat es auch erlöst. Es gibt keine unerlösbare Situation, nichts kann passieren, was nicht erlösbar wäre. Alles wird gut werden. Der Passionsweg führt Jesus zur Auferstehung, eure Krise führt, wenn ihr sie zügig durchschreitet und euch am Vorbild Jesu orientiert, zum Weihnachtsgeschehen, d.h. zum Beginn eines neuen, stimmigeren Lebensabschnitts.

Die 21 Stationen des Passionswegs machen euch die 21 Wunden des Menschen anschaulich, die der Heilung und der Erlösung bedürfen. Sie entsprechen den 21 Großen Arcana des Tarot, das Weihnachtsgeschehen entspricht dem 22. Arcanum.[22] Jesus Christus ging diesen Weg als Heilsweg und Erlösungsweg, für euch ist er ein Arbeitsweg. Der äußere Schicksalsschlag löst eine innere Krise aus, und diese ist Anlass, einen Schritt oder vielleicht auch einige Schritte auf diesem Arbeitsweg zu tun. Es handelt sich zugleich um Schritte auf das Menschsein als Gottes Ebenbild und Gleichnis hin.

Damit ihr die beispielhafte Parallele zwischen eurer Krise und den Stufen des Passionswegs Jesu entdecken könnt, kommt es darauf an, das innerste Motiv der Krise herauszuschälen und bewusst zu machen. Den äußeren Anlass, den eure Krise ausgelöst hat, werdet ihr bei Jesus in aller Regel nicht wiederfinden. Er hat z.B. kein Kind überfahren, hat sich nicht schuldig gemacht, hat keine Ehe gebrochen oder

---

22 Hierzu s. Der Anonymus d' Outre Tombe (= Valentin Tomberg), *Die Großen Arcana des Tarot, Meditationen,* Herder Verlag

aufs Spiel gesetzt, ihm ist das Haus nicht abgebrannt, der Arbeitsplatz nicht gekündigt worden oder was sonst eure Krise angestoßen haben mag. Es geht vielmehr um den inneren Prozess.

Es kommt darauf an, zu entdecken, welche Passionsstufe dem wesentlichen Kern eures Krisengeschehens entspricht. Welche macht euch besonders betroffen, wo hakt ihr ein, wo habt ihr das Gefühl: »Da könnte ich heulen, so ist das bei mir auch!« Das kann eine Station sein, die auf den ersten Blick gar keine Entsprechung zu dem äußeren Anlass eurer Krise zu haben scheint. Es ist nicht etwa so, dass dem Verlust einer Liebesbeziehung die Stationen des Judasverrats und der Begegnung mit der Mutter entsprächen oder dem Tod eines nahe stehenden Menschen die Station des Kreuztodes. Die Entsprechung zeigt sich erst, wenn ihr durch die Umhüllung der faktischen Gegebenheiten zum Kern eures Problems durchdringt. Meist ist es ein Problem, das euch schon in früheren Situationen zu schaffen gemacht hat. Was die Krise auslöst, ist die Erfahrung: »Schon wieder passiert mir das!«

Angenommen z. B., euch erschüttert ganz besonders der Verrat des Judas. Dann habt ihr die Erfahrung gemacht, dass euer Vertrauen missbraucht worden ist und ihr selbst Freunden nicht trauen könnt. Diese Wunde kann wieder vehement aufbrechen, wenn ihr in einer Liebesbeziehung, Freundschaft oder der Ehe enttäuscht werdet, oder weil euch der Arbeitgeber kündigt, der euch zuvor hoffnungsvolle Versprechen gemacht hatte, oder weil ihr Opfer eines Betrugs werdet oder auch weil euch euer Körper im Stich lässt und krank wird. Oder es erschüttert euch besonders die ungerechte Verurteilung Jesu, weil auch ihr Ungerechtigkeiten erfahren habt, z. B.: ihr scheitert im Examen, obwohl ihr gut vorbereitet wart, oder ihr werdet bei einer Bewerbung oder einer Beförderung übergangen, obwohl ihr qualifizierter seid als der Konkurrent, oder eine Verleumdung oder üble Nachrede wird gegen euch angezettelt. Also das Grundproblem wird in verschiedenen Zusammenhängen relevant und tritt in verschiedenen Einkleidungen auf.

Der äußere Schicksalsschlag kann bei verschiedenen Menschen verschiedene Passionsstufen in Erinnerung rufen. Den Verlust einer Liebesbeziehung z. B. erlebt der eine in Parallele zum Verrat des Judas, der andere zur ungerechten Verurteilung, der dritte als Erfahrung der Einsamkeit, der vierte als das Gefühl der Gottverlassenheit, während ein fünfter gar nicht in eine innere Krise gerät. Ebenso kann die Erkrankung, das Sterben eines nahe stehenden Menschen, der Verlust des Arbeitsplatzes den einen in dieser, den anderen in jener Passionsstufe die Parallele zur eigenen inneren Not finden lassen oder auch gleichzeitig in zwei oder drei Passionsstufen.

Ihr erkennt daran, was euer durchgängiges Lebensproblem ausmacht, welche Erfahrungen oder Ängste euch im Innersten umtreiben. Da gibt es einen roten Faden, der euer Leben durchzieht und der schon früher in verschiedenen Krisen sichtbar geworden ist – vielleicht aus ganz verschiedenen äußeren Anlässen. Wenn ihr euch darüber klar werdet, tut ihr vielleicht einen Blick in eure Lebensabsprache: Welchem Problem wollet ihr euch im Einklang mit eurem Sonnenengel in diesem Leben besonders zuwenden, welche Wunde sollte geheilt werden, welche bisher unbewältigte Aufgabe wollt ihr lösen, welchen Fortschritt wollet ihr machen? Ihr erkennt das, wenn ihr die jetzige Krise mit früheren Krisen eures Lebens vergleicht und den gemeinsamen Nenner entdeckt.

Es wird sich als hilfreich erweisen, wenn ihr den biografischen Rückblick in eure Arbeit an der Krise einbeziht. Fragt euch also: »Was ist die größte Verletzung meines Lebens? An welcher Passionsstufe, an welcher besonderen Erschütterung wird sie mir erkennbar? Welcher fühle ich mich am nächsten – in der jetzigen und in der früheren Krise? Welchen Herausforderungen des Dunkels bin ich immer wieder ausgesetzt? Was ist sozusagen mein Dunkel?«

Und: Wie ist der Herr damit umgegangen? In welcher Weise hat er dieses Dunkel erlöst? Wenn ihr dieselbe innere Haltung einnehmt, die er euch auch äußerlich vorgelebt hat, dann garantiert er euch die Erlösung von diesem Dunkel!

# Fragestunde

*Viele Menschen, die in einer Engelstunde Rat suchen, tun das, weil sie sich in einer inneren Krise befinden. Könnten wir für dieses Buch nicht einige Hinweise bekommen, deren die Menschen in besonders häufigen und typischen Situationen bedürfen?*

Elion: Einverstanden. Stellt eure Fragen.

# I.
# EIN NAHE STEHENDER MENSCH STIRBT

Das Sterben eines Kindes, eines Ehepartners, der Eltern oder sonst eines nahe stehenden Menschen ist der Inbegriff des Abschieds. Man gerät in die Krise, wenn man das Sterben nicht akzeptieren will. Was ihr mit diesem Menschen zum letzten Mal erlebt habt, kann in der Erinnerung dieselbe Erschütterung auslösen wie das letzte Abendmahl oder die Grablegung Jesu. Die Krise wird nur dann sinnvoll lebbar, wenn euch klar ist: Gestorben sein heißt nicht tot sein. Tod heißt so viel wie: nicht mehr sein. Das gibt es nicht. Sterben heißt, woanders hinzuziehen, hier eben sehr extrem, im Bild: nicht nur in eine andere Stadt, sondern auf einen ganz anderen Kontinent.

Ihr seid vielleicht überzeugt: Nun ist es aus, und zwar für immer. Ihr könnt den Verstorbenen nicht mehr sehen, nicht mehr mit ihm sprechen, und das ist endgültig. »Nicht mehr« wird zu »nie mehr«. Dann rutscht ihr tatsächlich in eine Karikatur von Krise hinein, nicht auf einen heilsamen Leidensweg, sondern in die Untröstlichkeit. Der Krisenweg ist ein Lichtweg, die Karikatur davon ist ein Schattenweg, eine Dunkelheit, die schwer durchzustehen ist.

Der Verstorbene ist nicht einfach weg, er ist nur woanders. Man kann ihn sehen, hören und sprechen, wenn man die entsprechenden Kommunikationsmittel wählt, und er wird auch antworten. Macht von euch aus ein Kommunikationsangebot. Wartet nicht, ob ihr mal von dem Verstorbenen träumt, ihn vielleicht fühlt, ihn vielleicht in irgendeiner Erscheinungsform hört oder sogar seht. Vielleicht ist seine Hilflosigkeit genauso groß wie eure: Er versucht, euch etwas zu sagen, und ihr wartet immer, dass ihr ihn hört. Fangt von euch aus an.

Gebt dem Verstorbenen einen Auftrag, sagt ihm z. B.: »Ich möchte, dass du die und die Verstorbenen grüßt. Dem bringst du bitte diese Botschaft und jenem sagst du, was ich ihm schon längst noch sagen wollte.« Beauftragt den, der euch vorausgegangen ist, im Himmel ein schönes Plätzchen für euch zu suchen, und beschreibt ihm, wie das sein soll, z. B. ein Haus am See, dahinter Berge mit Wiesen, aber ohne Brennnesseln. So etwas soll er für den Moment, wo ihr nachkommt, schon einmal vorbereiten. Sagt ihm, wenn euch danach zumute ist: »Bitte sei doch da, wenn ich komme. Ich würde mich freuen, wenn du mich abholst. Darauf bereite ich mich innerlich vor.« Wenn ihr ihn sprechen wollt, macht eine Zeit aus, z. B. immer bei Vollmond oder bei Sonnenaufgang oder Sonntag morgens oder vor dem Schlafengehen. Und sagt ihm, wo der Platz ist, an dem ihr gerne mit ihm zusammenkommt: Wo sein Foto steht oder auf der Eckbank oder am Schreibtisch oder unter dem Birnbaum: »Da werde ich hingehen, um deine Nähe zu spüren und dir nahe zu sein.«

Damit wird die Dramatik des Unwiederbringlichen, die Tragik des »zu spät« aus der Situation herausgenommen. Untröstlichkeit ist ein Abweg. Um den Verstorbenen trauern ist überflüssig. Vor seinem Sterben war Anlass, um ihn zu trauern, danach gibt es keinen Grund dazu. Ihm geht es gut – besser als euch. Trauert auch nicht um die unmögliche Kommunikation, sie ist nicht unmöglich, sondern nur vorübergehend erschwert.

Der Trauernde ist in *seiner* Krise, er fühlt sich nicht wohl in seinem Alltag und mit den Menschen. Er fühlt sich im Stich gelassen. Er trauert um sich selbst und vielleicht noch um die Seinen, weil er etwas verloren hat, vielleicht auch, weil er sowieso schon so viel Trauer in sich trägt und nun endlich ein Anlass ist, zu weinen. Trauern heißt, angestoßen durch das Sterben des anderen, über die eigene Situation zu weinen. Das ist nicht schlimm, das ist ganz normal, das ist menschlich. Nur sollte es klar gesehen werden.

*Etwas überrascht bin ich nur von dieser Stelle: Suche mir ein schönes Plätzchen, z. B. hätte ich gerne ein Haus am See.*

Das gibt es alles als feinstoffliche, geistige Realitäten. Das real gebaute Haus am See gibt es auf Erden, weil es schon längst in den geistigen Gegebenheiten Häuser am See gab. Der Architekt baut das nach, genau wie der Musiker das komponiert, was ihm »einfällt«. Es fällt aus dem Himmel herunter.[23]

Des Menschen Wille ist sein Himmelreich. Das ist so! Im Himmel bekommt er genau den Platz, den er will. Da gibt es viele Möglichkeiten. Er braucht das Haus nicht erst mühsam zu bauen, er braucht es nur zu denken und zu wollen. Es ist schon gut, wenn er etwas will. Viele haben noch nicht begriffen, wie wirksam die Kraft des Wollens ist.

Das Jenseits ist dem Diesseits viel ähnlicher, als die meisten Menschen meinen. Es gibt alles, was ihr euch an »heiler Welt« nur wünschen könnt: gesunde Natur, sauberes Wasser, glückliche Tiere usw., alles in feinstofflich-paradiesischem Zustand, also in Farbe und Form, aber ohne die Dichte der Materie.

Betrachtet einmal in einer Kunstgalerie Bilder frühlingshafter Landschaften, Hirtenszenen, Dorfszenen mit Musik und Tanz. Stellt euch vor, ihr tretet in ein Bild, das euch ganz besonders anspricht und berührt, hinein, ihr hört das Plätschern, das Säuseln, das Summen der Bienen, das Tirilieren der Vögel, ihr riecht den Duft der Blumen. Was ihr da wahrnehmt, ist nicht eine subjektive Kreation, sondern der Teil des Jenseits – oder besser: der »Anderwelt« – an die ihr euch erinnert.

*»Anderwelt« ist ein Ausdruck, der sich öfters in esoterischer Literatur findet und mich immer ein wenig peinlich berührt.*

Ja, aber er ist im Sinne des Himmels: Er drückt aus, dass man es mit einer »Welt« zu tun hat, die dieser Welt sehr ähnlich ist. Der Begriff »Jenseits« kann leicht die Vorstellung eines Meeres ohne Struktur, ohne Gestalt, ohne Farben und Formen auslösen und insofern in die Irre führen.

---

23 s. *Wie im Himmel, so auf Erden*, Bd. II, S. 64 f., Bd. III, S. 298 ff.

Die »Anderwelt« ist eine reale Gegebenheit, die ihr von früher her kennt und an die ihr Erinnerungen in euch tragt. Ihr schöpft aus ihr, ihr erschafft sie nicht. In diesem Sinne ist der Mensch »schöpferisch«. Die Vorstellung, er sei ein »Macher«, ist eine Lieblingsidee der dunklen Hierarchien. Das Wort »machen« hat seinen berechtigten Sinn im Zusammenhang mit Handarbeit oder auch mit dem maschinellen Herstellen von Gegenständen. Aber dem Machen geht die Idee von dem zu Machenden voraus. Der Mensch schöpft sie aus dem Reservoir des wirklich Vorhandenen, das er individuell oder kollektiv im Diesseits oder in der Anderwelt erfahren und erlebt hat.

*Das ist wie in der angelsächsischen Rechtsphilosophie: Der gerechte Urteilsspruch bedeutet nicht »law-making«, sondern »law-finding«.*[24]

Ja, denn die gerechte Entscheidung bringt ein kleines Stückchen Paradies auf die Erde.

Nach dem Sterben steht euch die ganze Fülle der Möglichkeiten zur Verfügung, die ihr schon erfahren habt und die ihr neu kennen lernen wollt. Ihr braucht nur eine der Möglichkeiten zu wählen, d.h. etwas zu wollen. Es ist wirklich so, wie euer Sprichwort sagt: Des Menschen Wille ist sein Himmelreich. Zwei Seelen können auch gemeinsam in derselben Umgebung, ja, im selben »Haus« wohnen, wenn beide das wollen, mit denselben »Möbeln«, denselben Farben usw. Ihr könnt auch in Gruppen zusammenleben, wenn alle Beteiligten das so wollen.

Aber das bedeutet nicht, dass ihr in einer von euch »geschaffenen« Realität lebt, sondern ihr »schöpft« aus dem Reservoir des Vorgegebenen. Wenn ihr versuchen solltet, etwas anderes, nicht Vorgegebenes zu wollen, so geht das nicht. Auch die innere, die geistige Realität ist, wie sie ist.

Da ein jeder in der von ihm gewollten inneren Realität lebt, gibt es keine Abgrenzungsprobleme. Auf Erden ist die Welt des anderen anders, fremd und oft störend. In der »Anderwelt« lebt jeder in seiner

---

24 hierzu: Martin Kriele, *Grundprobleme der Rechtsphilosophie,* Münster, Hamburg, London 2003

Welt, und es gibt keinen Krieg, nicht einmal Konflikte. Ihr seid ja nicht an die festgefügten, geografischen Gegebenheiten einer materiellen Welt gebunden. Ihr könnt dort ein Bergdorf haben, und daneben wohnt einer in einer Oase und trinkt in einem Beduinenzelt genüsslich seinen Kräutertee, weil ihm das so gefällt. Diese Vielfalt ist möglich in dieser Welt der geistigen Feinstofflichkeit, wo nicht die Trägheit der Materie entgegensteht.

Also verabredet euch mit dem Verstorbenen! Versucht es einmal ganz ernstlich, und ihr werdet sehen: es geht. Dann werdet ihr nicht mehr untröstlich sein und die Krise besiegen.

## II.
## Eine Liebe zerbricht

Also: Euer Partner trennt sich von euch oder ihr euch von ihm. Das tut weh. Es lässt sich nicht nahtlos etwas hübsches Neues anschließen, sondern dazwischen liegt ein Leidensweg.

Wiederum gab es ein letztes Mal: Da haben wir das letzte Mal miteinander geschlafen, das letzte Mal miteinander gegessen, das letzte Mal zusammen im Auto gesessen, das letzte Mal uns die Hand gegeben. Vielleicht hofft ihr, es sei doch nicht das letzte Mal gewesen, denn den anderen Menschen gibt es ja weiterhin. Ihr wisst, wo ihr ihm begegnen könntet, deswegen könnte man das vielleicht noch mal rückgängig machen. Es gibt ja tatsächlich übereilte Trennungen, die eine Versöhnung nicht ausschließen, wenn ihr euch darum bemüht. Ich spreche jetzt von Situationen, in denen ihr wisst: Es war wirklich das letzte, das allerletzte Mal.

Dann kommt die Frage: »Habe ich es richtig gemacht? War das wirklich gut so? Hätte es nicht doch, wenn ich oder der andere oder wir ...« usw. Das Ende wird noch immer nicht als Ende gesehen, sondern man versucht, Wege zu finden, Schuld hin und her zu wenden, Fragen zu stellen, die immer um dasselbe kreisen. Der Blick voraus wäre zu schmerzhaft. Das geht immerfort und führt zu gar nichts. Das ist eine Überforderung, wie eine Abfolge von lauter letzten Abendmahlen. Eine außergewöhnliche Situation wiederholt sich ständig, als wäre ein Riss in der Platte. Die Wiederholung immer desselben ist das Problem in diesen Situationen.

Der Leidensweg wird erst angetreten, wenn beide Seiten das Ende akzeptieren, dieses Ende auch würdig als Ende betrachten und dann in die Zukunft hineingehen. Diese Zukunft bedeutet zunächst einmal, einen Weg allein zu gehen, jedenfalls ohne diesen anderen. Da sind bestimmte Dinge zu erleben, zu bearbeiten, zu erkennen, zu erfühlen, zu korrigieren, vielleicht auch zu erweitern, lebendig zu machen, die man nur alleine lebendig und neu machen kann.

Ihr könntet meinen: Wenn der eine oder andere oder beide schon wieder eine neue Beziehung haben, dann seien sie nicht allein, und es scheint gar keine Krise zu geben. Aber auch wer einen neuen Partner hat, führt die vergangene Beziehung innerlich zu Ende, und zwar für sich allein. Sie wird ihn in seinen Träumen beschäftigen. Er wird sich innerlich damit auseinander setzen, warum sie schief gelaufen ist, wer was dazu beigetragen hat und was dafür ausschlaggebend war. Er hat eine Trauerarbeit zu leisten, die die wesentlichen Elemente einer inneren Krise hat.

Diese Beziehung ist zwischen euch und dem andern, so wie ihr damals wart und wie ihr sie gelebt habt, zu Ende. Das heißt aber nicht, sie fällt in den Bereich des Todes. Selbst sterben heißt ja nicht tot sein, sondern woanders hingehen, sich wandeln. Wenn eine Beziehung zu Ende geht, wird sie sich einem Wandel unterziehen. Sie wird auf einer anderen Ebene mit euch beiden als anderen fortgelebt werden. Im Herzen wird sie weitergetragen, in Dankbarkeit, in Anerkennung, in guter Erinnerung, im Hervorheben des Wesentlichen und Wirksamen dieser Beziehung. Sie kann auch im Äußeren weitergelebt werden, irgendwann einmal, vielleicht in diesem Leben, vielleicht in einem anderen.

Sie kann nach einer Leidenszeit – nie ohne – im Land der Freundschaft oder der gegenseitigen Wertschätzung ankommen. Oder auch im Land des Schüler-/Lehrerverhältnisses oder vielleicht sogar einer neuen Liebesbeziehung. Auch das gibt es manchmal. Wenn die Beziehung wichtig und wesentlich ist für beide Seelen, werden sie sich die Freiheit nehmen, sie wieder einmal zu probieren. Aber dann sind beide ein Stückchen anders geworden und werden diese Liebe anders erleben, sie ganz neu bewerten und sie entsprechend schätzen, hüten und pflegen. Sie ist dann dank der Krisenzeit des Leidensweges verändert, quasi eine neue Beziehung. Stellt euch also der Frage: Welcher Wandel wird möglich, und welche Art von Neubeginn dieser Beziehung wird dadurch möglich?

Angenommen, der Freund hat einen Brief geschrieben: »Das war's, ich will nichts mehr von dir hören.« Du sitzt da und sagst: »Das ist schon der fünfte Freund, der sich in dieser Form verabschiedet. Ich werde ihn wahrscheinlich nie wiedersehen.« Dann mache einmal folgende Übung.

## Übung: »Das bin ja ich«

Erster Schritt: Setze dich hin, schließe die Augen und stelle dir einen inneren Raum vor, wo dieser Freund trotzdem weiter da ist. Du kannst dir auch ein Foto von ihm anschauen. Also, gib ihm ein Plätzchen im Herzen, in deiner Inneren Kirche und sage: »Wo immer auf der Welt du bist, du bist auch in mir. Jetzt besuche ich dich mal, denn ich möchte mit dir sprechen. Du bist mir wie immer ganz nah.« Also: Er hat dich zutiefst verletzt, aber es ist nicht vorbei. Er ist da.

Zweiter Schritt: Lasse dir von ihm erklären, was er sich von deiner Seite gewünscht hätte. Also, jetzt kommt nicht: »Ich erkläre dir jetzt einmal, was ich dir schon lange sagen wollte und was ich dir am liebsten an den Kopf werfen würde, wenn du nicht so weit weg wärst«, sondern: »Jetzt sage du mir mal, was ich dir zu tragen gegeben habe.« Lass es ihn zeigen, als trüge er ein Tablett auf der Hand: »Zeige mir mal, was du alles getragen hast in unserer Beziehung.« Er soll dir sozusagen Paket für Paket aufschnüren und z.B. sagen: »Ich habe deine Wut, deine Langsamkeit, deine Unordentlichkeit ertragen.« D.h., du siehst ihn als einen, der an dieser Beziehung gearbeitet und mitgetragen hat.

Du könntest, wenn du dir etwas Gutes tun willst, hinzufügen: »Nun zeige auch einmal, was du von dieser Beziehung hattest. Das ist auch interessant!« Vielleicht zeigt er dir hübsche Bilder und sagt: »Das hatte ich – Lebensfreude und Humor und dies und jenes.«

Vielleicht möchtest du sogar so weit gehen, dich zu entschuldigen: »Es tut mir Leid. Es war mir gar nicht so klar, was du alles zu tragen hattest. Das habe ich gar nicht richtig wahrgenommen.«

Wenn du schon beim Aufräumen bist, sammle gleich auch noch andere, mit denen die Beziehungen schwierig waren, um dich. Vielleicht kommt die Schwiegermutter und sagt: »Das musste ich auch immer mittragen.« Die Tante sagt: »Das war immer dasselbe.« Dann könnt ihr euch generell entschuldigen: »Es tut mir furchtbar Leid, was ich so alles an Lasten verteilt habe. Manche von euch stecken es ja schon seit Jahren weg.«

Dritter Schritt: Der andere sitzt vor dir. Oft hast du dich über sein Verhalten furchtbar aufgeregt. Jetzt ist die Frage: »Inwiefern kann der andere der Spiegel für das sein, was du selber bist?« Das ist die schwierigste Arbeit, aber sie ist spannend: Was regte dich an ihm am meisten auf, länger als fünf Minuten? Also der andere sitzt da ganz freundlich, weil du dich entschuldigt hast, und in dir kocht schon wieder etwas hoch: »Aber das nehme ich dir übel, dass du das immer gesagt oder getan hast.« Was dich beim anderen über die Maßen ärgert, ist das, was du Ähnliches bei dir selber vorfindest.

Atme einmal tief durch und gestehe dir, und wenn es nur für eine Sekunde ist: »Du lieber Himmel, das bin ja ich! Das ist ja meine Schwäche!« Also: Einmal kurz ins kalte Wasser springen: »Das bin ja ich!« Dann kannst du wieder auftauchen, dich schütteln und sagen: »Das reicht für heute.« Nicht lange, dann ärgert dich das schon wieder. Du schmetterst ihm vor die Füße, was er für ein Ekel ist, weil er doch ... usw. Dann wieder kurz untertauchen und sagen: »Das bin ja ich!«, wieder auftauchen und sagen: »So, das war genug für heute.« Diese Kurzbegegnungen mit dir reichen, um auf Dauer ein neues Verhältnis zu dir zu finden: »Also gut, es ist zwar unangenehm, aber ich lasse es zu.« Nimm dem Spiegel nicht übel, dass er ein Spiegel ist. Er kann ja nichts dafür.

Vierter Schritt: Nimm auch du dir selbst nicht mehr übel, dass du diese hässliche Warze hast. Du tauchst kurz in das kalte Wasser, hüllst dich dann in ein warmes Handtuch ein und nimmst dich kuschelnd in den Arm: »Ich habe dich lieb, zeig mir mal deine süße Warze auf deiner Wange. Ich mag dich trotzdem.«

*Es gibt natürlich viele Situationen, wo man sagen kann: Was mich am anderen aufregt, das habe ich selbst in mir. Aber man regt sich doch auch über manches auf, was man nicht selbst in sich hat.*

So, meinst du?

*Der andere hat mich z. B. bestohlen, und ich habe noch nie gestohlen.*

Der Diebstahl löst dann natürlich Empörung, Enttäuschung, Ärger aus. Aber ich rede jetzt von der Aufregung, die sich immer wiederholt und immer gleich heftig ist, wo etwas in dir brodelt wie in einem Vulkan. Das solltest du zunächst als ein Anzeichen dafür ansehen, dass du das, worüber du dich aufregst, selbst in dir hast. Wenn du sagst: Ich würde so etwas nie tun, stimmt etwas nicht, weil das Wort »nie« immer darauf hinweist, dass es nicht wahr sein kann. Deine Aufregung könnte signalisieren: Du hast verdrängt, das Entsprechende getan, zumindest sehr intensiv gewollt zu haben.

In dieser Übung geht man schrittweise vor. Der Beziehungsabbruch beruht auf einer Blockade. Die Blockade beruht auf Verdrängung – wer trägt welche Lasten? Die Verdrängung äußert sich in einer Projektion. Es gilt, alle drei Bereiche zu bearbeiten, und zwar in einer verträglichen Art und Weise. Wenn ein anderer dich zwingen würde, mehr zu tun, dann würde er deiner Seele mehr zumuten, als sie verkraften kann. Deine Eigenarbeit aber ist verträglich und ungefährlich.

Das Fortführen von Blockade, Verdrängung und Projektion macht das Krisengeschehen nicht leichter, sondern schwerer und zementiert es zur Dauerkrise. Deshalb sollte man es im Fall wiederholten Beziehungsabbruchs mit diesen Übungen versuchen.

*Gilt das alles auch für Ehekrisen?*

Nicht ohne weiteres. Denn eine Ehe ist nicht »zu Ende«, wenn die Beziehung zu Ende ist. Es gibt kaum eine Ehe ohne ein Beziehungsende, da gibt es zu viel Alltag, zu viel Stress usw. Das ist die übliche Realität. Eine lebenslänglich glückliche Ehe gibt es kaum, die Doppelgänger machen das nicht mit.

Aber eine Ehe ist vom Himmel gedacht als eine unverbrüchliche Verbindung. Sie beherbergt glückliche, aber auch nicht stimmige Phasen unter ihrem Dach, ja sogar ein Zu-Ende-Gehen der Beziehung. Dann wird der Passionsweg der Krise innerhalb der Ehe gegangen. Wenn er richtig gegangen wird, wenn er sich also an dem Wort Jesu orientiert: »Folge mir nach«, dann führt er zu Weihnachten, und das heißt in diesem Fall: zu einer neuen Beziehung mit dem alten Partner.

Das gilt natürlich nur, wenn es sich um eine wirkliche Ehe handelt und nicht um eine bloße Beziehung, die vorschnell durch Heirat »legitimiert« worden ist. Eine wirkliche Ehe ist unscheidbar.[25] Sie scheitert nie endgültig. Wo eine Ehe endgültig zerbricht, kann sie keine wirkliche Ehe im Sinne des Himmels gewesen sein. In diesem Fall gilt entsprechend, was euch über das Ende einer Beziehung gesagt worden ist.

---

25 s. Ehe und Partnerschaft in: *Wie im Himmel, so auf Erden*, Bd. I, S. 97–110

# III.
# ERKRANKUNG

Du wirst krank, vielleicht sogar unheilbar, sei es durch einen Unfall, sei es durch Ansteckung, sei es durch Erschöpfung oder Altersschwäche. Was dazu zu sagen ist, hängt von der individuellen Situation ab und lässt sich nur in einem Buch erörtern, das den Grundfragen der Medizin gewidmet ist.[26] Für unseren Zusammenhang kommt es nur auf den Aspekt an, der allen Erkrankungen gemeinsam ist: Der Körper wird dir unangenehm spürbar, er tut weh, er tritt dir als ein Fremder gegenüber, es entsteht Distanz, ein Zwist, eine innere Auseinandersetzung. Die im gesunden Zustand erlebte Einheit mit dem Körper besteht nicht mehr: Ihr seid zweierlei. Dann ist die Judassituation ein wesentlicher Bestandteil dieser Krise, nämlich du erlebst die Erkrankung als Verrat deines Körpers an dir: Der lässt mich im Stich, er zieht nicht mehr mit, er agiert gegen mich.

Die erste Reaktion wäre ein Vorwurf an den Körper, die zweite: Er soll also wieder zum Funktionieren gebracht werden. Er wird trainiert, mit Medikamenten traktiert usw. Was er hingegen will, ist, dass du mal kürzer trittst, Pause machst und viel schläfst.

Euer Körper tut ja, was er kann. Aber – und dazu gehört die ganze Vorgeschichte von Judas – wenn es über sein Verständnis und seine Kräfte geht, dann hält er nicht mehr mit, und du kannst ihn auch nicht plötzlich zur Erkenntnis zwingen. So viel Souveränität kann der Körper dann nicht mehr aufbringen. Dann kannst du nur noch eines tun:

---

26 Ein solches Buch ist in Vorbereitung und wird voraussichtlich im Frühjahr 2005 erscheinen.

wie Jesus Verständnis für die Schwäche des anderen haben: »Der kann einfach nicht mehr.« Also sage quasi »ja« zu seinem »Verrat«.

Das heißt im Falle der Erkrankung: Du würdest gut daran tun, zu sagen: »Du lässt mich jetzt ganz übel hängen, lieber Körper, das ist nicht fein, aber nach dem, was ich von dir verlangt habe, nach all den Überforderungen entwickle ich Verständnis für dich. Ich halte segnend, schützend, schonend meine Hand über dich.«

Die Genesung kann auf der körperlichen Ebene nur vonstatten gehen, wenn sie auf der seelischen Ebene entsprechend begleitet wird. Also bitte keinen Machtkampf: »Schauen wir mal, wer stärker ist, ich oder du, die Medikamente, die Operation, die Ärzte oder du. Wir werden dich schon noch fügsam kriegen.«

Man tendiert im Krankheitsfalle häufig dazu, seinen Körper seinerseits im Stich zu lassen. Das ist nicht die Umgehensweise Jesu, das wäre Verrat am Verräter. Das ist das, was die dunklen Hierarchien dir einreden wollen: Wenn der dich verrät, schlage zurück, verrate ihn auch, lasse es ihn zahlen. Das hilft nicht aus der Krise.

Besser ist, du sagst: »Was du tun musst, das tue gleich, präsentiere mir deinen ganzen Unwillen, dein Überfordertsein, ich stehe zu dir, auch vor den anderen, vor meinem Chef, vor meinen ständig fordernden Mitarbeitern, vor der Welt. Wir bringen das miteinander in Ordnung.«

# IV.
# Verlust des Arbeitsplatzes

Wiederum gibt es ein »letztes Abendmahl«. Es ist das letzte Mal, dass du deinen Arbeitsplatz betrittst. Auch andere Stationen des Passionswegs zeigen Parallelen zu dieser Situation: Der Chef erscheint wie ein Verräter. Du fühlst dich ungerecht behandelt. Du verlierst die Geborgenheit der »Stadt«, in der du zu Hause warst.

Es geht nicht nur um den Verlust sinnvoller oder sinnstiftender Arbeit. Im Vordergrund steht meist, dass man einen gesicherten Raum verliert. Es geht verloren, wovon ihr meintet, dass es euch ausmacht: Amt, Posten, Firmenadresse, Wagen, Lebensstil, Einkommen, Zukunftssicherung, Tagesablauf, Karriere, soziales Ansehen, Geborgensein in einem sozialen Netz. Insofern gilt das, was hierzu zu sagen ist, auch bei Insolvenz des eigenen Unternehmens, bei Verlust des Vermögens und ähnlichen Situationen.

Es kommt oft zu einer gravierenden Selbstwertkrise: Wer bin ich noch, bin ich überhaupt noch liebenswert, bin ich noch einen Pfifferling wert? Bin ich nicht einer, den man eigentlich mit einem Fußtritt hinauswirft: aus der Firma, aus dem Club, aus dem Haus, und dann bleibt nichts mehr übrig? Also stellt sich die große Frage: wer oder was bin ich jetzt noch? Wenn meine Menschenwürde nicht mehr von den äußeren Gegebenheiten bestimmt wird, wo kommt sie dann her? Woher Selbstwert, Eigenliebe und Selbstachtung nehmen, wenn sie nicht von der Gesellschaft gestiftet werden? Deine Situation ähnelt also auch der Kreuzwegstation, wo man den Herrn seiner Kleider beraubte, ihm zum Hohn das Letzte nahm, er aber dennoch seine Würde bewahrte. Sei dir auch dieser Parallele bewusst.

Dann geht es darum, sich die himmlischen und die inneren Quellen zu erschließen, aus denen Liebenswürdigkeit und Menschenwürde herrühren. Im Außen geht es zwar um Geld, um die Existenz, vielleicht sogar um die Sicherung des Überlebens. Im Innern geht es vor allem darum, die Quellen von Selbstwert, Würde, Leistung und Stolz in sich selbst zu finden, den Zugang zur inneren Sicherheit zu erschließen.

Du stehst plötzlich vor der Frage: Wie abhängig bist du von diesen Dingen? »Hattest« du sie oder lebtest du sie? Besaßest du sie, als machten sie deine Identität aus? Hast du die Kunst verstanden, über etwas zu verfügen, ohne davon abhängig zu sein?

Deine Situation ähnelt der der Jünger, die die Erfahrung machen: Das war das letzte Abendmahl. Denn auch der Jüngerkreis war eine Art »Unternehmen«, in dem es einen Chef gab und jeder seine speziellen Aufgaben hatte. Der eine sorgte für Unterkunft und Verpflegung, der andere für die Finanzen, der dritte für die Kinderstunden, der vierte ordnete die Fragesteller und Hilfsbedürftigen in eine Reihenfolge usw. Man wusste, wo man hingehörte, hatte seine Gewohnheiten und seine Sicherheit. Nun war das alles vorbei.

Natürlich sind die äußeren Probleme mit äußeren Schritten anzugehen. Dazu gehört vielleicht die Einschaltung des Betriebsrates, der Gang vors Arbeitsgericht und zum Arbeitsamt, Vermittlungsgespräche, Bewerbungsschreiben usw. Was zu tun ist, sollte getan werden, und es ist ratsam, sich professioneller Berater und Helfer zu bedienen.

Dann aber bleibt normalerweise noch viel Zeit übrig, und die Frage ist: Was wirst du den Tag über tun? Gibt es nicht etwas Besseres, als mit anderen zu jammern und zu schimpfen, zum Alkohol zu greifen oder vor dem Fernseher zu sitzen? Wie kann man die Zeit in einer Weise nutzen, die die Quellen der inneren Sicherheit erschließt? Damit wird man dann übrigens auch die Chancen künftiger beruflicher Tätigkeit wesentlich erhöhen. Es gibt zwar psychologische Kurse, die die Steigerung des Selbstwertgefühls trainieren. Aber es gibt Wege, die wirklich sinnstiftend und deshalb wesentlich wirksamer sind.

Der erste Schritt ist, dass du deinen Tagesablauf in eine disziplinierte, wiederkehrende Ordnung bringst. Schon das wird deine Ausstrahlung fördern, die auf andere Menschen wohltuend wirkt. Denn du solltest dir darüber klar sein, dass ein zuversichtlicher Blick auf die Zukunft wesentlich dazu beiträgt, eine positive Zukunft herbeizuführen. Unterlasse deshalb alles negativ wirkende Gerede wie: »Mir gelingt ohnehin nichts, in dieser Gesellschaft kriegt keiner ein Bein auf den Boden, schon gar nicht in meinem Alter« und ähnliche Äußerungen eines arroganten Pessimismus. Äußere lieber verhaltene Hoffnung: »Es ist schwierig, aber es könnte klappen« oder halte einfach den Mund. Sodann unternimm Folgendes.

### Übung: Was will ich jetzt?

1. Gehe dreimal täglich durch eine Gegend, lächle Menschen, Tiere, Bäume an und verbreite gute Laune.
2. Suche einmal täglich einen Ort des Leidens auf, z.B. Krankenhaus, Gefängnis, Altenheim, Hospiz, Waisenhaus, Tierheim, Friedhofskapelle. Es genügt, dass du am Tor stehst oder die Eingangshalle betrittst. Bedenke alle, die dort leiden, erkläre innerlich deine Solidarität, dein Verständnis, deine Trauer. Sprich deine Zuversicht und Hoffnung für sie aus – stellvertretend für alle Leidenden.
3. Sprich dreimal täglich ein Fürbittgebet. Dazu nimm etwas in die Hand, das stellvertretend für diejenigen steht, für die du bittest. Nimm z.B. etwas Erde in die Hand und bitte für die missbrauchte Natur. Nimm das Zeitungsbild eines Kriegsverletzten, eines Flüchtlings, eines hungernden Kindes und bitte für alle von der jeweiligen Not Betroffenen.
4. Bei Sonnenaufgang und bei Sonnenuntergang wirf einen Blick auf etwas Schönes: einen Baum, die rosa Wolken, die Blumen – möglichst auf etwas aus der Natur, es kann aber auch ein Bild oder ein Schmuckstück sein. Nimm das Schöne bewusst wahr, freue dich daran, danke ihm, dass es da ist, und danke auch dem Schöpfer dafür.
5. Setze dich einmal in Ruhe mit Papier und Bleistift hin und stelle dir die Frage: Was will ich eigentlich im Innersten, und zwar in völliger Wahrhaftigkeit?

a) Will ich überhaupt wieder arbeiten, will ich Leistung und Disziplin auf mich nehmen? Oder fühle ich mich mit der gegenwärtigen Situation gar nicht so unwohl?
b) Wenn ich wirklich arbeiten will, hat mir das Bisherige zugesagt? Will ich etwas Gleiches wieder tun?
c) Wenn ich das nicht will oder wenn es nicht möglich ist, was will ich dann tun? Will ich eine Tätigkeit, die auf dem Gelernten aufbaut und an meine Berufserfahrung anknüpft? Oder will ich lieber etwas ganz anderes machen? Strebe ich z. B. eine Umschulung an? Wer auf der Welt braucht das, was ich am liebsten tun will? Wenn andere das auch schon tun – will ich mich ihnen anschließen? Oder will ich aus eigener Initiative etwas Neues gründen? Wer kommt als Mäzen in Betracht, um das zu unterstützen?

Du wirst die Krise besser durchstehen, wenn du diese Fragen in absoluter Ehrlichkeit geklärt hast, wenn du also weißt, was du wirklich willst und was du nur in zweiter Linie in Kauf nimmst.

# V.
# DIE SCHULD ANDERER

Angenommen, du bist Opfer eines Betruges, einer Veruntreuung, einer Verleumdung oder dergleichen. Da gibt es in der äußeren Welt juristische und andere Maßnahmen. Die kannst du in einem Rechtsstaat an professionelle Vertreter delegieren.

Was aber machst du mit dem inneren Vorwurf, dem Hader, der Wut? Was passiert in deinem Inneren, wenn die Schuldigen keine Reue, keine Wiedergutmachungsbereitschaft zu erkennen geben, nicht einmal »Entschuldigung« sagen, ja sich sogar noch im Recht fühlen und daran freuen, dass sie dir das angetan haben? Wie gehst du damit um?

Hier bist du wieder verwiesen auf den Passionsweg. Wie geht der Herr mit denen um, die ihn durch ihr Verhalten in diese Situation gebracht haben? Er erhebt ja keine Anklage, macht keine Vorwürfe, fängt keinen Krieg an. Er kämpft nicht. Was aber tut er im Inneren? Was tust du, wenn du es ihm gleichtun willst? Wir wollen uns das einmal in Form einer Übung vor Augen führen.

## Übung: Täter, Mensch, Werkzeug

Erster Schritt: Setze dich in Ruhe hin und den Täter vor dein inneres Auge dir gegenüber. Es geht jetzt nicht um die Frage: »Was hast du dir eigentlich dabei gedacht?« Schau ihn zunächst einmal einfach nur an, wie er dasitzt: frech, trotzig? Oder gebeugt, vielleicht sogar mit einem ernsten Blick von Schuldbewusstsein in den Augen? Lass ihn nicht aus den Augen. Wenn es mehrere sind, dann nimm sie einen nach dem anderen in den Blick. Wie sieht so einer aus?

*Da würde ich mir möglicherweise Illusionen machen: Der sitzt jetzt vielleicht gebeugt und schuldbewusst da, und in Wirklichkeit ist er innerlich ganz frech.*

Das weißt du nicht. Es ist auch nicht wichtig. Bringe dein inneres Bild zur Sprache.»Wie sieht ein Kerl aus, der so was tut? Aha, so sieht er aus. Dass der so was tun könnte, sieht man dem gar nicht an« bzw. »das sieht man schon aus der Entfernung«.

Zweiter Schritt: Du guckst ihn an und sagst: »Das ist ein Mensch.« Also zuerst: Das ist der Täter, dann: Das ist ein Mensch. Jetzt schaue ein bisschen genauer hin und versuche Spuren des Menschlichen – im Sinne der menschlichen Schwächen – in ihm zu entdecken. Da wirst du merken: Er wirkt vielleicht nervöser und fahriger, vielleicht verhärteter und trotziger als auf den ersten Blick, vielleicht auch verunsicherter, niedergeschlagener, verletzter, vielleicht einfach dümmer, beschränkter, unkultivierter, alles Mögliche. Jedenfalls wird dir der zweite Blick zeigen: Er ist ein Mensch mit Grenzen, mit Schwächen, mit Verletzungen. Das heißt nicht, dass das irgendetwas rechtfertigt. Es geht nur darum, dass du diese Art von Beziehung zu ihm aufbaust.

Dritter Schritt: Da sitzt ein Werkzeug. Da steht rechts der Schutzengel, links aber ein schattenhaftes Fratzenwesen, der Doppelgänger, der dieses Werkzeug an der Leine, am Nasenring führt. Der Mensch wird also auf den ersten Blick Täter sein, auf den zweiten Blick Mensch, auf den dritten Blick Werkzeug.

Wenn du das gesehen hast, dann kannst du differenzieren: »Nun, es ist die Verantwortung dieses Menschen, dass er sich zum Werkzeug hat machen lassen, aber er ist auch ein Opfer, das Werkzeug dieser Kräfte, die ihn da gelenkt haben.« Und das bedeutet: Du siehst zwar den Menschen weiterhin als Täter – das wird auch das Gericht tun –, aber du siehst darüber hinaus noch, wer der wirkliche Täter ist, der Täter hinter diesem benutzten Werkzeug. Dieses ist ein Opfer, der kleine Täter in der Hand des hinter ihm stehenden großen Täters.

## Übung: Positivität

Notiere dir einmal die ganze Skala menschlicher Beziehungsmöglichkeiten – von negativen über neutrale zu positiven, also etwa so:

1. Negativ: Tödlicher Angriff – körperlich verletzende Handgreiflichkeit – lautstarke Beschimpfung – verletzende Ironie oder Anspielung – Liebesentzug – Verstimmung – Unfreundlichkeit – Irritation.
2. Neutral: Gleichgültigkeit – offen lassend – Raum lassend.
3. Positiv: respektierend – akzeptierend – freundlich – verständnisvoll – liebevoll – annehmend – mitfühlend – umarmend – hingebungsvoll liebend – Verantwortung übernehmend.

Jetzt führe dir Menschen vor Augen, die in deinem Leben eine Rolle spielen, privat, beruflich oder politisch, Familienangehörige, Nachbarn, Lehrer, Bekannte, Mitarbeiter, Vorgesetzte, Verantwortliche in Staat und Gesellschaft. Wo in der Skala ordnest du deine innere Beziehung zu ihnen ein? Versuche einmal, mit diesen Menschen in einen inneren Dialog zu treten, vielleicht, wenn möglich, auch eine reale, äußere Aussprache herbeizuführen. Du kannst ihnen auch einen »Friedensbrief« schreiben (ohne ihn unbedingt abzusenden), in dem du dich vielleicht erklärst und entschuldigst. Das Ziel sollte sein, dass ein jeder möglichst einen Punkt nach rechts rückt. Wenn du das von Zeit zu Zeit wiederholst, sollte das Ziel sein, dass sich die linke Seite – die der »negativen« Beziehungen – gänzlich leert, so dass nur neutrale und positive übrig bleiben.

Dazu solltest du zweierlei wissen:

1. Die Nichtbeziehung gibt es nicht. Der Abbruch einer Beziehung führt nicht zur Beziehungslosigkeit, sondern nur zu einer gefrorenen, sozusagen im Eiskasten weiter gepflegten inneren Beziehung.
2. Es gibt keine Alternative zum Frieden. Es gibt nicht etwa die freie Wahl zwischen Krieg und Frieden als gleichberechtigten Möglichkeiten. Du kannst in freier Entscheidung nur den Frieden wählen, oder du bist unfrei, nämlich in der Hand dunkler Mächte, auch

dann, wenn du meinst, du führst »Krieg für den Frieden«. Du kannst nicht sagen: Eigentlich will ich Frieden, aber dazu muss ich Krieg führen. Das wäre ein Widerspruch in sich. Die Alternativen zum Krieg sind Diplomatie und Dialog – oder beides in einem.

Nun zurück zu dem Täter, dem Menschen, dem Werkzeug, das dich in die Krise gestürzt hat. Auf der Skala der Beziehungsmöglichkeiten, wo ordnest du ihn ein? Würdest du ihn am liebsten umbringen? Oder kannst du es schaffen, allmählich, Stufe um Stufe, eine positivere innere Beziehung herbeizuführen? Das heißt nicht, dass das im Äußeren zu geschehen hat, also dass du den Gerichtsprozess absagen, den anderen in den Arm nehmen oder ihm eine Packung Pralinen schenken solltest. Es geht darum, dass du in dir selbst Frieden findest, dich von Groll und Vergeltungsdrang unabhängig machst und insofern deine Freiheit zurückgewinnst.

Also, du kannst ruhig darauf bestehen, dass das äußere Recht sein Recht bekommt. Aber wenn du die innere Arbeit nicht tust, wird dir auch der erfolgreiche Gerichtsprozess keinen inneren Frieden bringen. Wenn du die innere Arbeit tust, wirst du inneren Frieden finden, wie immer der Rechtsstreit ausgeht. Davon machst du dich innerlich unabhängig.

Darauf kommt es an im Umgang mit dem schuldhaften Verhalten der anderen. Das ist es, was der Herr dir auf den ersten Stufen des Passionswegs vorlebt. Er bleibt ruhig, tut äußerlich nichts. Aber er tut eine innere Arbeit: Er vergegenwärtigt sich, dass die Täter Menschen und dass sie Werkzeuge sind. Das ist sozusagen Christenarbeit. Das ist meisterliches Bewältigen der Verwundung, Verletzung, Enttäuschung, Bestürzung darüber, dass ein Mensch – vielleicht sogar ein vertrauter Mensch – dir so etwas antut. Versuche es mit dieser Frieden stiftenden Arbeit, und du wirst eine innere Friedenshaltung finden, die aus der Krise heraus in etwas Neues, in das Weihnachtsgeschehen führt.

# VI.
# EIGENE SCHULD

*Angenommen, jemand hat sich strafbar gemacht, sitzt auf der Anklagebank, kommt damit in die Presse, ist gesellschaftlich blamiert und beruflich ruiniert. Oder jemand hat die Ehe gebrochen, und das führt zur Scheidung. Wie geht man mit eigener Schuld um? Da kann man ja diese Friedensarbeit nicht machen. Man kann sich nur mit sich selbst versöhnen.*

Das Problem ist, dass jemand, der sich so verhält, normalerweise nicht in eine innere Krise gerät. Gerät er in die innere Krise, ist das schon ein gutes Zeichen: Es bedeutet, dass er sich seiner inneren Unstimmigkeit, seines inneren Unfriedens bewusst geworden ist, dass er anfängt, auf sein Gewissen zu hören, an sich zu zweifeln, in Frage zu stellen, was er tut, wie er ist, wonach er sich ausrichtet.

Bist du dir deiner Schuld bewusst, dann kommt es darauf an, dir klar zu machen, dass du nicht nur *Täter* geworden bist. Du bist auch ein *Mensch*, der seine Schwächen hat, seine Nöte, seine Verletzungen, seine Automatismen und Prägungen, auch seine Dummheit und seine Begrenztheit. Dann gehe noch einen Schritt weiter: »Bestürzt stelle ich fest, in wessen Händen ich *Werkzeug* war, wer mich gehandhabt hat, wem ich gedient habe.«

Dann lade die Menschen, denen du Schaden zugefügt hast, ein, sich in deinem inneren Bild vor dich zu setzen. Leiste einem nach dem anderen Abbitte, d.h., bekenne, was du getan hast und – das ist sehr wichtig – dass es dir Leid tut. Was heißt eigentlich, »es tut mir Leid«? Das heißt, dass es dir im Herzen wehtut, was du dem anderen zugefügt hast. Du siehst nicht nur, der hat einen Schmerz empfunden, sondern du fühlst selbst einen Schmerz. Vielleicht bringst du es wirklich fertig, für den anderen eine Träne zu weinen. Das wäre ein sehr schönes, sinnvolles Zeichen für deinen Kummer über das, was du dem anderen angetan hast. Dann wirst du unter Umständen gewahr werden, dass der andere aufatmet, dass er dich vielleicht – nicht gleich, aber auf Dauer – sogar entschuldigt. Du kannst ihm in die Augen schauen.

Wenn du das geschafft hast, dann kannst du sagen: »Ich wage es, mich heute von dem zu distanzieren, der ich damals war. Heute – mit meinen jetzigen Einsichten und Erkenntnissen – würde ich es nicht mehr tun.« Daraus mache ein Versprechen: »Das werde ich, so gut ich nur irgend kann, künftig vermeiden. Das gelobe ich.« Das heißt noch nicht, dass du deswegen gegen alles gefeit bist. Aber du nimmst eine neue Haltung an, findest zu einem inneren Stand.

Es sind noch zwei weitere Varianten zu betrachten.

Variante A: Du fügst anderen etwas zu, die merken es gar nicht oder nehmen es wenig berührt zur Kenntnis, aber du selber fühlst dich schuldig. In Beziehungen kommt das ja häufig vor: Du tust etwas, was man moralischerweise eigentlich nicht tun sollte. Dein Partner aber weiß das gar nicht. Du kommst in eine innere Krise, weil du dich schuldig fühlst, während außen kein Chaos passiert. Das zeigt wiederum, dass die Krise ein inneres Geschehen ist und nicht ein äußeres.

Wenn dein Schuldgefühl erwacht, stehen sich in dir zwei Menschen gegenüber: Der eine bist du, der es getan hat. Der andere bist du, der feststellt: »Das war aber nicht in Ordnung. Das bringt mir Gewissensbisse, führt mich in eine innere Unsicherheit, in eine innere Krise.«

Welcher Teufel hat dich da geritten? In welcher inneren Verfassung warst du? Warst du verzweifelt? Warst du außer dir? Warst du übermütig? Warst du vielleicht benebelt vom Alkohol? Warst du in der Laune, eine alte Rechnung zu begleichen? Warst du so frustriert, dass irgendeine Hilfe her musste? Was immer es sein mag, das solltest du jedenfalls klar sehen: »Aha, ich war damals der Gefrustete, der Alkoholisierte, der Übermütige mit Allmachtsfantasien, der dachte, er kann alles machen, die Welt gehöre ihm, es sei alles erlaubt.« Du hast aber auch den in dir, der feststellt: »In Ordnung war das nicht, es ist eigentlich nicht tragbar, es ist mir jetzt ein inneres Problem.«

Du hast aber noch einen Dritten in dir. Es gab eine Zeit vor der Krise. Wer warst du vor der Krise? Hast du vielleicht über andere, die in ähnlicher Situation waren, furchtbar gewettert, die Nase gerümpft, sie moralisch verurteilt? Warst du in irgendeiner Weise pharisäerhaft wie Gretchen vor der Liebeserfahrung: »Wie konnt ich sonst so tapfer schmälen, wenn tät ein armes Mägdlein fehlen?« Du warst vielleicht zu unbedarft, zu naiv, zu begrenzt, um die Differenziertheit im menschlichen Wesen wahrnehmen zu können, warst dir sicher, dass dir so etwas nicht passiert. Dieser Dritte ist wichtig: Der vor der Krise ist nämlich der Mitauslöser für die Krise. Dem geschieht die Krise recht!

Am Ende der Krise wirst du ein Vierter geworden sein. Du wirst künftig kein Pharisäer mehr sein. Du hast dir etwas mehr Klarheit verschafft über die Komplexität im menschlichen Wesen. Du kennst die Tricks, die Techniken und Dreistigkeiten der dunklen Kräfte, aber auch die Schwäche des Menschen, seine Angreifbarkeit durch die dunkle Seite. Du wirst genauer hinschauen, wachsamer, verständnisvoller sein im Blick auf die anderen. Du wirst vielleicht auch dankbarer, bewusster und liebevoller wahrnehmen, was du wirklich willst. Du wirst viel wahrhaftiger und klarer zu dem stehen, was du willst und nicht mehr willst. Du wirst menschlicher (im guten Sinne) sein, als der Pharisäer vor der Krise war.

Diese vier Gestalten bilden ein Kreuz:

1. Der Pharisäer in dir steht sozusagen am Fuße des Kreuzes.
2. Der Täter in dir hat die Krise ausgelöst durch eine Dummheit, eine Unachtsamkeit, eine Schwäche – die linke Seite des Querbalkens.
3. Der Erkennende in dir hat Gewissensbisse unabhängig davon, ob die Tat entdeckt ist oder nicht – die rechte Seite des Querbalkens.
4. Die Synthese aus diesen dreien ist im oberen Teil dieses Kreuzes symbolisiert: Du bist weiser, menschlicher, verständnisvoller, liebender als vorher.

*Bedeutet das: Wenn ich ein Pharisäer bin, sollte ich erst einmal Sünder werden, damit ich aufhöre, Pharisäer zu sein?*

Es ist andersrum: Wenn du Pharisäer bist, ist es nur eine Frage der Zeit, bis eine Krise droht: Je pharisäerhafter, desto näher rückt die Krise. Du wirst dich von selbst hineinmanövrieren. Mach dir das nicht zu einem Rechtfertigungsgrund, der dich von aller Schuld entlastet: Das wäre ein hübscher Trick der dunklen Kräfte. Die Krise besteht ja in der Schulderfahrung. Ohne sie bist du dann zwar kein Pharisäer mehr, aber ein Zyniker und nicht etwa der gereifte Mensch, der sich selbst gefunden hat.

Variante B: Du gerätst durch eigene Schuld in ein äußeres Unglück. Also z. B. durch deinen Wutausbruch ist die Beziehung in die Brüche gegangen. Durch deine unbedachten Äußerungen hast du deinen Arbeitsplatz verloren. Durch deine Dummheit, Trägheit, Ungeduld, Fahrigkeit bist du in irgendeiner ganz schrecklichen Situation. Nicht die anderen sind schuld, sondern du bist ganz allein schuld.

Zunächst wäre dazu zu sagen, dass nie einer ganz alleine Schuld an irgendetwas hat. Da gab es immer Beteiligte, die dich provoziert, verführt, angestachelt haben oder auf irgendeine andere Art und Weise Mitschuld tragen. Das gilt ja für die vorherigen Fälle auch. Die Aussage: »Ich bin alleine schuld« ist schon in sich eine unstimmige Äußerung, weil niemand an irgendetwas ganz alleine schuld ist. Das ist wichtig zu erkennen, selbst wenn du einen gehörigen Teil der Verantwortung an der jetzigen Situation trägst.

Es passiert leider sehr häufig, dass einer sagt: Ich habe es verbockt, ich habe es angerichtet, ich habe das alles verbrochen. Diese Einstellung benutzen die dunklen Kräfte dazu, dich Schritt für Schritt immer kleiner zu machen, immer schwächer, immer unfähiger. Das bedeutet, die Krise nicht zu meistern, sondern in ihr unterzugehen: Es gibt dich immer weniger, bis es dich schlussendlich gar nicht mehr gibt. Du machst dich zum Ankläger deiner selbst, du verurteilst dich meistens noch viel brutaler als jeder andere und vollstreckst das Urteil selbst an dir. Du bist sozusagen Täter, Ankläger, Richter und Henker in Personalunion. Diese Rollenhäufung solltest du bitte unterlassen.

Suche dir eine Rolle aus. Was willst du jetzt eigentlich sein? Der Täter, der Ankläger, der Richter oder der Henker? Wahrscheinlich wirst du dich relativ vernünftig verhalten können, wenn dir erst einmal klar wird, dass du nicht alle Rollen übernehmen kannst. Zunächst bist du nur der schuldig gewordene Täter. Jetzt mache wieder die Übung, die du mit dem fremden Täter gemacht hast, also:

## Übung: Ich bin Täter, Mensch, Werkzeug

Erster Schritt: Setze dich hin und den *Täter* in dir dir gegenüber: »Da sitzt der Täter. Das ist so ein richtiges Tätergesicht, so sehen Leute aus, die so etwas tun.« Oder aber du guckst in den Spiegel und sagst: »Das ist ja unglaublich, also von dem hätte ich nie gedacht, dass der so etwas tun kann.«

Zweiter Schritt: Dieser Täter ist auch ein *Mensch*, der diese und jene Wunden, Prägungen, Verstrickungen hat. Du fängst an, ein bisschen zu verstehen.

Dritter Schritt: Er war ja ein *Werkzeug*! In wessen Händen habe ich denn gehandelt? In wessen Diensten habe ich gestanden? Was hat mich geritten, als ich den Streit vom Zaun brach?

Vierter Schritt – und der ist wirklich wichtig: Dieser Mensch ist nicht nur ein Täter, ein Mensch und ein Werkzeug, er ist auch ein *Bruder* oder eine *Schwester* des Herrn. Führe dir vor Augen, dass Jesus der Bruder jedes Menschen ist. Das sollte dich dazu bringen, dem Täter die Hand zur Versöhnung zu reichen: »Wir gehören zur selben Familie. Wir sind die Söhne oder Töchter derselben himmlischen Eltern. Ich gucke dich an und fange an, dich ein klein wenig wieder zu mögen oder überhaupt zum ersten Mal zu mögen.« Das ist der wesentliche Schritt.

Dann kannst du die innere Stärke haben, deine Schuld im Äußeren wieder zu korrigieren, z. B. dich zu entschuldigen, einen klärenden

Brief zu schreiben, um eine Aussprache zu bitten oder ein Geständnis abzulegen. Solche Schritte in der Außenwelt kannst du erst tun, wenn du diesen Versöhnungsschritt in der Innenwelt getan hast.

*Kann man das auch machen mit sich als Ankläger, Richter und Henker?*

## Übung: Ich klage mich an

Versetze dich in die Rolle des Anklägers und setze den *Täter* wieder vor dich hin. Du bist jetzt dein eigener Ankläger, liest dem Täter alle Strafpunkte vor und lässt ihn Stellung nehmen, sich rechtfertigen, erklären, warum er das getan hat. Das willst du sozusagen von dir selber wissen. Warum hast du das getan, was war der Grund oder das Motiv? Was hat dich denn bloß dazu gebracht, das zu tun?

Dann setze dir den *Ankläger* gegenüber. Wird er auch jetzt noch so erbarmungslos anklagen? Dann sieh in ihm wieder einen Täter, einen Menschen, ein Werkzeug, einen Bruder und stimme ihn versöhnlich.

Wenn du tatsächlich meinst, du solltest dir gegenüber die Rolle des *Richters* einnehmen, dann leidest du an Größenwahn, dann stimmt etwas in deinem Selbstverständnis nicht, denn du bist niemals Richter über dich selbst. Das liegt in eines anderen Hand.

Und wenn du meinst, du seist dein eigener *Henker*, dann bist du ein Werkzeug von nicht lichten Kräften geworden. Denn niemand ist Henker – jedenfalls sollte es so sein. Niemand hat das Recht, die Vernichtung eines anderen oder seiner selbst herbeizuführen.

*Ich habe noch eine Frage: Jesus ist ja nie schuldig geworden. An welche Station des Passionswegs knüpft die Betrachtung der Krise an, die durch eigenes Verschulden ausgelöst wird?*

Sie knüpft an die erste Station des Kreuzwegs an, die Verurteilung Jesu. Denn was Schuld auf sich geladen hat, ist nur ein Teil von dir, nicht dein Ich, nicht der Heilige in dir. Du bist nicht nur Täter,

Mensch und Werkzeug, du bist auch der, dem das Gewissen schlägt. Insofern bist du unschuldig wie Jesus.

Betrachte deine Situation einmal in drei Schritten.

Erstens: Wer darin verharren wollte, dass er schuldig geworden ist, wäre am Ende. Der Sinn der Krise ist, dass sie dich aus der Unfähigkeit, dir selbst zu vergeben, herausführt und dir vergegenwärtigt, wer du wirklich bist.

Zweitens: Du bist freiwillig schuldig geworden. Deine Seele wollte dir etwas zeigen, damit du etwas lernst. Deine Wunde ist, dass du freiwillig beschlossen hast, darauf einzugehen, du hättest auch »nein« sagen können. Übrigens hat sich auch Jesus freiwillig in diese Lage gebracht: Er hatte sich ausgerechnet an den für ihn gefährlichsten Ort, nach Jerusalem, begeben und dort Dinge gesagt, von denen er wusste, dass sie als Ungeheuerlichkeit erscheinen würden.

Drittens: Es bleibt immer ein unschuldiger Kern in dir, und deshalb ist dir ein Neubeginn möglich. Du hast Mitgefühl für die Opfer deiner Tat, du hättest sie jetzt lieber nicht begangen. Du weinst mit ihnen, du weinst auch über dich. Du beobachtest das Geschehene aus distanzierter Perspektive, und damit gehst du über in ein Weihnachten, in eine Neuwerdung. Du wirst zum Christkind, unschuldig wie Jesus, und erlebst die Verurteilung mit ähnlichen Empfindungen wie er. Bekenne deine Schuld reuevoll, und dann verhalte dich wie er: schweige, lasse dich nicht zu aggressiven oder peinlichen Reaktionen verleiten, bleibe ruhig und zentriert und gehe deinem Weihnachten als der entgegen, der du im Grunde wirklich bist.

Dass Jesus zwischen zwei Verbrechern gekreuzigt wurde, hat einen symbolischen Sinn. Es zeigt den Menschen in seiner Ganzheit: den schuldlosen Heiligen mitten zwischen zwei Sündern. Der eine ein hartnäckiger Gotteslästerer, der andere im Grunde gottesfürchtig und inzwischen sogar reuevoll (Lk. 23, 39–42): die zwiefache Gestalt des zum Menschen gehörenden Doppelgängers. Der Heilige in der Mitte wird sie beide erlösen.

# VII.
# Vereinsamung

*Ein Unglück, das häufig in die Krise führt, ist die Vereinsamung. Die Klassenkameraden, die Mitarbeiter, die Dorfgemeinschaft, die Nachbarn, sogar die Familie wollen mit einem Menschen nichts zu tun haben, und dieser weiß nicht, warum.*

Es sind drei verschiedene Formen der Vereinsamung zu unterscheiden.

Variante A: Für den ersten Typus ist charakteristisch, dass der Beziehungsverlust, z.B. durch das Sterben des Partners, etwas Neues ist. Er bricht zum ersten Mal herein, wird zum ersten Mal voll bewusst in dieser emotionalen Intensität erlebt: als Trauer über diesen Verlust. Da bricht weg, was bisher gewohnt war, was einfach da war. Das ist zwar schlimm, aber – bei aller Zeit, die das braucht – es bleibt tröstbar, es werden keine tiefer gehenden Verletzungen gesetzt. Die Verletzungen nagen nicht an den Wurzeln des Selbstwertes, des Selbstverständnisses, des Lebensgefühls.

Variante B: Wenn die Vereinsamung in einem Leben zum wiederholten Mal geschieht, führt das in eine anders gefärbte Krise und macht die Sache wesentlich schwieriger: Immer wieder brechen die Beziehungen ab, gehen Freundschaften auseinander, bewegt die Familie sich weg, distanzieren sich die Nachbarn und die Arbeitskollegen. Man streitet und kann sich nicht mehr ertragen.

Variante C: Dann gibt es eine Art der Vereinsamung, die mit Resignation, mit Aufgeben zu tun hat. Nach dem Bruch einer Beziehung oder der Ehe wird ein Rückzug angetreten: »Ich will nicht mehr, oder ich traue mich nicht mehr. Für mich gibt es das sowieso nicht.« Da wird die Einsamkeit zwar frei gewählt, aber doch aus inneren Zwängen oder Ängsten heraus.

Zu diesem Typus gehört auch die elitäre Selbstisolation: Man stellt so hohe Ansprüche an Menschen, Bildung, Gesprächsthemen, kultivierte Sprechweise usw., dass man niemanden findet, der einem adäquat erscheint. »Es hat keinen Sinn, nach irgendjemandem zu suchen.« Der Versuch wird von vornherein abgeblockt: »Diese Welt genügt mir nicht.« Das war nicht die ursprüngliche Grundhaltung, sondern Verletzungen haben dazu geführt, diese Vorstellung von einsamer Größe aufzubauen.

In der Variante A können Dramatik und Untröstlichkeit über eine gewisse Phase hinweg zwar sehr groß sein, doch wird die innere Kraft zur Tröstbarkeit wiederentwickelt. Dann wird es auch möglich, in das Leben wieder einzusteigen, weil die Grundgegebenheit, die Wurzel gesund ist. Das Schicksal wird dann irgendwann hingenommen, man kann es in die Hand nehmen und tragen.

Wenn die Wurzel angegriffen ist wie in Variante B und C, dann wird die Trauer vielleicht viel weniger dramatisch auftreten. Aber man wird innerlich untröstlich sein, man fühlt sich wie unheilbar krank. Es wird immer wieder aufs Neue dieselbe Wunde aufgewühlt: 1. Es gelingt mir nicht, 2. ich verstehe nicht, warum. Beides ist sozusagen »einprogrammiert«.

Variante B, die des wiederholten Beziehungsbruchs, ist ein Verhaltensmuster, das vielleicht in der Kindheit geprägt wurde oder das der Seele noch aus anderen Leben nahe ist: »Immer wieder geht mir der Kontakt zu meinem Umfeld verloren. Ich kann ihn nicht halten. Was immer ich anfange, es trägt nicht, ich kann mich nicht darauf verlassen.«

Das besonders Gravierende ist der Aspekt: »Es liegt an mir. Ich bin schuld. Ich mache etwas verkehrt, aber ich weiß nicht, was und warum. Was ist es denn, was die anderen an mir nicht ertragen?« Dann schlägt selbst ein Todesfall in diese Kerbe: »Der andere entzieht sich mir, weil er mich nicht mehr aushält.«

Selbst wenn einem jemand sagt, was man falsch macht, hört man es nicht oder will es nicht wahrhaben, weil zusätzlich zu der Erfahrung »mir gelingt es nicht« eingeprägt ist: »Ich verstehe nicht, was ich falsch mache.« Das ist eine Grundhaltung, die das Zuhören blockiert.

Die Vereinsamung aus Resignation (Varaiante C) ist häufig bei älteren Menschen. Viele ihres Alters sind verstorben. Um neue Freundschaften aufzubauen, fehlen Kraft und Flexibilität. Man ist zu müde, oder man findet, es mache keinen Sinn mehr, oder man hat die Hoffnung verloren, dass es einem gelingen könnte: ja, man meint, dass es überhaupt niemandem gelingt. Und man versteht es nicht: »Ich kann das nicht begreifen, und ich will es auch nicht verstehen.«

In Variante C, häufig aber auch in Variante B geht man davon aus, es gelinge deshalb nicht, weil man nicht in das Leben, in die Zeit, in die Welt, in die modernen Gegebenheiten, in die Gemeinschaften hineinpasse.

Das innere Problem dabei ist, dass Beziehungsverlust etwas ist, was dem Schöpfungsprinzip zuwiderläuft. Denn in der Schöpfung gibt es keine Nichtbeziehung. Es gibt nur in verschiedener Art und Weise gelebte Beziehungen. Deswegen rebelliert die Seele. Sie kann einen Beziehungsabbruch nicht akzeptieren. Das Erlebnis der Einsamkeit ist ein Zustand, der sozusagen wider die Schöpfung hervorgerufen wird. Da präsentieren die dunklen Hierarchien ihre Programme, ihre »Wahrheiten« so überzeugend, dass man sie für die Wahrheit hält, Einsamkeit für eine Realität erklärt und dann entsprechend gehorsam lebt. Sie ist aber gar keine wirkliche Realität, sondern eine, die die dunklen Hierarchien euch vorspielen.

Dann kann es passieren, dass sich jemand mit einer Vielzahl von Kontakten in Einsamkeit befindet, weil das sein innerer Zustand ist, der künstlich hervorgerufen wird. Der kann so real erscheinen, dass man meint, das sei wirklich so. Aber ihr kennt ja viele Dinge, die euch mit großer Kunstfertigkeit vorgespiegelt werden. Nicht mehr in Beziehungen sein, ist keine in der Schöpfung gegebene Realitätsform.

Deswegen ist der Weg aus der Krise erst dann möglich, wenn man sich klar macht, dass es eine Nichtbeziehung nicht gibt. Selbst wenn der wesentliche Mensch gestorben ist, ist er trotzdem nicht weg, sondern die Beziehung zu ihm ist anders. Es sind Gespräche, gedankliche Hinwendungen zu ihm möglich. Auch lebt er z. B. in seinen Arbeiten, in seinen Werken, in seinen Kindern weiter. Und er lebt in euch weiter.

In Variante A, z. B. nach dem Sterben des Partners, wird der Betreffende das sehr rasch begreifen können, etwa innerhalb eines Jahres. Dann wird ihm klar werden: Die Beziehung gibt es trotzdem noch, zwar vielleicht erschreckend und traurig anders, aber es gibt sie noch. Und es gibt auch noch andere Beziehungen, die anfangen und halten können, die ein bisschen erleichtern, die trösten können. D. h., er wird nicht untröstlich, sondern getröstet traurig sein.

In Variante B, der des immer wiederholten Beziehungsabbruchs, wird es schwieriger, weil der Betreffende geradezu programmiert ist, seine Beziehungen nicht erhalten zu können. Er kann vielleicht sagen: »Ja, es mag sein, dass es Beziehungen gibt, aber für mich gibt es sie nicht auf Dauer, sie gehen immer wieder kaputt, sie gleiten mir aus den Händen wie Wasser. Denn ich bin ein Nichtkönner, ich gehöre zu denen, die am Rande stehen, die einfach keine Beziehung leben können.« Das ist noch verletzender, wenn der andere nicht gestorben ist, sondern weiterlebt und unter Umständen eine andere Beziehung anfängt. Also: »Der kann es ja, aber ich nicht. Das liegt mal wieder an mir.« Deswegen wird es hier etwas schwerer sein, dem Betroffenen klar zu machen: »Mag sein, dass du die eine oder andere Schwierigkeit hast, aber das bedeutet nicht, dass es nicht auch für dich Beziehungen geben kann.«

Betrachtet wie immer die Parallele zur Passion Jesu. Die Jünger schlafen auf dem Ölberg. Dann, bei der Verhaftung, heißt es: »Da verließen ihn alle Jünger und flohen.« Das sind ja auch Vereinsamungserfahrungen. Am Kreuz sagt er sogar: »Mein Gott, warum hast du mich verlassen?«

*Aber da sagt er nicht: »Ich bin ein Nichtkönner, es liegt an mir.« Da sehe ich nicht den Zusammenhang.*

Nein, weil Jesus ja eben derjenige ist, der es in der idealen Weise vorlebt. Zwar macht auch Jesus die Erfahrung: »Alles läuft weg von mir. Plötzlich sind die Freunde nicht mehr da. Die Beziehungen tragen nicht, sie halten keiner Belastung stand, jedenfalls der nicht, der sie jetzt ausgesetzt sind. Ich stehe jetzt hier ganz alleine.« Aber es gibt keine innere Krise für ihn im Sinne von: Ich bin ein Einsamer. Und dem Gefühl der Gottverlassenheit folgt nach kurzer Zeit: »Es ist vollbracht«, und: »Vater, in deine Hände befehle ich meinen Geist«.

Der Mensch, der diese innere Krise durchmacht, erlebt dreierlei:

Erstens, es gebe tatsächlich einen Abbruch von Beziehungen, der einen endgültig allein zurücklässt.

Zweitens, das Scheitern der Beziehung liege ausschließlich an ihm.

Drittens, er könne nicht verstehen, was er eigentlich verkehrt macht.

Diese drei Vorstellungen von sich sollten möglichst geändert werden.

1. Auch eine Beziehung, die aus welchen Gründen immer – sei es Tod, sei es Streit, sei es ein Sich-nicht-mehr-ertragen-Können – zerbricht, ist noch da, aber sie geht in einen anderen Zustand über. Es bleibt eine Beziehung sozusagen in einem anderen Aggregatzustand. Sie bleibt darin vielleicht für einige Monate, vielleicht für dieses Leben. Aber nach dem Sterben und später in einem anderen Leben findet ihr euch wieder. D. h., ihr bleibt miteinander in Beziehung, auch wenn ihr beschlossen habt, ihr seht euch nicht mehr, schreibt nicht mehr, sagt nichts mehr, ruft nicht mehr an. Ihr seid trotzdem in Beziehung. Spätestens wenn ihr beide gestorben seid, seht ihr euch wieder, da könnt ihr sicher sein. Und im nächsten Leben seid ihr vielleicht auch wieder verabredet und macht es anders. Vielleicht sprecht ihr euch auch schon in drei Monaten wieder. Es ist nun mal eine Realität, dass alles mit allem in Beziehung ist und auf immer bleibt, weil das zur Schöpfung gehört.

2. Dass einer schuld ist und der andere nicht, das gibt es nicht. Immer haben beide etwas damit zu tun. – Streiche das Wort »Schuld« und frage dich stattdessen: Welche der Forderungen, die du an diese Beziehung mit dem anderen gestellt hast, hat der andere erfüllen können, und welche haben ihn schlicht und einfach überfordert oder vielleicht auch unterfordert? Die Fähigkeiten des anderen sind begrenzt, weil er nur ein Mensch ist. Genauso andersherum. Der andere konnte natürlich alles Mögliche von dir fordern, aber die Frage war: Was kannst du leisten? Hat er dich überfordert oder unterfordert?

Mache dir mal klar: Was habe ich vom anderen verlangt? Wie viel Geduld, wie viel Verständnis, wie viel Einsatz, wie viel Zeit, wie viel Mühe, wie viel Wiederholung von Erklärungen, wie viel Erklärungen überhaupt, wie viel Anderssein, als er ist, wie viel Zurückstellen von Dingen, die ihm wichtig waren, wie viel Pünktlichkeit, wie viel Mundhalten? Und andersherum: was hat der andere von dir gefordert, was von dir auf Dauer gar nicht zu leisten war und was du auch nicht mehr leisten wolltest? Mache dir klar: Es ist nicht eine Frage der Schuld, sondern du wolltest das nicht mehr.
3. Die Formel: »Ich weiß nicht, was ich immer falsch mache« ist eine hübsche Formulierung, die jede Art von Selbsterkenntnis verweigert, nach dem Motto: »Man kann ja den eigenen Rücken nicht sehen.« Nun war der andere der Spiegel, der dir mit seinem Verhalten zeigte, was du bei dir nicht so gerne sehen wolltest.

Ihr habt es also wieder mit diesem Dreischritt zu tun: 1. Blockade, 2. Verdrängung, 3. Projektion. Das unterscheidet eure Vereinsamungserfahrung von der, die Jesus durchlitten hat. Wollt ihr in Frucht bringender Weise damit umgehen, dann macht die oben auf S. 220f. angegebene Übung »Das bin ja ich!«.

In Variante C – Vereinsamung aus Resignation – wird der Betreffende auf diese Übungen gar nicht einsteigen: »Das hat keinen Sinn und lohnt sich nicht, ich habe auch keine Lust und keine Kraft dazu.« Aber der Therapeut, der Altenbetreuer, der Angehörige können helfen, Auswege zu finden, die zunächst einmal Umwege sind. Manchmal lässt sich eine Beziehung zu Menschen auf Distanz – etwa über Telefon – vermitteln. Romane oder Erzählungen, die man dem Einsamen zu lesen gibt oder ihm vorliest, lassen innere Beziehungen zu den dargestellten Personen entstehen. Auch die Welt der Malerei oder der Musik kann Brücken bauen helfen. Oder man verhilft ihm dazu, wenigstens eine Beziehung zu Tieren und Pflanzen aufzubauen. Suche einen Ausschnitt der Schöpfung, der geeignet ist, als Beziehungsfeld zu dienen.

Oder aber – das ist nun eine Kunst, es gibt aber Menschen, die das können – du selber trittst zu diesem anderen in Beziehung, stellst dann jedoch keine Forderungen. Das kann vor allem bei einem alten

Menschen hilfreich wirken. Er muss dir nicht zuhören, er braucht nicht mitzudenken, nichts Sinnvolles zu antworten. Er muss nicht deine Stimmungen mittragen. Du lächelst ihn an, singst etwas, streichelst ihm über den Kopf und machst solche Dinge, ohne irgendwelche Forderungen zu stellen. So kannst du mit Geduld und eigenem Einsatz ein Beispiel geben, und der andere kann schlicht und einfach genießen. Mehr soll er gar nicht tun. Er soll einfach nur zulassen und ein angenehmes Empfinden dabei haben. Dafür wirst du zu Lebzeiten dieses Menschen kaum eine Reaktion bekommen. Was du aber hinterher bekommen wirst, ist das große DANKE.

Für den Umgang mit allen drei Typen der Vereinsamung solltet ihr wissen: Eine Beziehung geht immer über das Sterben hinaus. Alle Seelen, mit denen du Kontakt hattest – wie nah oder wie flüchtig auch immer –, werden dir im Jenseits wieder begegnen, und zwar wissend um die Beziehung. Das gilt selbst für die, mit denen du keinen direkten Kontakt hattest, sondern nur einen mittelbaren, du hast z.B. gespendet für bestimmte Kinder, hast sie aber nie gesehen. In der Krise, die aus der Erfahrung der Vereinsamung hervorgeht, kommt es darauf an, sich bewusst zu machen, dass der Mensch nie wirklich vereinsamt. Alle menschlichen Beziehungen, die es im Leben gegeben hat – von der Mutter über Jugendfreunde bis zu den gebrochenen Beziehungen –, gehen weiter. Und erst recht gibt es die Beziehungen zum Himmel, die nur vergessen oder verdrängt sind.

Jesus gibt ein Lehrbeispiel in der Passion. Die Freunde haben ihn verlassen, er erlebt in seiner Menschlichkeit sogar die Verlassenheit vom Himmel: »Mein Gott, warum hast du mich verlassen?« Doch dann schließt er den Satz an: »Es ist vollbracht.« Und damit weist er euch den Weg. Es ist normal, dass Beziehungen abgebrochen werden, aber das heißt dann nur, dass sie sich verändern und in einen anderen Zustand übergehen. Das Ziel, das ihr vor Augen haben solltet, ist, dass ihr euch in Gemeinschaft wiederfindet. Wie licht oder dunkel immer die Beziehungen vorübergehend gewesen sind, schlussendlich könnt ihr sagen: »Es ist vollbracht. Es ist geschafft. Ich habe es hinbekommen. Wir werden uns wiedersehen, wir werden an unseren Beziehungsformen weiterarbeiten, wir werden es vielleicht in einem anderen Leben wieder miteinander versuchen und es dann ein bisschen lichter, z. B. ein bisschen großzügiger anlegen.«

Ihr solltet dieses Wort »Es ist vollbracht« vor Augen haben. Dieses Wort kann man nur sagen, wenn man Frieden geschlossen hat mit allen Beziehungen. Es wird eine neue Begegnung geben, da könnt ihr sicher sein. Ihr werdet nicht nur Freunden, sondern sogar Feinden begegnen. Alle Beziehungen werden weitergeführt. Also solltet ihr euch überlegen: Wollt ihr wirklich Feindschaften weiterführen oder wollt ihr sie verändern zu etwas anderem hin? Das kann man leichter, wenn man diese Übungen gemacht hat. Dann kann man sich klar machen: Was will ich eigentlich das nächste Mal besser machen, bunter gestalten? Gerade bei den Beziehungen, die schwierig waren, schreibt auf einen Zettel, was ihr euch vornehmt, z. B.: mit K. will ich nächstes Mal ein bisschen lustiger oder geduldiger sein, ihm mehr Freiräume, ein eigenes Berufsleben lassen, ihm nicht mehr nachspionieren usw. Das verspreche ich. Dann könnt ihr sagen: »Es ist vollbracht.«

# VIII.
# Glaubenskrisen

Die Frage Jesu am Kreuz: »Mein Gott, warum hast Du mich verlassen?« ist die Grundfrage der Glaubenskrise schlechthin: »Warum, Gott, hast Du das getan? Warum bist Du weg? Warum hast Du nicht eingriffen? Warum scheint es Dich nicht zu interessieren? Warum lässt Du mich im Stich? Ich verstehe Dich nicht, begreife nicht, was das soll, wer bist Du eigentlich? Warum tust Du nichts, warum lässt Du das zu? Wo bist Du, wenn es Dich gibt? Gibt es dich überhaupt?«

Wenn ihr Gott als den Guten seht, den liebenden Vater, dann scheint in einer solchen Situation nur eines deutlich: Er kann gar nicht da sein, oder er liebt mich nicht. Denn, wenn er da wäre und er mich lieben würde, dann würde er das nicht zulassen. Das ist die Grundfrage, die Jesus stellvertretend für alle Menschen formuliert. Man kann in dieser Situation nur verzweifeln an der Gottesferne oder an Gottes Unverständlichkeit: »Warum, warum, warum? Wo bist du?«

Diese Frage stellt Jesus sozusagen über sich hinweg für alle Menschen, weil er seinen Weg als Meister für alle geht und weil es verständlich ist, dass jeder Mensch in einer solchen Situation diese Frage stellt. Da Jesus in seiner Menschlichkeit bis zu dieser Frage gekommen ist, wisst ihr, dass er nachvollziehen kann, in welcher Situation ein Mensch ist, der das durchmacht. Er lebt sie sozusagen für euch vor. Er hat selbst erlebt, was ein Mensch empfindet in dieser Situation. Würde ein Mensch sie nie stellen, wäre er unvernünftig, es wäre sogar bedenklich.

*Hatte da Jesus tatsächlich eine Glaubenskrise? Wusste er nicht mehr, wer er ist? War er verzweifelt?*

Er war ja Gottessohn und Menschensohn zugleich. Er konnte sich ganz und gar auf sein Menschsein konzentrieren, natürlich mit den meisterlichen Möglichkeiten des Christus. Er sagte ja dann auch wieder: »Es ist vollbracht. Vater, in Deine Hände übergebe ich meinen Geist.« Aber zunächst einmal versetzte er sich ohne Vorbehalt in die menschliche Sichtweise, wie sie damals üblich war und vielfach auch heute noch ist. Sie orientierte sich weniger an einem liebevoll-väterlichen Gottesbild als vielmehr an einem Gott, der strengen Gehorsam forderte. Ob Gott straft oder vergibt, zürnt oder liebt, entschied sich an der Erfüllung von Bedingungen.

Die Frage »Warum hast Du mich verlassen?« stellt Jesus also nicht als der Gottessohn, sondern als Mensch, und zwar stellvertretend für alle Menschen. Sie gab drei menschlichen Grundgegebenheiten Ausdruck:

1. der Erfahrung der Gottesferne,
2. der Verzweiflung darüber,
3. der Frage: Womit habe ich das verdient? Erkläre es mir bitte!

Die Frage »Warum hat Gott ihn verlassen?« stellten sich auch seine Anhänger: Wenn er doch der Heiland ist, warum lässt Gott das geschehen? Das verstanden viele damals noch nicht. Aber auch Pilatus und andere seiner Gegner waren gar nicht so weit weg von dieser Frage: »Könnte es sein, dass er tatsächlich ist, was er sagt? Dann wird sich das zeigen.« Die einen hofften, die anderen fürchteten das Eingreifen Gottes.

*Hat nicht auch Judas gedacht: Gott wird eingreifen und seine Macht beweisen?*

Ja, das war überhaupt die Stimmung auf der Grundlage des alten Gottesbildes. Judas hatte noch nicht verstanden, worum es Jesus ging, nämlich ebendieses Gottesbild durch ein realistischeres zu überwinden. Aber dazu war es nötig, sich zunächst einmal ganz in das alte

Gottesbild hineinzufühlen und seine Solidarität mit der menschlichen Grundfrage zu zeigen. Jesus stellt ja die Frage der ganzen Menschheit. Als Gottessohn wird er dann einen Schritt weitergehen und sagen: »Es ist vollbracht.«

Die Frage nach der Wahrheit der Existenz Gottes und des Himmels stellt sich normalerweise jedem Menschen irgendwann in seinem Leben. Sie zu stellen ist die Voraussetzung dafür, dass der Mensch in klarem Bewusstsein und freiem Entschluss »ja« zum Glauben sagen kann. Es reicht nicht aus, aus Gewohnheit oder Tradition zu glauben oder weil man das im heimischen Milieu so tut. Zu einem menschenwürdigen Dasein gehört das Durchleben einer Glaubenskrise.

Es ist zwar richtig, Kinder im Glauben aufwachsen zu lassen, sie darin zu festigen und geborgen zu halten. Aber was ihr ihnen mitgebt, tut im Wissen: Es wird eine Glaubenskrise geben und sollte es auch. Weicht nicht solchen Fragen aus wie: Ist die Gottesvorstellung vielleicht nur ein psychologisches Gerüst, eine Illusion, ein hübscher Traum, eine Volksverdummung, ein Machtinstrument der kirchlichen Hierarchie? Gibt es Gott oder gibt es ihn nicht? Diese Frage beantwortet sich nur dann stimmig, wenn man zugleich fragt: *Wenn* es Gott gibt, wie ist er dann? Denn man bringt meist bestimmte Vorstellungen mit, wie Gott sei oder sein müsste oder nur sein könnte oder zu sein habe. Man stellt Gott Bedingungen und sieht dann, dass sie mit der Wirklichkeit dieser Welt nicht in Einklang zu bringen sind. Dann ist die Verneinung der Existenz Gottes die logische Folge.

Glaubenskrisen entstehen z.B. aus der Erfahrung, dass Gott bei Unfällen oder Naturkatastrophen nicht eingegriffen hat, dass einem etwas Liebes genommen wurde oder dass andere erfolgreicher sind: Wie kann Gott da der Liebende sein? Deswegen heißt es im ersten Gebot: Du sollst dir kein Gottesbild machen. Damit ist nicht gesagt: »Bemühe dich nicht zu verstehen, wie Gott ist, dann wird es schon gut gehen«, sondern:

1. Bleibe dir bewusst, dass dein Gottesbild eben nur ein Bild ist. Deshalb ist es genauso begrenzt wie du, und es ist immer kleiner als der wirkliche Gott. Halte dein Gottesbild offen für Ergänzungen, Korrekturen, neue Erfahrungen und Belehrungen.

2. Bleibe dir bewusst, dass die Liebe Gottes wesentlich umfassender, tiefgründiger und übergreifender als die menschliche Liebe ist. Sie erstreckt sich z. B. auch auf die dunklen Hierarchien: Gott hält geduldig seine Hand über sie. Seine Liebe geht über jeden Zweifel, über jede Ungeduld und auch über jede Moralität hinaus, auch über eure Vorstellungen von gerecht und ungerecht. Dass Gott gerecht ist, heißt nicht, er wäre so etwas wie ein moralischer Buchhalter, der Lohn und Strafe zumisst. Es heißt vielmehr: Er ist auf das Lichte hin »gerichtet«.
Ungerechtigkeit gibt es nur in der gefallenen Welt, für Gott ist sie keine Alternative, gegen die er sich jeweils entscheidet. Er ist gerecht, weil er alle, auch die gefallenen Geschöpfe liebt und sie, ohne zu strafen, zur Heimkehr einlädt. Einer menschlich-moralischen Betrachtungsweise erscheint das eigentlich als ungerecht. Doch gerade in dieser »Ungerechtigkeit« zeigt sich seine Gerechtigkeit, so paradox das klingen mag.

3. Die menschliche Erfahrung der Gottverlassenheit wird als real erlebt: Man sieht und spürt Gott im Moment tatsächlich nicht. Es scheint, Gott spielt keine Rolle im äußeren Geschehen, oder wenn, dann eine sehr zynische oder ironische. Wer in diese Situation gerät, tut gut daran, sich an Jesus am Kreuz zu erinnern, der dieser menschlichen Erfahrung Ausdruck gibt.

*Inwiefern kann diese Erinnerung dem Menschen eine Hilfe sein? Jesus bestärkt ihn doch in seiner Glaubenskrise.*

Zunächst ja, aber dann lebt er vor, dass die Geschichte weitergeht. Das Schlimmste, was euch passieren kann, ist, dass ihr bei diesem Wort »Warum hast du mich verlassen?« stehen bleibt, dass also die Erfahrung der Gottesferne zu einem Dauerzustand wird. Man meint dann, sie drücke nicht nur ein subjektives Erlebnis, sondern die objektive Gegebenheit aus.

Jesus bleibt bei diesem Wort nicht stehen. Nach einiger Zeit sagt er: »Es ist vollbracht.« So etwas sagt man nicht, wenn man vor einem gescheiterten, sondern vor einem geglückten Werk steht, vielleicht vor einem Meisterwerk. Dann wird auch der Vater lächelnd nicken und sagen: »Ja, es ist gelungen, du hast es gut gemacht.«

Für den Menschen in der Glaubenskrise ist entscheidend, dass er beginnt, einiges, was ihm nicht von vornherein möglich erscheint, für wenigstens denkbar zu halten.

1. Es ist denkbar, dass mein Gottesbild noch ergänzungsfähig ist, dass z. B. Gottes Liebe das Dunkle mit umschließt.
2. Es ist denkbar, dass mein subjektives Verlassenheitserlebnis nicht die objektive Wahrheit spiegelt.
3. Es ist denkbar, dass meine Glaubenskrise einen Sinn hat, der erst später zum Vorschein kommen wird. Sie könnte z. B. Klärung, Heil und Frieden bringen – für mich, aber auch für andere. Sie könnte mich z. B. lehren, zu verstehen, wie sich Menschen fühlen, die meinen, Gott gebe es nicht. Sie könnte mich anregen, für diese Menschen da zu sein, vielleicht auch Fürbitte zu leisten. Sie könnte sogar gefallene Wesen ein wenig verändern.
4. Es ist denkbar, mit meinem eigenen Verschulden inneren Frieden zu schließen, jedenfalls wenn ich bereit bin, diesen Frieden finden zu wollen. Ich könnte nämlich aus der Betrachtung der dunklen Seiten meines Lebens Erkenntnisse gewinnen und Schlüsse für meine künftige Einstellung ziehen.
5. Es ist denkbar, dass mein ganzes Leben, wie dunkel es auch gewesen sein mag, einen lichten Sinn bekommen könnte.

Solche Denkbarkeiten in Betracht zu ziehen erfordert seine Zeit. Der Herr ist den Passionsweg an einem Tag gegangen, er hat ihn sozusagen im Zeitraffer vorgelebt, exemplarisch wie in einem Lehrbuch, das die wichtigsten Dinge in Kürze zusammenfasst. Dem Menschen ist ein Nachvollzug gemäßer, der Monate, Jahre, vielleicht ganze Leben in Anspruch nimmt.

*Ist es entscheidend, ob dieses »Es ist vollbracht« noch im inkarnierten Zustand erlebt wird?*

Nein. Es kann im Sterben oder auch nach dem Sterben geschehen. Die Seele begegnet dann dem Herrn in einer sehr liebenswürdigen, freundlichen und natürlichen Atmosphäre. Wenn ihr ihm dann sagt: »So, da bin ich nun mit diesem Scherbenhaufen meines Lebens«, dann will er nur, dass ihr ihn anschaut. Wer ihm in die Augen blickt und mit ihm redet, wird es ihm gleichtun wollen. Der Herr wird ihn lehren, mit seinem vergangenen Leben Frieden zu schließen und es zu lieben. Dann wird auch er sagen können: »Es ist vollbracht.« Wer nicht zu ihm aufschauen kann, wird es in einem neuen Leben wieder versuchen.

Für die Gegenwart gebe ich euch noch einige Ratschläge:

1. Gewöhnt euch an, eure Zweifel oder sogar Verzweiflung ganz aufrichtig zu bekennen und euch dessen nicht zu schämen. Jesus hat sich auch nicht geschämt, laut zu rufen: »Warum hast Du mich verlassen?« Ihr dürft das also in allem Ernst und mit aller inneren Berechtigung sagen.
2. Sprecht das Wort »Es ist vollbracht« laut aus, so als sprächet ihr ein Schlusswort über eure Krise, auch wenn ihr das nur halbherzig tut oder noch gar nicht daran glaubt. Das ist keine Unaufrichtigkeit, sondern eine praktische Übung. Vielleicht versagt euch die Stimme, dann sagt es im Stillen, immer wieder, bis ihr merkt, ihr könnt es wirklich empfinden. Irgendwann, früher oder später, werdet ihr es mit innerer Zustimmung sagen können.
3. Bedenkt die Parallele zwischen dieser Kreuzessituation und der Verkündigungsszene. Maria fragt zweifelnd zurück: »Wie kann das geschehen?« (Lk. 1, 14), und auch Josef hält es anfangs nicht für möglich. Beide Szenen zeigen euch die Begrenztheit des menschlichen Verstehens: die eine angesichts der großen Not und Pein, die andere angesichts des großen Heils, des Glücks, des Friedens, der Erlösung. Das Geschehen übersteigt in beiden Fällen die Möglichkeiten des menschlichen Verstandes. Doch weder Jesus noch Maria bleiben dabei stehen, sondern sagen: »Na gut, dein Wille geschehe, mir geschehe nach deinem Wort.«

Glaubenskrisen entstehen aus der Kleingläubigkeit angesichts dessen, was an Heil, an Schönem, an Glück, an Geschenk, an Wunder möglich ist. Sie sind Ausdruck einer inneren Armut. Um zu Reichtum und Fülle zu gelangen, ist der erste Schritt das »Für-möglich-Halten«: Ich halte für möglich, dass Gott größer ist, als ich dachte, dass seine Liebe meine Liebesfähigkeit weit übersteigt, dass er den sinnlos erscheinenden Geschehnissen einen lichten Sinn verleiht, dass mein Leben eine Signalwirkung für andere haben könnte, dass es nach der Krise zu einem neuen Weihnachten kommt. Wer stattdessen beschlossen hat zu wissen, wie Gott und die Welt sei, bleibt in der inneren Armut des Pharisäers stehen. Es gilt, sich seiner engen Grenzen bewusst zu werden und zu der Offenheit zu finden: »Ich halte es wenigstens für möglich.«

*Wie kann man gewährleisten, dass dieses »Für-möglich-Halten« einen nicht auf allerlei religiöse oder esoterische Abwege führt?*

Dazu gibt es einige grundsätzliche Orientierungshilfen.

1. Haltet euch stets an die Trinität und an Texte, die sich preisend, lobend, dankend, erquickend auf sie oder auf eine ihrer Personen beziehen: den Vater, die Mutter, den Sohn, ihren Vermittler, den Heiligen Geist. Denn das ist die Realität, so ist es im Himmel. Eine Religion, die nur Gott als Schöpfer anerkennt, kommt der Wahrheit schon sehr nahe, näher jedenfalls als andere Religionen, die das nicht tun. Aber wenn ihr euch auf die ganze Trinität ausrichtet, liegt ihr ganz und gar richtig.
2. Ehrt und achtet die Tradition. Bedenkt, dass die Jahrhunderte wie ein Filter wirken, der das weniger Erhebliche vom Tragfähigen abscheidet.
3. Haltet euch an die Großen, deren Werke deutliche Zeichen des Inspiriertseins aufweisen und die über Jahrhunderte hinweg von vielen Menschen immer wieder gefunden und als inspiriert erkannt werden.
4. Haltet euch an Aussagen, die aus sich heraus einleuchten, und bleibt vorsichtig gegenüber Lehren, die bombastisch, großartig und unerhört neu daherkommen. Wahrheiten lassen sich klar und bescheiden sagen.
5. Haltet euch an Aussagen, die eine innere Lichthaftigkeit erzeugen, und haltet euch fern von Lehren, die Panik, Angst, Wut, Streit, Desintegration hervorrufen.

Also: Das Große und Wunderbare für möglich halten bedeutet nicht, dass man anfängt zu »spinnen«, sondern dass man in verstärktem Maß realitätsbewusst wird. Man hält die Störaktionen des Dunkels für möglich, aber auch die Macht und Größe des Lichts, die schlussendlich das Dunkle überwinden wird. Man hält vor allem die große, unverbrüchliche, unendlich tragfähige Liebe Gottes für möglich.

Wenn das gelingt, dann könnt ihr ruhig das Wissen um die dunklen Gefährdungen zulassen, ohne in Ängste und Sorgen zu verfallen, ohne zu verzagen oder zu resignieren. Haltet euch offen für die großen Gedanken, Visionen, Ideale und Inspirationen, lasst euch motivieren von dem, was an Lichthaftem da war und da ist und da sein kann und wird. Das so genannte pragmatische Leben, das sich gegen das Wissen um die Pole des Lichten und des Dunklen abschottet, ist ein armes Leben mit wenig Freiheit. Man hält sich für rational, vernünftig, modern, realitätsbezogen, mit beiden Füßen auf der Erde stehend. Das ist alles in Ordnung, wenn es nicht mit mangelndem Realitätssinn verbunden bleibt und deshalb die Lebendigkeit beeinträchtigt. Das lebendige Leben weiß um den einen und den anderen Pol, hält vor allem das Große und Schöne und Lichte für möglich und findet seine Orientierung in wirklicher Zentriertheit.

# IX.
# KOLLEKTIVE KRISEN

*Man spricht von Krisen der Wirtschaft, des Staatshaushalts, des Sozial- und Gesundheitssystems, des Arbeitsmarkts, der internationalen Beziehungen oder dergleichen, kurz von gesellschaftlichen Krisen. Wie ist aus Sicht des Himmels damit umzugehen?*

Das Wort »Krise« meint hier: Es gibt eine schwierige Situation, man hat sich verkalkuliert, den Bogen überspannt, bestimmte Grenzen überschritten, die Natur des Menschen zu wenig beachtet. Das ist keine Krise, wie der Himmel das Wort versteht. Es ist noch kein innerer Prozess, der zur Korrektur der gewohnten Verhaltensmuster führt.

Man denkt und fühlt und handelt weiter wie bisher. Nur die Zuständigen in Staat und Wirtschaft, Parteien und Verbänden sollen etwas unternehmen. Wenn nötig, sollen sie auch Opfer bringen und den Bürgern auferlegen, allerdings nur den jeweils anderen. Man sieht keinen Anlass zu Besinnung, Mitverantwortung und Opferbereitschaft. So wird der Missstand nicht überwunden, man schiebt ihn vor sich her, z. B. durch immer steigende Verschuldung, die die Problemlösung der kommenden Generation auf die Schultern legt.

Das Problem ist, dass die »gesellschaftliche Krise« meist gar nicht in eine wirkliche Krise führt. Es wäre gut, wenn sie das täte. Aber eine Krise ist ein innerer Prozess, den nur die einzelnen Menschen in ihrem Herzen durchschreiten können. »Die Gesellschaft« tut das nur insoweit, als ihre einzelnen Mitglieder das tun. Das würde bedeuten:

1. Sie denken über die Ursachen des Missstands nach und sparen die gewohnten Verhaltensmuster nicht aus.
2. Sie begreifen, dass sie es nur aus sich selbst heraus anders machen können, dass es also nicht genügt, Regierung, Parteien, Verbände für die Lösung des Problems verantwortlich zu machen und etwas von anderen zu fordern.
3. Sie begreifen, dass das Arbeit ist. Es gilt, Fehlorientierungen, an denen die Einzelnen teilhaben, zu erkennen und die bisher zu wenig gelebten Kräfte und Tugenden aufleben zu lassen.

Damit sich die Einzelerfahrungen auf ein gemeinsames Ziel hin ausrichten und zu einer Problemlösung im politischen Raum führen können, bedarf es dann freilich charismatischer Führungsgestalten, die die Fähigkeit haben, Einsichten überzeugend zu formulieren und Visionen zu vermitteln. Diese Fähigkeiten besaßen – in bestimmten Feldern – z.B. Gandhi, de Gaulle, Kennedy, Sadat, Rabin oder Mandela.

Die Gefahr ist freilich, dass sich dunkle Mächte eines Führers bedienen, der die Menschen täuscht und in ihrem Sinn lenkt. Denkt z.B. an Hitler: Er faszinierte viele einzelne Menschen, die durch politische und wirtschaftliche Probleme in eine innere Krise geraten waren. Er vermochte, ihre innere Not so zu artikulieren, dass sie sagten: »Das geht mir zu Herzen, das leuchtet mir ein. Der benennt die Schuldigen, der rückt ihnen zu Leibe.« Er führte sie nicht auf den Weg, den Jesus vorgelebt hat und der zu einer inneren Auferstehung, zu einem neuen Weihnachtsgeschehen geführt hätte. Er blendete sie mit einer Begeisterung, die in nationalen Hochmut, in Krieg, in Unvernunft und Verbrechen ungeheuerlichen Ausmaßes führte. Die einzelnen Menschen waren zwar anfangs in eine innere Krise geraten, die heilsam hätte werden können, aber sie haben sie nicht gemeistert. Sie wichen ihr aus und machten dann auch ihre eigene Situation schlimmer als zuvor.

Ihr lernt daraus nicht nur, dass eine innere Krise auf keine andere Weise gemeistert werden kann als durch die Orientierung am Vorbild Jesu. Ihr lernt auch: Die Idee, einer könne die kollektiven Probleme lösen, ist nicht stimmig. Wenn der Schöpfer eine Marionettenwelt gewollt hätte, hätte er das gleich selber machen können: dann bedürfte er keines Führers, der die Drähte zieht. Aber er schuf eine Welt freier, eigenverantwortlicher, individueller Menschen. Wenn Jesus sagt: »Es ist vollbracht«, dann ist es nicht Gott, der es für ihn vollbracht hätte, sondern er selbst hat es vollbracht. Ihr selbst habt es also zu vollbringen. Zwar kann euch eine führende Persönlichkeit eine Vision vermitteln, aber es ist die Einzelleistung eines jeden, zu beurteilen, ob es eine inspirierte Vision ist. Ihr selbst habt die Antworten zu finden, die aus der Krise herausführen, sie zu leben und umzusetzen.

*Kannst du das an Beispielen erläutern? Ein gesellschaftliches Problem, das uns zurzeit bedrängt, ist die hohe Arbeitslosigkeit.*

Wenn einer keine Arbeit findet, genügt es nicht, Vorwürfe zu machen, wem auch immer. Da ist zunächst der Einzelne aufgerufen, sich über seine Situation Gedanken zu machen, z.B.: Stelle ich Ansprüche, die der Arbeitsmarkt derzeit nicht oder nicht so erfüllen kann? Stelle ich der Welt Bedingungen, oder füge ich mich den Bedingungen, die die Welt mir präsentiert? Überschätze ich meinen Selbstwert und auch meinen derzeitigen »Marktwert« – oder unterschätze ich sie? Welche Dienstleistungslücken gibt es in diesem Gesellschaftsgefüge, in die ich – vielleicht gemeinsam mit anderen – einspringen könnte? Könnte ich auch mit geringerem Einkommen zufrieden sein und dafür Anerkennung und Dankbarkeit finden? Sind meine Ansprüche wirklich »selbstverständlich«? Wird mein Leben nicht vielleicht sogar erfüllter, meinem Wesen entsprechender sein, wenn ich einer ganz anderen Sache diene, sei es auch auf bescheidenem Niveau?

*Aber es gibt ja Probleme, die nur politisch zu lösen sind, z.B. die Höhe und die Progression der Steuern und Abgaben.*

Ja, natürlich. Da kommt es darauf an, aus einer individuellen Krisenerfahrung heraus diejenigen Maßnahmen oder Parteien oder Persönlichkeiten zu wählen, die das Krisenproblem an der Wurzel packen. In eurer aktuellen Situation ist die Wurzel des Problems, dass ihr euch nicht habt bescheiden können, sondern schlecht gehaushaltet und über eure Verhältnisse gelebt habt. Nicht dass der Himmel etwas gegen Wohlstand, Luxus und Bequemlichkeit hätte – im Gegenteil, er hält viel von Freude und frohgemuter Fülle, das ist ja ein Prinzip der Schöpfung. Es kommt nur darauf an, dass der Wohlstand durch eigene Leistung erarbeitet und nicht auf Kosten anderer, insbesondere der kommenden Generation, gewonnen wird.

Die normale Folge eines Wohlstands, der nicht selbst erwirtschaftet ist, ist menschliche Armut: Vereinsamung, Beziehungslosigkeit, Unverstandensein, Unsicherheit, Perspektivlosigkeit, das Gefühl der Sinnlosigkeit des Lebens. Diese innere Armut könnt ihr vermeiden, wenn ihr euch – zumindest vorübergehend – mit einer gewissen situationsangemessenen Kargheit bescheidet.

Das gilt auch für euer Sozialsystem. Es ist nicht gut, wenn es dem Menschen mehr als das unbedingt Notwendige zuwendet. Denn was darüber hinausgeht, schwächt den Menschen, macht ihn abhängig, beraubt ihn seiner Eigenverantwortung, seiner Mündigkeit und damit seiner Menschlichkeit. Natürlich sollt ihr niemanden verhungern lassen, sondern den Menschen aus einer Not heraushelfen. Tut das aber, indem ihr den Menschen Hilfe zur Selbsthilfe anbietet. Im Bild: Wer sich die Beine gebrochen hat, dem gebt ein Paar Krücken, aber nur so lange, bis er wieder laufen kann, keinen Tag länger! Die dunklen Hierarchien werden ihm einreden, er könne ohne Krücken gar nicht mehr laufen. Sie werden den Politikern einreden, er habe Anspruch darauf und bedürfe lebenslanger Unterstützung. Sie wollen, dass ihr immerzu über die äußeren Krisen redet, damit ihr nicht in die innere Krise geratet und kein Bewusstsein für eure Eigenverantwortlichkeit entwickelt.

Ein großes Problem in diesem Zusammenhang ist der Umgang mit dem Thema »Neid«. Wer Erfolg hat, begabt ist, sich geschickt in der Arbeitswelt zurechtfindet, wer vielleicht sogar Reichtum erwirbt, der verdient Applaus, freudige Zustimmung, ein herzliches Gönnen (vorausgesetzt natürlich, er hat sich redlich und korrekt verhalten). Sein Erfolg ist übrigens im Allgemeinen Zeichen für eine Leistung, die auch anderen zugute kommt.

Die Freiheit von Neid solltet ihr zu einem der wichtigsten Erziehungszielen machen: in der Familie, im Kindergarten, in der Schule usw. Es gibt ja ständig kleine Streitereien, wo man das üben kann. Die Freiheit von Neid ist Voraussetzung dafür, dass eine Gesellschaft, die in die Krise kommt, heil und gesund aus ihr herausfinden kann.

Solche und ähnliche Dinge kann der Staat nicht regeln, sie fangen bei den einzelnen Menschen an. Nur Einzelne können bewirken, dass die Gesellschaft, die in die äußere Krise gerät, eine innere Krise durchläuft und zu einem menschlichen Neubeginn findet. Die Einzelnen können ihre Ausstrahlung verstärken, indem sie Gemeinschaften bilden. Damit sind nicht politische Gruppen oder Verbände gemeint, sondern Freundeskreise, die sich gemeinsam auf etwas Lichtes zurückberufen und nach vorne hin anbinden. Sie haben dann die Tragkraft, die Flexibilität und die innere Motivation, um das Krisengeschehen zu einem Lichtweg zu verarbeiten. Die Gesellschaft in der Krise wird lebendig von unten nach oben, wie ja alles Lebendige von unten nach oben wächst, wie ihr an der Pflanzenwelt seht.

In der Politik ist die Ohnmacht des Einzelnen fast grenzenlos. Aber im gesellschaftlichen Leben kann der Einzelne unendlich wirksam werden.

Der erste Schritt ist, überhaupt für möglich zu halten, dass man vieles erarbeiten, ändern, korrigieren, erneuern, erreichen kann. Schon für sich selbst hat der Einzelne mehr Arbeits-, Leistungs- und Wirkungskraft als andere für ihn erbringen könnten. Was er für sich erarbeitet, erarbeitet er grundsätzlich für andere mit: das Vorbild, die Ausstrahlung, die Mitwirkung der Engel bewirken, dass sich das anderen mitteilt.

Nehmt z.B. das Problem des *Friedens*. Fangt einmal damit an, Frieden mit euch selbst zu schließen, mit eurer Vergangenheit, euren Grenzen, Schwächen und dunklen Flecken, mit euren Eltern, Geschwistern oder Nachbarn. Diesen Frieden strahlt ihr über euch hinaus, weil jeder Einzelne in dem euch nicht bewussten Netzwerk des Kollektivs verwurzelt ist, über das sich eure Gedanken und Emotionen der ganzen Welt mitteilen. Außerdem werdet ihr auch unmittelbar von den Menschen eurer Umgebung als heilend, vorbildlich, nacheiferungswürdig, tröstend empfunden. Ihr gebt den entsprechenden Kräften in anderen stärkende Nahrung. Und wenn ihr euch mit anderen zu Gemeinschaften zusammenfindet und z. B. Friedensarbeit macht, geht davon eine umso stärkere Kraft aus.

Doch das ist noch nicht alles. Meint ihr, es sei sinnlos, sich mit der Kerze in der Hand in einer Kirche zu versammeln und für den Frieden zu beten? Oh nein, es ist höchst sinnvoll und überaus wirksam. Die Seelen der Menschen, die durch den Krieg sterben, werden euch wahrnehmen als einen, der für den Frieden gebetet und gearbeitet hat. Das wirkt auf sie wohltuend, heilsam und versöhnlich. Diese Seelen sind ja in der Gefahr, dass sie Rachegefühle, Wut und Hass in die Zukunft hineintragen, nicht selten über mehrere Leben hinweg. Die Verletzung löst ein Drama aus, das immer wieder durchgearbeitet werden will, bis die Seele endlich zu einem inneren Frieden findet. Wenn die Kriegführenden wüssten, was sie anrichten, würden sie vielleicht vorsichtiger werden. Unterschätzt nicht die Wirksamkeit eurer Friedensarbeit!

Die dunklen Hierarchien wollen euch einreden, sie sei völlig unerheblich, niemand werde davon Kenntnis nehmen. Das stimmt nicht. Die Seelen erkennen einander, sie werden euch ewig dankbar sein. Keine Krisenmeisterungsarbeit ist vergeblich. Die größte Gefahr für den Frieden ist die Angst vor der unbeeinflussbar scheinenden Macht des Bösen, gepaart mit dem Mangel an Mut, für den Frieden einzustehen. Im Allgemeinen verstehen Frauen das besser als Männer, weil sie wissen, es geht immer um Kinder, auch die getöteten Erwachsenen sind ja Kinder von Müttern. Sie sind auch Kinder ihrer Väter, aber Männer bedürfen meist erst einer bewussten Reflexion, um dieses Wissen in ihrem Gefühlsleben zu verankern.

Der sicherste Weg, Vertrauen in die Basisarbeit für den Frieden zu gewinnen, ist das Bewusstsein: Die Menschen, die unter dem Krieg zu leiden haben, sind Kinder eures himmlischen Vaters und eurer himmlischen Mutter. Sie sind also eure Geschwister. Und Jesus, der euer Bruder ist, ist auch *ihr* Bruder, gleich ob ihnen ihre Religion dieses Wissen vermittelt oder nicht. Wollt ihr mutlos schweigen, wenn eure Geschwister und die Geschwister Jesu verwundet, getötet, verwaist werden – aus welchen Gründen immer?

Die Friedenskrise ist nicht nur ein äußeres politisches Problem, das mit politischen Mitteln zu bewältigen ist. Das ist sie auch, aber sie ist eine kollektive, gesellschaftliche Krise. Es gilt, sie nicht zu verdrängen, nicht die Augen zu verschließen, nicht in Mutlosigkeit zu verfallen, sondern sie im Herzen des Einzelnen durchzuarbeiten – auf ein lichtes Ziel hin, ein Weihnachtsgeschehen, aus dem etwas Neues und Schönes entstehen kann und soll.

# Schlusswort:
# ÜBER DAS GLÜCK

Der Hohelehrer: Lasst uns noch einmal zurückblicken und einen Bogen zur Einleitung schlagen. Dort wurde euch gesagt, dass zur Lebendigkeit des Lebens das innere Gespräch des Menschen mit der Welt, mit sich selbst und mit dem Himmel gehört. Wo dieser dreifache Dialog gelingt, führt er Welt, Ich und Himmel in Einklang oder genauer in den harmonischen Dreiklang, den ihr aus den glücklichsten Momenten eures Lebens kennt. Wo er nicht geführt wird oder sich auf Welt und Ich beschränkt und den Himmel ausspart, hat sich der Mensch selbst begrenzt und verharrt während seines Erdenlebens in innerer Armut. Die Krise ist die große Chance des Aufbruchs dieser Begrenztheit. Sie ist schmerzlich, aber sie stößt die drei Dialoge an. Der Dialog beginnt mit Fragen. Wer keinen Grund zum Fragen sieht, wird die Gegebenheiten hinnehmen, »weil man sowieso nichts tun kann«. Damit verschließt und narkotisiert man sich.

Der Dialog öffnet den Blick auf die Realität. Er beginnt mit der Frage: »Wer bist du, was willst du mir sagen?« Die Auseinandersetzung mit dem, was gesagt wird, ist oft schmerzlich und langwierig. Doch indem sie den Menschen mit sich, der Welt und dem Himmel in Einklang bringt, führt sie ihn sich selbst näher, d.h. dem, der er in Wirklichkeit ist. Deshalb bejaht der Himmel die Krise. Er sieht in ihr ein heilendes, d.h. ein Heil, Fülle und inneren Reichtum bringendes Geschehen, das in eine Neuwerdung mündet, in einen stimmigeren und insofern glücklicheren Lebensabschnitt. Viele Menschen suchen das Glück auf Wegen, auf denen es sich nicht finden lässt. Sie sind sich nicht darüber im Klaren, was Glücklichsein bedeutet und was nicht.

1. Glück ist *nicht* etwas, das man »haben« könnte wie einen Sachwert. »Glück gehabt« heißt so viel: Es ist dir zugefallen, es war ein »Zufall« oder eine Fügung, jedenfalls ein momentanes Ereignis. Glück kann man nicht direkt anstreben, erwerben und dann behalten.
2. Glück lässt sich auch nicht herstellen, etwa durch psychologische Vehaltensmuster, durch Diät, Sport, künstlerische Betätigung, Pillen, Drogen oder erotische Abenteuer. Es gibt keine für alle gültige, aber auch keine für den Einzelnen ständig erfolgversprechende Technik zur Erlangung von Glück.
3. Glück ist auch kein Geschenk, sei es des Himmels, sei es der Welt, der Eltern, der Religion, des Staates, so wenig wie Unglück als Strafe zu verstehen ist. Keine Instanz ist zuständig oder gar verpflichtet zur Erbringung von Glück, und es macht keinen Sinn, auf eine solche »Leistung« zu warten.
4. Glück kann für den Einzelnen an Orte und Zeiten, an bestimmte Partner oder andere Umstände gebunden sein. Dann stürzt ihn der Verlust in Unglück und eine innere Krise. Wenn er die Krise meistert, wird er neues und tieferes Glück erleben und die Erfahrung machen, dass die Bindung des Glücks an bestimmte Vorbedingungen keine absolute Geltung hat.

Glücklich ist vielmehr der Mensch, der sich als ein »geglücktes Wesen« verstehen kann, der harmonisch zu sich selber steht: »Ich stimme«. Er ist dann im Einklang mit sich selbst, mit der Welt und dem Himmel.

Dieses Gefühl wird durch einige Erfahrungen ausgelöst und stabilisiert.

1. Es gibt Gegebenheiten, die zu ihm stimmig sind, für die er aber – jedenfalls in seinem Bewusstsein – nichts getan hat, z. B. eine schöne Kindheit, nette Eltern, Geschwister, Lehrer, oder auch: Es ist ein schöner Tag, herrliches Wetter, es kommt gerade der richtige Mensch über den Weg. Mit anderen Worten glückliche Zufälle – oder wenn man etwas von den Hintergründen weiß – glückliche Fügungen vermitteln das Gefühl von Stimmigkeit.

2. Man erlebt die stimmigen Lebensverhältnisse anderer in »Mitglück«, in herzlicher Mitfreude – also ohne jede Beimischung von Neid –: das geglückte Leben anderer, aber auch die Schönheit der Landschaft, das fröhliche Treiben der Tiere usw. »Mitglück« ist wichtiger als Mitleid, dem leicht ein verkapptes Überlegenheitsgefühl anhaftet. Wirkliches Mitleiden ist dem normalen Menschen kaum möglich, würde ihn überfordern. Mitglück aber ist jederzeit möglich und sollte bewusst kultiviert werden.
3. Ein gewisser Grad von Glück stellt sich als Nebenwirkung eines moralisch guten Handelns ein. Das Helfen, Notlindern, Spenden, Sicheinsetzen für andere löst Zufriedenheit mit sich selbst und insofern einen angenehmen Zustand, das Gefühl der Stimmigkeit aus, wenn auch nicht die volle Erfahrung des Glücks.
4. Das tiefste und nachhaltigste Glück stellt sich ein, wenn man »Lebenskompetenz« erworben hat, wenn wir darunter verstehen: Man weiß aus gelebter Erfahrung, wie das Leben »glückt«, wie nämlich auch das Schwere gemeistert werden kann. Man hat Krise um Krise durchgestanden. Es war hart, aber man hat es geschafft. Man ist jetzt mehr bei sich als vorher, und man weiß mehr als vorher. Man ist lebensklug, lebenserfahren, weise. Man hat die wichtigste Ausbildung erfahren: die durch das Leben.

Dann kann man auch anderen mit Rat und Hilfe zur Verfügung stehen. Man kann ihr Schicksal innerlich nachvollziehen, hat Augen und Ohren für ihren Schmerz, ihren Kummer, ihre Probleme: Man hat ja Ähnliches durchlebt und durchliebt und ist daraus lichter hervorgegangen. Man ist für sie wertvoll und anziehend, kann ihnen als Vorbild dienen und trägt dazu bei, dass es auch für sie Weihnachten wird. Und damit dient man zugleich dem Himmel und der ganzen Schöpfung, die einen Schritt auf die Heimkehr hin tut. Dieser Dienst löst ein stilles Glücksempfinden aus, das in innerem Lächeln Ausdruck findet.

Es stellt sich in dem Maße ein, indem man durch das Leben gereift ist – durch dieses Leben und auch schon durch frühere Leben.

Lebenskompetenz und Hilfsbereitschaft findet man deshalb mitunter schon bei 12- oder 15-Jährigen, die sie »mitbringen«. In der Regel müssen sie aber auch dann trotzdem noch einmal neu erworben werden, doch fällt das leicht, und man tut sich dann auch leichter mit dem Durchstehen von Lebenskrisen.

Man wird das Glück nicht erlangen, wenn man meint, es sei gut, Krisen zu vermeiden oder sie möglichst zu verdrängen, man habe sie nicht nötig. Ihr wisst, dass eine Seele auf Erden nur inkarniert, wenn sie es freiwillig will. Warum tut sie das? Sie tut es nicht, weil sie sich ein reibungsloses, problemfreies Erdenleben wünscht, sondern weil sie Widerständen begegnen und Krisen durchstehen will. Sie will in die Schule des Lebens gehen, in ihrer Ausbildung weiterkommen. Sie sucht sich die eine oder andere Passionsstufe aus, an der sie arbeiten will. Sie möchte sich mit ihr leichter tun, sie lächelnder, flüssiger, eleganter durchstehen. Sie will natürlich nicht das Leid als solches, aber sie ist damit einverstanden, weil sie bestimmte Verletzungen und Wunden diesmal wirklich heilen will. Sie will nicht mehr in Resignation, Bitterkeit oder Verzweiflung verharren, sondern sie meistern und dadurch mehr Lebenskompetenz gewinnen. Aus dem Meistern von Krisen entsteht das Glück.

Man findet Glück also nicht, indem man aufs Glück, sondern indem man auf die Herausforderungen des Lebens schaut und sich ihnen – trotz allem – stellt. Glück stellt sich nicht von allein ein, wenn man etwas »geworden« ist und alles Mögliche »hat«: Amt, Besitz, Ansehen. Es gibt viele, die diesem Glück nachjagen, damit Erfolg haben und doch nicht glücklich sind, während der Eremit wirklich glücklich sein kann. Glück ist das Ergebnis eines Lebensprozesses. Der Mensch schafft es selbst, jeder kann es in Hülle und Fülle schaffen. Er ist ja Gottes Ebenbild und Gleichnis, also ist er auch schöpferisch.

Gott lächelte, als er sah, dass seine Schöpfung gut war. Und er lächelte, als er nach dem Fall der Engel seine eigene Krise gemeistert und erkannt hatte: Seine Schöpfung wird am Ende wieder wunderschön sein; es wird alles gut. Dieses Lächeln Gottes erschafft der Mensch in sich, wenn ihm sein Leben glückt und wenn er dann dazu helfen kann, dass es auch anderen gelingt. Er braucht dazu nicht irgendetwas zu werden oder zu haben, er braucht nur sich selbst. Denn in ihm ist die Trinität mit ihren Engeln gegenwärtig. Er ist ein Kosmos im Kleinen, ein »Mikrokosmos«. Das Lächeln Gottes in sich zu erschaffen – immer von neuem, immer strahlender –, das ist die eigene Schöpfung des

Menschen. Der Mensch ist seines Glückes Schmied, oder besser: seines Glückes Schöpfer.

Wenn der Mensch die Welt anlächelt, dann lächelt sie auch ihn an, und der ganze Himmel wird sich freuen und ihn ebenfalls anlächeln. Das meint ja euer Sprichwort: Wie man in den Wald hineinruft, so schallt es heraus. Der Mensch wird dann, was ihr einen »Glückspilz« nennt. Er stellt mit freudigem Erstaunen fest, dass die Welt ihm freundlich begegnet und sich die Dinge glücklich fügen.

Was ist also Glück? Glück ist Gottes Lächeln, das ihr in euch erschafft und das die Welt mit Lächeln beantwortet und der Himmel auch. Ihr strahlt dann inneres Glück aus. Andere werden euch aufsuchen, wenn sie in eine Krise geraten. Denn ihr habt selbst erlebt, was sie jetzt durchmachen. Ihr seid für sie glaubwürdig, sie werden bei euch vertrauensvoll Rat suchen. Ihr könnt ihnen helfen, ihre Neuwerdung, ihr »Weihnachten« zu finden, denn ihr habt Gottes Lächeln in euch erschaffen.

Alexa Kriele
**Die Engel geben Antwort**
auf Fragen nach dem Sinn des Lebens

*272 Seiten, Gebunden mit Schutzumschlag*
*ISBN 3-7205-2350-0*

Alexa Kriele, die bekannte Engel-Dolmetscherin, deren Tetralogie »Wie im Himmel, so auf Erden« begeisterten Zuspruch findet, stellt in ihrem Buch neue Botschaften der Engel vor. Die himmlischen Helfer geben erhellende und erstaunliche Antworten auf die schwierige Frage nach dem Sinn des Lebens und der Schöpfung.

KAILASH

Ambika Wauters
**Das Engel-Orakel**
Inspiration und Lebenshilfe

*Set mit 36 farbigen Engelkarten und Buch, 112 Seiten, Festeinband, ISBN 3-3-7205-2132-X*

Engel sind himmlische Helfer und Führer, die uns auf unserem Lebensweg beschützen und begleiten. Die Engelkarten dieses Orakels helfen in schwierigen Situationen oder an Scheidewegen des Lebens, den Rat der Himmelswesen zu berücksichtigen. Verschiedene Legemuster übermitteln die Antworten der Engel und geben zusammen mit dem Buch wertvolle Interpretationshilfen.

KAILASH

Paola Giovetti
**Engel**
Die unsichtbaren Helfer der Menschen

*272 Seiten, gebunden mit Schutzumschlag,
ISBN 3-7205-2351-9*

Dieses reichbebilderte, umfassende und durchaus nicht unkritische Buch über das Phänomen der Engel in den verschiedenen Religionen und Kulturen spannt den Bogen von der biblischen Überlieferung bis zur modernen Psychologie, es lässt all die Engel in der Kunst und in der Literatur Revue passieren und beschreibt unterschiedlichste Engelserfahrungen von den Mystikern bis zur Entdeckung des »Engels in uns« – dieser vielleicht unstillbaren Sehnsucht nach dem Guten.

KAILASH